哲學研究叢書‧學術思想叢刊

祖述孟子
——王陽明「內聖外王」思想研究

張天治　著

目次

緒論

一　選題背景與意義

（一）選題背景

　　對於前人的思想創造，後世學者在研究過程中往往傾向於根據思想分野或地域流播對之做出系別上的區分。這樣做的目的，一方面在於明辨思想發展的源流，另一方面便於在比較中突出各系的思想特點、貢獻和不足。對於宋代新儒家學說，有從地理上冠名分系：濂、洛、關、閩；有從學說核心觀點上冠名分派：氣學、理學、數學、心學。對於宋明理學的分系，有一系、二系、三系說之不同。一系說指勞思光先生在《新編中國哲學史》第三卷上冊中提出的觀點。他認為從歷史事實來看，宋明儒學皆以歸宗孔孟，反抗漢儒章句訓詁及印度佛教為旨歸；從理論建構及效力來看，宋明儒學作為一整體的哲學運動，其運動目的雖然相同，但具體的理論立說則有不同並呈現出階段性的發展變化。[1]二系說是各種中國哲學史教材、中國思想史著作中普遍採用的觀點，即程朱理學、陸王心學兩系。三系說為牟宗三先生在宋明理學研究領域的代表性觀點。[2]無論哪一種分法，孟子、陸九淵、王陽明三者的思想存在密切聯繫是絕大多數學者的共識：陸九淵繼承孟子

---

[1]　參見勞思光：《新編中國哲學史》（三卷上），桂林：廣西師範大學出版社，2005年，第35-47頁。

[2]　三系分別是五峰蕺山系、象山陽明系、伊川朱子系。參見牟宗三：《心體與性體》（上），長春：吉林出版公司，2013年，第44-45頁。

良心、性善思想提出「心即理」命題。王陽明深化「心即理」說並結合《孟子》、《大學》提出「致良知」思想，就心學形態而言，王陽明是心學的集大成者。

就王陽明與儒家思想的關係而言，陽明自己包括多數現代學者皆認為孟子和陸象山是其心學形成的重要思想資源。王陽明自述：「洙、泗之傳，至孟氏而息；千五百餘年，濂溪、明道始復追尋其緒；自後辨析日詳，然亦日就支離決裂，旋復湮晦。吾嘗深求其故，大抵皆世儒之多言有以亂之。」[3];「自孟子道性善，心性之原，世儒往往能言，然其學卒入於支離外索而不自覺者，正以其功之未切爾。」[4];「象山之學簡易直截，孟子之後一人。其學問思辨、致知格物之說，雖亦未免沿襲之累，然其大本大原斷非餘子所及也。」[5]王陽明認為孔子的學問傳到孟子產生中斷。從戰國到宋代，周濂溪、程明道始上承孔孟之統緒，陸象山繼之，自己則與周、程、陸站在同一陣營裡為孔孟之道搖旗吶喊。現代學者在探討王學形成的理論淵源問題時也認為「其學脈，遠承孟子」[6],「王陽明於三十七歲時在貴州龍場驛悟良知。人們對於其悟良知之現實主觀機緣雖可根據其生活之發展而加以敘述，並於文獻不足徵處而加以種種猜測，然根據其所自道，其主要問題是對朱子而發則無疑，因此，不管其悟良知之主觀機緣為如何，其學之義理系統客觀地說乃屬於孟子學者亦無疑」[7],「王學源於孟學」[8]。這是一種宏觀的學脈把握。就王陽明與孟子思想關聯的具體內容看，學術界大致有兩種進路：「一是哲學／觀念史的研

3　王守仁：〈朱子晚年定論序〉，《王陽明全集》卷三，第144頁。

4　王守仁：〈答方叔賢〉，《王陽明全集》卷四，第196頁。

5　王守仁：〈與席元山〉，《王陽明全集》卷五，第202頁。

6　錢穆：《中國學術思想史論叢》卷七，合肥：安徽教育出版社，2004年，第68頁。

7　牟宗三：《從陸象山到劉蕺山》，上海：上海古籍出版社，2001年，第152頁。

8　張祥浩：《王守仁評傳》，南京：南京大學出版社，1997年，第81頁。

究進路；二是歷史／思想史研究進路。」[9]第一種路徑指以範疇、命題為中心的思想考據研究，即研究孟子思想體系中與王陽明思想體系中相關範疇、命題之間的關係。比如孟子的「良知」概念與王陽明對「良知」的理解以及與「致良知」命題的關係；由孟子的「萬物皆備於我」命題到王陽明的「大人者，以天地萬物為一體也」[10]命題的演變過程；孟子的「知」與王陽明「知行合一」命題中「知」的聯繫等。第二種路向則是從孟子學詮釋史的角度研究王陽明對孟子的詮釋實踐。以臺灣學者黃俊傑先生的《中國孟學詮釋史》為代表。兩種路徑皆取得了豐碩的成果，但兩種研究皆集中在孟、王思想的部分概念、命題，或者王陽明對《孟子》部分章節的詮釋上。基於此，本文著眼於對孟、王思想的核心方面進行比較研究，以期對王陽明與孟子思想的關係作出更為詳盡的解答。

（二）選題意義

1 理論意義

通過對孟、王核心概念、命題、思想的比較研究，梳理出孟子思想在王陽明思想建構中發揮的作用。學術思想的創新與學者對過往思想的能動繼承存在辯證關係。自孔子以「心安」解釋三年之喪到孟子提出「四端之心」、「良心」到陸九淵提出「吾心即宇宙」再到王陽明「心即理」、「心外無理」等命題的提出，儒學思想系統中「心學」一脈逐步萌芽、發展乃至成熟。孟子思想中開始出現大量以「心」為中心的概念、命題，如以「惻隱、羞惡、辭讓、是非之心」論性善；以「不忍人之心」論仁政；認為「心」的功能是「思」等等，這些內容

---

9 黃俊傑：《中國孟學詮釋史》，北京：社會科學文獻出版社，2004年，第8頁。
10 王守仁：〈親民堂記〉，《王陽明全集》卷七，第281頁。

在《王陽明全集》中反覆被提及、闡釋。除此之外，最明顯的內容則是「致良知」對「良知」的融攝與發展。以上內容可以歸納為心性論與良知學說兩個版塊，但王陽明對孟子思想的吸收和發揚非僅止於這兩方面，還包括工夫論、教學論、道統論、人生哲學、天人關係論、治政論、經籍論等方面。對這些方面的詳細探討既有助於明晰王陽明對孟子思想的繼承與發展狀況，也可以幫助我們弄清楚王陽明學習、理解、消化、實踐經典的情況。

瞭解王陽明對孟子思想詮釋的特點。王陽明對孟子思想的高揚根源於自己的生命遭遇和生命困惑。日常生活中，他觀察到道德法則、道德動機的內在具足性；從政過程中，面對劉瑾亂政，他遵從內在的是非準則與責任意識，上書直陳意見，引來刑獄之災、殺身之禍；遠謫龍場時，他四無依傍、孤獨困苦、從者皆病、言語不通，外在環境像是堅冰的鐵桶將其圍困其中。種種經歷皆是外在力量支援不到的地方，置身其中，只能激發內在性的精神力量，引導自己克服難關。故而，王陽明對孟子的深契不是源於學究式的文本研讀，而是百死千難中生命智慧之相呼應。王陽明對孟子的闡發實際是借孟子的概念、命題、思想釋放自己的生命體驗。

2　現實意義

目前國學熱、陽明熱在社會上如火如荼，傳統經典在此浪潮的推動下湧入人們的生活。如何對待經典，怎樣從經典中汲取智慧以指導、提升自己的生活，充實精神世界以及豐富傳統文化知識成為人們熱議的話題。王陽明對待《孟子》及其他典籍的態度，他從經典中汲取智慧的方式為我們的問題提供了鮮活的範例。孟子與王陽明的思想中充滿了豐富的生命智慧，比如榮辱觀、生死觀、教學觀、群己論等，為現代人們生活中的類似問題提供了寶貴的智慧財富。孟子、王

陽明以成聖作為最高的人生理想，將道德生活看作生活的核心，這為人們精神生命的安頓，道德生活的開展提供了可資借鑑的有益資源。儒學研究者希望找到理解儒學思想的有效方法，希望將儒學思想推廣出去，希望能對儒學思想的發展做出自己的貢獻。王陽明對孟子的理解、對孟子思想及心學思想的發展、對自己思想的傳播，為以上問題提供了彌足珍貴的經驗。

二　研究現狀與分析

目前，學界關於王陽明與孟子思想關係的研究已經湧現了許多成果，整體來看，可主要分為哲學／觀念史和歷史／思想史兩種進路。第一種路徑以概念、命題為中心，比較、分析王陽明對孟子思想中相關概念、命題的繼承、發展情況，主要集中在道德哲學領域，可分為良知論、心性論、工夫論等方面。第二種路徑則將王陽明對孟子的詮釋放在孟學詮釋史的脈絡中進行考察，要麼分析詮釋方法本身的內容、特質，要麼分析詮釋內容符不符合《孟子》原意，要麼二者兼而有之。

（一）哲學／觀念史進路

1　良知論

主流觀點肯定王陽明「良知論」是對孟子「良知」思想的傳承、發展。如牟宗三先生認為王陽明的「良知」上承孟子的「四端本心」及「良知」而來，是「道德的本心」。王陽明將孟子講的「四端之心」統歸於「良知」，並以「是非之心」、「真誠惻怛」、「天理」、「明覺」等範疇界定之。牟先生依據康德對現象與本體的區分，特別強調

了「良知」之「知」或「明覺」並非外在地及物地現象界認識論含
義，而是內斂地主宰、貫徹地存有論含義。也即認為「良知」不僅是
道德實踐的根據，也是一切存在之存有論的根據。這樣，王陽明在道
德本心、道德實踐根據的內在具足性層面繼承了孟子，同時又將孟子
的道德本心發展為存有論中萬物存在之根據。牟先生指出此存有論不
是西方哲學傳統中客觀分解的以及觀解的形上學，而是實踐的形上
學，是道德的形上學或圓教下的實踐的形上學。此道德的形上學自孔
子就已開其統緒：「儒家自孔子講仁起（踐仁以知天），通過孟子講本
心即性（盡心知性知天），即已涵著向此圓教下的道德形上學走之趨
勢。至乎《中庸》之天命之性以及至誠盡性，而至《易傳》之窮神知
化，則此圓教下的道德形上學在先秦儒家已有初步之完成。宋明儒繼
起，則是充分地完成之。」[11]因此，牟先生認為王陽明對孟子的繼承
與發展在兩個方面：第一，堅持了道德本心的內在具足性；第二，沿
孔子開出的道德形上學之方向進一步完善之。

　　不僅於此，牟先生還對王陽明繼承孟子的途徑、性質進行了分
析。他認為，王陽明之「良知」雖可溯源於孟子，但卻不必是由於精
心研讀《孟子》而得之。讀書講求義理是學者的本分，但未必能達到
王陽明這種深刻。因為「習焉而不察，不必能瞭解其中之實義。一個
道理之實得於心須賴自己之獨悟。……此中國往賢所以常喜說實理所
在，千聖同契，不是經由研究某某人而得也」[12]。

　　陳來教授在《有無之境──王陽明哲學的精神》一書第七章《良
知與致良知》中，集中探討了王陽明對孟子「良知」概念的繼承與發
展情況。他認為陽明學本於孟學的傳統：「陽明哲學在其形成時，就

---

11 牟宗三：《從陸象山到劉蕺山》，上海：上海古籍出版社，2001年，第158頁。

12 牟宗三：《從陸象山到劉蕺山》，上海：上海古籍出版社，2001年，第155頁。

其基本思想方向來說，明顯地繼續了宋代陸九淵以來的心學傳統。這個傳統就儒學內部的歷史淵源來說，主要根於孟學的傳統。」[13]孟子「良知」之「良」兼「先驗」、「直覺」二義，王陽明用「自然」概念繼承了這兩種含義，即認為「良知」不是外在東西的內化，而是主體本有的內在性品格。孟子以「良知」和「四端」論證性善，王陽明則認為「四端」就是「良知」，明確將二者結合起來。王陽明還區分了「良知」與「意念」的不同，心之發動包含「良知」、「意念」兩個方面，「良知的作用並不是使我們只產生善的意念，而是作為監視我們意念活動的內在的評價系統」[14]。「良知」還具有「獨知」的意涵。王陽明繼承並發展了朱子的「獨知」概念，將其與「良知」相結合，突出了「良知」「作為判斷和評價的內在原則」[15]的含義。同時，「良知」是成聖的內在根據。王陽明不僅承認人人皆可成為聖人，而且提出人人本來就是聖人，本具內在的完滿性。王陽明還用「天理」、「靈覺」概念界定「良知」。「天理」突出了「良知」的既先驗又普遍的道德法則的意涵，「靈覺」則表明「良知」能夠自然明辨是非的能力。最後，「良知」與「見聞」的關係。「良知」不受「見聞」的局限，但又必須通過經驗性的活動來表現，此即「致良知」。

　　李承貴教授認為王陽明為孟子的「良知」說注入了新的內容，使其成為儒家「良知」說的新標杆。首先，王陽明對「良知」的覺悟得自真切的生命體驗。其次，王陽明將「良知」的圓滿性、明澈性、直覺性、準則性、能動性諸義進行了全面、深入的闡釋和發明。最後，

---

13 陳來：《有無之境——王陽明哲學的精神》，北京：生活‧讀書‧新知三聯書店，2009年，第180頁。

14 陳來：《有無之境——王陽明哲學的精神》，北京：生活‧讀書‧新知三聯書店，2009年，第191頁。

15 陳來：《有無之境——王陽明哲學的精神》，北京：生活‧讀書‧新知三聯書店，2009年，第193頁。

王陽明將孟子「求放心」發展為「致良知」，強調將「善體」訴諸於生活，依「良知」去惡行善。[16]同時，李承貴教授深入發掘了「良知」所包含的四個積極面相：務實踐行、修行工夫、辨別是非、伸張正義。具體地看，務實踐行指不談空蹈虛，實有其事、實有其行、實有其功。修行工夫包括戒慎恐懼、去污除垢、心得其宜、強神礪志、制情導欲、不計榮辱等六個方面。明辨是非包括是非之心、善惡之心、公私之心諸意涵。伸張正義包含摒除私意、融化邪惡、護衛正義等四種含義。[17]

也有學者持相反觀點，主張雖然王陽明有取於孟子的「良知」概念，但兩者內涵卻差別巨大。第一，能否喪失。孟子的「良知」若不加存養、擴充，有喪失的可能；王陽明的「良知」等同「天理」，永不喪失。第二，孟子的「良知」不具自足性，需要後天擴充。王陽明的「良知」具足萬物之理，只要去除障蔽，自然體立用行。總之，兩者在內容（是否具足萬物之理），修養方法（磨垢去蔽還是存養擴充），性質（後天會不會喪失）三方面皆判若鴻溝，王陽明「良知」的義理內核並非來自孟子。[18]

綜上，從形式上看，諸家成果要麼為專著之章節，要麼為專文，要麼為專文之部分；從內容上看，多數意見肯定王陽明繼承了孟子「良知」中先驗、直覺、道德法則等諸含義，同時又依據個人生命體驗及時代學術背景為之注入了新的內容，比如存有論之根據義，天理、成聖根據、準則、善體等諸義，並對「良知」的精神面相進行了深入研究、闡發。少數意見否認陽明「良知」說對孟子的繼承關係。我們認為現有成果雖然對王陽明對孟子「良知」思想的繼承與發展議

---

16 參見李承貴：〈王陽明學術精神與當今陽明學研究〉，《學術界》2019年第4期。
17 參見李承貴：〈王陽明「良知說」的四個積極面相〉，《道德與文明》2017年第3期。
18 參見王傳龍：《陽明心學流衍考》，廈門：廈門大學出版社，2015年，第78-79頁。

題提出了有價值的觀點和信息，但在廣度和深度上仍有進一步推進的
空間。比如，在「良知」的差等和境界、「良知」喪失的類型和原因、
「良知」與知識的關係等方面，王陽明也繼承了孟子的「良知」思
想。就對「良知」的發展而言，王陽明在「良知」的自足與自然特
性、「良知」的實體性、「良知」的「無我境界」等內容上發展了孟子
的「良知」思想。總而言之，王陽明對孟子「良知」思想的繼承與發
展議題尚未得到系統且全面的研究。

2　心性論

何靜認為王陽明所言「心之本體」含有「本體論」和「心之本
然」兩義。「心之本然」義可溯源至孟子的「本心」說。王陽明把孟
子思想中的仁義禮智，以及孟學之外的心量廣大、無住無滯等佛道特
質都賦予了「心體」。[19]

廉格俊、石敦國主張：第一，王陽明繼承了孟子「心」為道德本
源說，建立了「心」本體論。孟子將道德意識看作是人心中的先驗存
在，後天的道德意識是對先天道德觀念的擴充，王陽明繼承了這一觀
點，此即承認「心」為道德本源。但王陽明又將「心」看作一切理、
一切物的本原，一種精神實體，一個無所不包的母體。第二，王陽明
改造了孟子思想中心、性、天三者的關係，提出「心外無物」、「心外
無理」、「合心、性、天於一心」的思想。孟子以心善說性善，心、性
之源為天，三者密不可分。孟子思想中的天兼具自然之天與道義之天
雙重含義。但天不是一個獨立的實體，自然之天存在於自然之中，道
義之天存在於人心之中。王陽明一方面將孟子關於道義之天存在於心
的思想，擴大為自然之天、道義之天皆存在於心；另一方面又擴展了

19　參見何靜：〈學宗孔孟的陽明心學〉，《齊魯學刊》2010年第6期。

孟子關於性的思想，提出「心即性」、「性即理」的觀點。這樣，王陽明就用心統一天，用心統一性，用心統一理，即用心統一自然和人類社會的一切事物及其道德理論、規範，從而實現合心、性、天三者於一心的理論建構。[20]

肖阿如認為：第一，王陽明將孟子的善心繼承、發展為「心之本體」。孟子即心言性，由人心本善生發出人性本善，並認為本善之心人人固有。王陽明繼承了這一觀點，並在此基礎上提出「心之本體」的思想，將心、性在本體意義上歸於一體，闡明了「本心」思想的深刻內涵，即由孟子提出的善，發展為「至善」。「心之本體」具有至善、良知、性、天理、誠、定、無善無惡、樂等多種含義，這些含義不是獨立相異存在的，而是彼此緊密相關。「至善」是主腦，其他含義均可歸於此。這樣，王陽明不僅繼承了孟子本心為善的思想，同時以心體概念融入了無滯性、本然的自得之樂等新的含義。第二，王陽明用「至善」概念發展了孟子的「性善」論。「至善」源於《大學》，內在地包含了「性善」之義，即人先天地具有善之本性，並需要在經驗生活中通過擴充的工夫表現出來。除「性善」義外，「至善」還有「無善無惡」之義。第三，這種局面形成的原因。王陽明這些思想的形成與他豐富多變的為學經歷和坎坷不平的入仕經歷緊密相關。[21]

蔡新法認為在對「心」的討論中，王陽明否定了孟子「心」概念中的物質性含義，將「心」確定為純粹的精神實體。孟子把「心」理解為仁義禮智之端，理解為「我固有之」的先驗道德意識。同時，「心」為心臟，「心之官則思」，具有理性認識能力，此為心的物質性

---

20 參見廉格俊、石敦國：〈論王陽明對孟子心學的繼承和發展〉，《福建論壇》2007年第10期。

21 肖阿如：〈論王陽明「心體論」對孟子「本心」思想的發展〉，《貴陽學院學報（社會科學版）》2015年第2期。

含義。王陽明一方面吸收了孟子關於人人心中具有先天道德觀念的思想，另一方面又否定了孟子的「心之官」之說。王陽明強調「心」不是一塊血肉，說「心」指的是心的知覺功能，換句話說，「心」不是物質性的心臟，也不是理性認識，而是精神性的知覺之心。陽明、孟子以先驗的道德意識界定心的本質是錯誤的，因為他們不懂得「心」作為主觀意識，是人類在後天的社會實踐中形成的主觀對客觀的反映。陽明將孟子的「心物並列」改造為「以心統物」。蔡新法指出孟子理解的物是獨立於人的意識之外並能為人的意識所反映的客觀存在，孟子的哲學是二元論哲學，物、心對立統一，相互作用、制約。心能以觀念形態反映物。但孟子將心、物並列實際上違反了物質第一性原理，從本質上說是一種主觀唯心論。王陽明則沿著這條路走得更遠，他將孟子思想中鮮有的一點唯物論成分拋棄掉，將物規定為「意之所在」，完全精神化，將意識反映對象物的過程看作為創造對象物的過程，以此來否定物的客觀存在性。在心、性、天三者的關係問題上，蔡新法認為王陽明將孟子的心、性、天三者合一改造為三者同一。孟子思想中的天不是獨立實體，兼具自然、道義二義，二者的歸屬是分開的。心、性、天三者為合一關係。王陽明則將天完全等同於心，將心之自然、道義二義收歸於一心；同時，陽明擴展孟子性的思想，將孟子所規定的人性普遍化為萬事萬物的共性，從而推斷出「心即性」，將心與性完全等同起來。這樣，王陽明就用心統一性、物、理，用心統一自然和人類社會的一切事物及其準則，包括人類社會的各種道德規範。從而將孟子的心、性、天三者合一改造為三者同一，即萬物歸於一心。[22]

---

22 參看蔡新法：〈王陽明與孟子的心本體論比較〉，《紹興文理學院學報（社會科學版）》2005年第6期。

　　陳來認為孟子所主張的「仁義禮智根於心」被陸象山、王陽明以「心即理」命題加以繼承、闡發。仁義禮智是理，根於心是根於道德本心，此即「心即理」。此道德本心是無一毫感性欲望雜染的先驗道德主體，故近於康德所說的「純粹實踐理性」。故從倫理學意義上看，「心即理」命題「在心學傳統中集中體現了對道德主體（及主體自律）的肯定」[23]。

　　綜上可知，以往的成果認為：第一，王陽明繼承了孟子先驗的道德本心思想，並將此道德的本心升格為宇宙的法則，萬事萬物存在的根據；第二，王陽明繼承了孟子的性善論思想，並將此性與心等同起來，以「至善」規定之，擴展了人性的內涵，同時也將人性上升為本體之性；第三，在心、性、天三者的關係上，王陽明將孟子思想中三者的合一發展為本體層面的同一。第四，由於歷史學術環境及個人理解等因素的影響，使得以往的一些成果教條化地利用馬克思主義哲學原理、方法，曲解了孟子、王陽明的本意，得出了錯誤的結論，作出了不合理的批判。總之，既往的成果既為我們提供了有益經驗，也為我們揭示了需要避免的問題。

3　工夫論

　　任文利集中探討了王陽明對孟子「集義」工夫的解讀。他認為陽明之學，實善於把捉「頭腦」，「頭腦」一定，其他可條貫之，迎刃而解。王陽明曾解讀「勿忘勿助」不是獨立的修養工夫，工夫全在「必有事焉」上，「勿忘勿助」只是對「必有事焉」工夫的提撕。而「有事」即是「集義」，捨「集義」之外，別無所事。就具體規定看，「集

---

23 陳來：《有無之境──王陽明哲學的精神》，北京：生活・讀書・新知三聯書店，2009年，第38頁。

義」隨著陽明思想的進展，先後可用「窮理」和「致良知」二義解釋。在發明「致良知」之前，「集義」所論為「窮理」，也即「存養此心之天理」、「存天理，去人欲」之義。揭「致良知」之後，「集義」為「致良知」。[24]

郭美華在文本上基於《傳習錄》，在主題上基於「致良知」和「性善」探討了王陽明對孟子道德哲學的深化。他指出孟子哲學的主題，在一定意義上可歸結為良知論與性善論。學術界對這兩個主題的討論有多種進路：如生物主義的（所謂先天性善說），即認為善是生物本能；心理主義的（所謂向善論），即認為善是心理傾向；抽象本體論的（所謂超越的精神實體之善），即以抽象理智思辨的超越的精神實體說善。這些進路都沒有切中孟子論善的基礎點，即「必有事焉」之說。王陽明哲學的主旨是「致良知」，「致良知」就是孟子的「必有事焉」。奠基於「必有事焉」的「具體行事」，王陽明區分了「說性」和「見性」，對「生之謂性」做了心學立場的肯定性解釋，並以心之至善涵蓋性之善惡，深化了孟子哲學中的良知論與性善論。論文分為三個部分——一、具體行事活動是道德生存之基：「致良知」即「必有事焉」；二、說性與見性之分：「生之謂性」之真義的釐定；三、性善論的推進：善惡之相對與至善的彰顯。郭美華主張王陽明以「必有事焉」的切實踐履工夫為基礎，在心事合一、理事不離的意義上深入發展了孟子的良知或本心概念；現實是理解人性的基礎，所謂現實即在「口說、心行與氣」一體之當下的鮮活展開中，良知為主其中，此即「見性」。以動的綻放作為見性之緣起，肯定心學立場的「生之謂性」的真義，王陽明深化了孟子道德哲學的人性觀；王陽明的「至善」說，將具體行事活動視為生命展開的整體性過程，從而

---

24 參看任文利：〈王陽明與孟子學〉，《國際經學與文學學術研討會論文集》，2013年。

融攝了孟子性善之說，也融攝了荀子性惡之說。從而，「在善惡問題
上，陽明一方面強調活生生的道德生存活動展開為一個整體的過程；
一方面強調展開過程中具體行事與良知覺悟的渾融一體，以善惡一體
而顯的整體性至善囊括包容彼此相分的善惡，大大深化了孟子以來善
惡問題的討論」[25]。

　　綜上，在工夫論問題上，已有成果揭示出王陽明的「致良知」論
與孟子修養工夫中的「集義」、「必有事焉」等雖名稱有異，但在實質
性的思想層面具有一脈相承與發展之處。任文利揭示出王陽明對孟子
工夫論的解讀隨著自身思想的發展而有變化；郭美華指出具體的行事
活動即「必有事焉」是理解王陽明和孟子良知論、性善說的開鎖之
匙。這些在內容與方法層面都為本文提供了有益借鑑。但以上成果對
工夫論問題的考察並不全面，如並未涉及王陽明對孟子「不動心」、
「平旦之氣」、「夜氣」、「寡欲」工夫的考察。

（二）歷史／思想史進路

1　《王陽明思想中的孟子學》

　　黃俊傑教授指出：「這一章的寫作目的，在於通過王陽明的《傳
習錄》中所見王陽明對孟子思想的解釋，分析下列三個問題：（1）王
陽明如何詮釋孟子思想？（2）王陽明的孟子詮釋學中，顯示何種中國
詮釋學的特殊內涵？（3）這種類型的中國詮釋學隱涵何種『言後之
意』？」[26]他集中考察了王陽明對《孟子》中〈知言養氣章〉、〈盡心
章〉的詮釋。就具體內容來看，他認為王陽明「解釋下的『盡心』，並

---

25 郭美華：〈致良知與性善——陽明《傳習錄》對孟子道德哲學的深化〉，《王學研究》
　　（第四輯），北京：中社會科學文獻出版社，2016年。
26 黃俊傑：《中國孟學詮釋史論》，北京：社會科學文獻出版社，2004年，第224-225頁。

不是『盡』『心』之量，也不是『窮』心之理或性之理，而是盡『心』之善良之本質，這種本質通貫於『心』、『性』、『天』各層次」[27]。王陽明以「致良知」解釋孟子的「集義」，「亦即以恢復人與生俱來而具有道德判斷能力的稟賦作為孟子『集義』之正解」[28]，並以「致良知」概念通貫《孟子・知言養氣章》，將《孟子》原典中的未發之意開發出來。王陽明還將《孟子》中「志」對「氣」的優先關係轉化為互相滲透的關係。這些都使得《孟子》義理更加曉暢明白。關於王陽明的孟子詮釋學的特質。黃俊傑教授主張：「在孟學詮釋史上，王陽明解釋孟子學最大的特徵在於『主客交融』。」[29]「主」指解釋者，「客」指經典，「交融」即解釋者與經典之間的互相滲透關係。「經典解釋者固然浸潤在經典思想世界之中，但是經典也被解釋者賦予新的意涵，從而被賦予新的生命」[30]。這種詮釋呈現出「體驗」特性的詮釋學以及經典由此而被賦予生命力兩個特性。關於王陽明的孟子詮釋學的「言後之意」——第一點，王陽明的孟子詮釋學自成體系；第二點，這種類型的詮釋學對不同的詮釋系統具有排斥性。[31]通過整個章節的探討，黃俊傑教授最後得出三點結論：第一，王陽明對孟子的詮釋學是一種將解經者精神體驗貫注於經典之中，與之對話的精神式中國詮釋學。第二，這種詮釋學以「主客交融」為特徵，解經者的主觀精神體驗與經典的客觀內容記載互動互通，交相輝映。第三，這種類型的詮釋學自成系統，內部巨細畢舉，曲暢旁通，對外則具有極強的排斥性。[32]

---

27 黃俊傑：《中國孟學詮釋史論》，北京：社會科學文獻出版社，2004年，第231頁。
28 黃俊傑：《中國孟學詮釋史論》，北京：社會科學文獻出版社，2004年，第232頁。
29 黃俊傑：《中國孟學詮釋史論》，北京：社會科學文獻出版社，2004年，第235頁。
30 黃俊傑：《中國孟學詮釋史論》，北京：社會科學文獻出版社，2004年，第235頁。
31 黃俊傑：《中國孟學詮釋史論》，北京：社會科學文獻出版社，2004年，第242頁。
32 黃俊傑：《中國孟學詮釋史論》，北京：社會科學文獻出版社，2004年，第248-249頁。

2 「以心釋經」詮釋方法

　　康宇認為儒家經典詮釋實踐中存在「以心釋經」一脈，孟子、陸象山和王陽明分別是這一詮釋方法的奠基者與拓展者。從宏觀歷史脈絡上看，孟子「以意逆志」命題確立了儒家心學解經綱領，陸象山「發明本心」之說讓「六經注我」式的詮釋得以盛行，王陽明「致良知」說則集儒釋道三家心性學說之大成，徹底改造了儒家詮釋學。綜觀儒家「以心釋經」方法發展史，高揚詮釋者主體性與無法擺脫解經「歷史性」問題糾纏，是這一方法最為重要的兩個特質。

　　康宇認為孟子把「心」詮釋為具有形而上的道德心與形而下的人的功能屬性雙重含義之心，並以此為基礎建構出一套道德哲學體系，「心」範疇成為孟學的中心話題。當孟子把自己對「心」的上述認知應用到經典解釋時，則提出了「以意逆志」的詮釋方法。孟子主張對經典的詮釋必須立足語境，通觀經文的整體意義，解經不應拘泥於文辭，詮釋者需憑藉自己的體認推知作者的原意，即以解釋者之「意」逆推經典作者之「志」。為了論證「以意逆志」不是主觀臆斷，孟子又提出「同類相似」、「人情不遠」等命題。對於「以意逆志」在「以心釋經」詮釋史上的地位，康宇認為「『以意逆志』可稱得上是儒家『以心釋經』的開山綱領。它以道德哲學為根基，以『求心』為目的，以『心性論』作為理解與詮釋活動的依據，溝通了『盡心』以『知性』、『知天』與『知言』以『逆志』的內在聯繫，既強調了經典文本中『文』『辭』等客觀要素的結構組成，又突顯了詮釋主體的『意』『志』的相互作用。它第一次在儒家經典詮釋中無限放大『心』的作用，賦予『心』以解釋形上學內涵與具體詮釋方法的雙重意蘊。它開啟了儒家學者理解經典新的思路，確立了儒家新的文本詮釋原則

與方法」[33]。

康宇主張王陽明在經典詮釋領域提出了「經學即心學」的觀點。「四書」「五經」是對心體的解釋。讀經、釋經目的在於明心。「凡看經書，要在致吾之良知」是王陽明制定的解經原則。良知包含萬理，又與心同一，所以，解經其實是一個去除外物對內心蒙蔽、恢復良知的過程。經學的價值在於治心存理，屬於身心之學，不能用主觀臆斷的方法解經。這種解經進路在結果上顛覆了傳統的章句訓詁方法。

王陽明的心學詮釋方法在諸多方面超越了孟子。從方法的性質上看，「以意逆志」是一種工具性的方法論，王陽明則運用了類似禪學的方法，讓解經與探求本心相聯繫，以達即時證悟之效果，從而不單純是一種工具性的方法。就解經的目標指向而言，孟子的解經與外在政治相關，而王陽明則通過「致良知」原則的確立，「讓解經成為一種純粹的向內實踐，剖析文本獲悉的倫理目標、修養原則均成為心志運作的邊界或框架，所有的活動都是為了修煉主體心志本身。在孟子那裡，良知本為實現儒學目標的手段，結果在陽明這裡儒學各種實踐卻成為良知學的手段」[34]。

3　對王陽明《孟子》詮釋的辨誤

崔海東認為王陽明對《孟子》「盡心」三節的闡釋並不符合孟子原意。他首先介紹了自己對儒家工夫基本格局的理解：「儒家所謂工夫，是針對心性情欲做自我調節、控制與優化的理性的道德實踐，它

33　康宇：〈論儒家「以心釋經」方法的確立與變遷──以孟子、象山、陽明之學為中心〉，《華僑大學學報（哲學社會科學版）》2016年第4期。

34　參見康宇：〈論儒家「以心釋經」方法的確立與變遷──以孟子、象山、陽明之學為中心〉，《華僑大學學報（哲學社會科學版）》2016年第4期。

包含三大階段──下學而上達、上達而存養、存養而踐履。」[35]繼而，他分析了「盡心」三節的本義：第一節上達道體；第二節存養天機；第三節踐履發用。分別對應庸、賢、聖之為學次序。然後，他分析了王陽明的誤讀表現：將原來的「庸、賢、聖」的為學次序倒解為「聖、賢、庸」；由此而引發了誤解後果即誤解了第一節上達工夫，遺漏了第二節涵養工夫，低看了第三節踐履工夫。最後，崔海東分析了王陽明誤讀的原因：陽明反對朱子所理解的「盡心」三節義理，但又沿襲了朱子以「格物致知」解釋「盡心知性知天」的理路。而王陽明自己的思想脈絡則習慣以「致良知」解釋「格物致知」，結果就是陽明以「致良知」解釋「盡心知性知天」，從而判之為「生知安行」之聖人境，由此只能安排「存心養性事天」為「學知力行」之賢人境，「夭壽不貳，修身以俟」為「困學勉行」之學者境。[36]

牟宗三先生也不認同王陽明援引《中庸》解釋《孟子》「盡心」三節的做法，王陽明認為「盡心知性」是「生而知之」，「存心養性」是「學而知之」，「立命」是「困而知之」，牟宗三先生認為「此種比配尤為不類」[37]。

綜上，從歷史／思想史的角度研究陽明、孟子思想的關係主要包括兩個面相：第一，比較王陽明、孟子對經典的詮釋方法；第二，研究、評價王陽明對《孟子》詮釋的得與失。就第一點而言，詮釋方法的名稱根據作者自己的理解而有不同，但實質上皆肯認陽明、孟子的詮釋方法是各自的「心學」思想在經典詮釋領域的應用。因此，這種

---

35 崔海東：〈《傳習錄》解《孟子》「盡心」三節辨誤〉，載《王學研究》（第七輯），北京：中社會科學文獻出版社，2018年，第39頁。

36 參見崔海東：〈《傳習錄》解《孟子》「盡心」三節辨誤〉，載《王學研究》（第七輯），北京：中社會科學文獻出版社，2018年，第38-51頁。

37 牟宗三：《心體與性體》（上），長春：吉林出版公司，2013年，第27-28頁。

詮釋方法以「明心」為旨歸,在一定意義上要求超越對文字、訓詁的執著。與之相對,否定過於重視外在客觀的文字記載,實際上是為了強調解釋者與經典對話的目的在於主觀精神、道德意識、道德觀念的自覺以及道德行為的落實。就第二點而論,評析王陽明對《孟子》解釋的得與失,前提是對陽明的思路既入乎其內,又出乎其外。不僅探討陽明詮釋的得失內容,還要進一步深究得失的原因。

第一章
「本心論」研究

　　「心」是中國傳統哲學中的重要概念之一，其含義豐富且具有層次性。「心」的原初含義為物質性心臟器官，後發展出認識、知覺、情感、欲望、意識、道德、本體等諸含義。如：「今予其敷心腹腎腸」（《尚書‧盤庚下》），「敷心腹腎腸」即開誠布公，將內心真實的想法表達出來。這裡將物質性的身體器官之心進行語義拓展而表示人的內在意識。「不見可欲，使民心不亂」（《道德經‧第二章》），此為欲望之心。「如有一介臣，斷斷猗無他技，其心休休焉，其如有容」（《尚書‧秦誓》），此為道德之心。「宇宙便是吾心，吾心即是宇宙」[1]，此為本體之心。由此可見「心」之含義的豐富性。各含義之間非雜亂無章或齊頭並進的關係，而是有著層次性的區分。「心」的含義具有層次性首先指含義之間有低級、高級之分。作為血肉的心臟是最低層次的含義，與之相連的是欲望、情感，再上是思維能力，最高則是道德理性。其次，層次性指諸義之間存在主宰與被主宰的關係。情感、欲望、思維之心要受道德之心的主宰。再次，不同含義在理論體系建構中作用不同。道德之心、形上之心是理論體系的核心概念，且形上之心以道德之心為主要內容。更明顯的表現在於，後世研究者為突出不同學派、思潮的區別和特點，常以理論體系的核心概念之「心」命名學派，如「理學」與「心學」之對舉。

　　以上器官、情感、欲望、思維、道德之心等諸含義在《孟子》中

1　陸九淵著，鐘哲點校：《陸九淵集》，北京：中華書局，1980年，第273頁。

皆已出現。從思想史的角度看，孟子的獨特貢獻在於：其一，對道德之心的分析與高揚；其二，在思想體系的歷史建構方面，孟子的心學理論是陸象山、王陽明建立心學體系的理論先導。通讀《孟子》全文可以發現，孟子對心的論述涉及心與天、心與性、心與良知、心與身、心與物等諸多方面，這些方面可以統稱為孟子的「本心論」[2]。王陽明在以上方面也提出了自己的看法。通過兩相比照，本章從心性關係、心物關係兩個大方向探討王陽明對孟子「本心論」的繼承與發展情況。

第一節　心性關係論

孔子為恢復周禮提出「仁學」思想，將之作為外在禮樂文制的內在生命根基。孟子進一步對「仁學」作出探討，為「仁學」之建立開闢心性論的論證方向。王陽明上承孔、孟，繼續對內在生命智慧之實在性展開闡釋。根據這一線索，這裡從「心」、「性」、「良知」三個角度對這一主題展開討論，主要涉及道德本心的內容、特點和意義問題。

一　「四端之心」與「本體之心」

面對禮崩樂壞的局面，孔子慨嘆：「人而不仁，如禮何？人而不仁，如樂何？」（《論語・八佾》）禮樂作為維持國家、社會和個人生活正常運轉的制度、規範，其架構的完整及效力的發揮以人的內在生命智慧為根基，也即以「仁」為根基。但「仁」本身如何證成，孔子並未真正措意。孟子接力孔子，以「四端之心」論證「仁」的真實不虛。

---

2 「本心」出自「此之謂失其本心」（《孟子・告子上》），在孟子思想裡與「良心」、「四端之心」是同義詞，指每個人都先天具有的成聖根據。

孟子由孺子入井的生死攸關情境引入對「四端之心」的論述：

> 今人乍見孺子將入於井，皆有怵惕惻隱之心——非所以內交於
> 孺子之父母也，非所以要譽於鄉黨朋友也，非惡其聲而然也。
> 由是觀之，無惻隱之心，非人也；無羞惡之心，非人也；無辭
> 讓之心，非人也；無是非之心，非人也。惻隱之心，仁之端
> 也；羞惡之心，義之端也；辭讓之心，禮之端也；是非之心，
> 智之端也。（《孟子·公孫丑上》）

另一處闡釋稍有差異：

> 乃若其情，則可以為善矣，乃所謂善也。若夫為不善，非才之
> 罪也。惻隱之心，人皆有之；羞惡之心，人皆有之；恭敬之
> 心，人皆有之；是非之心，人皆有之。惻隱之心，仁也；羞惡
> 之心，義也；恭敬之心，禮也；是非之心，智也。仁義禮智，
> 非由外鑠我也，我固有之也，弗思耳矣。（《孟子·告子上》）

對比可知，以上兩段引文的差異有二：第一，「四心」與「四德」的關
係問題。第一段引文稱「惻隱」、「羞惡」、「辭讓」、「是非」四心分別
是「仁」、「義」、「禮」、「智」四德之端；第二段引文「A，B 也」之判
斷句式表明，「四心」就是「四德」，而非「四德」之端。第二，語詞
問題。與第一段引文用「辭讓之心」界定「禮」不同，第二段引文用
「恭敬之心」指謂「禮」。相較關係問題，語詞問題清晰且簡單。「恭
敬」含有謙遜、禮貌、尊敬、敬肅等義，謙遜、禮貌即「辭讓」。所
以，「恭敬」、「辭讓」雖表達不同，但意思相通。確切地說，「恭敬」
比「辭讓」意義更深、更廣、更具穿透力，「辭讓」派生於「恭敬」。

　　如何理解「四心」與「四德」之間的關係則有些複雜和困難。既然孟子用「心，德之端也」的語句形式論述「四心」、「四德」關係，那麼也就意味著「端」係指二者關係。因此，如何理解「端」字決定了解讀者對「四心」、「四德」關係的認識。對於「端」字，《孟子》的諸多注本皆有解釋。例如，趙岐認為「端者，首也」[3]，朱熹解「端」為「緒」[4]，楊伯峻則援引《說文解字》作解：「耑，物初生之題（題，猶額也，端也。）也，上象生形，下象其根也。」[5]綜括而言，「端」有開頭、端緒、初始、開端、萌芽等義。依照這些意義，對「四心」、「四德」關係的理解，以「仁」為例，即「惻隱之心」是「仁」的萌芽、端緒。這種解釋實際上把「仁」理解為「惻隱之心」的根源。一些現代學者也持同樣觀點，如楊澤波：「孟子認為，惻隱、羞惡、辭讓、是非，分別為仁義禮智的初生、開始。」[6]又如陳來：「惻隱之心是仁的開始和基點，故稱端。」[7]

　　從研究方法的角度看，將「端」解釋為端緒、萌芽運用了訓詁學的方法。然而，這種依據字源研究法得出的結論是否毫無疑義呢？答案是否定的，勞思光先生區分了哲學問題和訓詁問題，他認為：「哲學家所提觀念之確義，不是可通過字源研究而完全瞭解者。」[8]依是而論，從哲學義理的層面看，將「惻隱之心」理解為「仁」的發端、萌芽，無疑與孟子為孔子之「仁」尋求根基的思路相衝突。孔子說：「我欲仁，斯仁至矣。」（《論語・述而》）「仁」是內生的，是自覺的自我要求，但孔子並未詳細論證理由。孟子要解決這一問題，必須指

3　焦循著，沈文倬點校：《孟子正義》，北京：中華書局，1987年，第234頁。

4　朱熹：《四書章句集注》，北京：中華書局，1983年，第238頁。

5　楊伯峻：《孟子譯注》，北京：中華書局，2010年，第74頁。

6　楊澤波：《孟子評傳》，南京：南京大學出版社，1998年，第318頁。

7　陳來：《仁學本體論》，北京：生活・讀書・新知三聯書店，2014年，第109頁。

8　勞思光：《新編中國哲學史》，桂林：廣西師範大學出版社，2005年，第87頁。

出「仁」的根基所在，所以，將「四心」理解為「四德」的根源當是更為合理的看法。為突出兩種思路的不同，有學者將兩種思路扼要地概括為「四心萌芽說」和「四心本源說」，並對「四心本源說」作了詳細的理論論證。[9]

馮友蘭先生認為與善於進行系統性概念辨析、命題推理的西方哲學家不同，中國哲學家較多運用格言、比喻和事例等形式表達思想，「即便在中國哲學家中以說理見長的孟子和荀子，把他們的著作和西方哲學家的著作相較，其中的格言、比喻和事例也比西方哲學著作要多」[10]。因此，與塗可國就「四心本源說」進行詳細的理論論證不同，這裡則依據《孟子》原文，從偏重事例、比喻論證的角度對此問題展開論述。

先逐個梳理孟子對「四心」與「四德」關係的闡釋。首先，「惻隱之心，仁之端也」，其意應指「惻隱之心」是「仁德」的始因、根源，主體努力擴充本具的「惻隱之心」，「仁德」才能由發端走向成熟。「夫仁，亦在乎熟之而已矣」（《孟子・告子上》），「人能充無欲害人之心，而仁不可勝用也」（《孟子・盡心下》），「所以謂人皆有不忍人之心者，今人乍見孺子將入於井，皆有怵惕惻隱之心」（《孟子・公孫丑上》）。「無欲害人之心」即「不忍之心」即「怵惕惻隱之心」。「忍」有殘忍、忍耐之義，「不忍」就是心軟、不能忍耐、同情、愛憐。按照焦循的理解，「怵惕」是「驚駭」、「恐懼」義，「惻隱」是「痛苦」義，故「怵惕惻隱，謂驚懼其入井，又哀痛其入井也」[11]。「驚駭」、「恐懼」、「哀痛」也是說明一個人的心軟，富有同情心。一

9　參見塗可國：〈孟子「四心」「四端」與「四德」的真實邏輯〉，《武漢大學學報（哲學社會科學版）》2020年第2期。

10　馮友蘭著，趙復三譯：《中國哲學簡史》，北京：北京聯合出版公司，2017年，第8頁。

11　焦循著，沈文倬點校：《孟子正義》，北京：中華書局，1987年，第232頁。

個心軟、富有同情心的人自然沒有害人之心。擴充、存養自己的「無欲害人之心」,「仁德」的潤澤之功不可勝用。伊尹不忍見夏桀禍殃民眾,故「就湯而說之以伐夏救民」(《孟子・萬章上》);武王不忍見百姓處於水深火熱中而誅紂安民(《孟子・梁惠王下》);齊宣王不忍見牛觳觫,故以羊易之(《孟子・梁惠王上》)。其次,「羞惡之心,義之端也」,「羞惡之心」是「義德」的始因、根源,個人如果能夠擴充「羞惡之心」,所做的事情就會呈現出「義德」的品質。禦者王良推擴「羞惡之心」行「義德」,而不願枉己阿黨嬖奚(《孟子・滕文公下》);孟子擴充「羞惡之心」行「義德」而不願「複為發棠」(《孟子・盡心下》);齊人之妻、妾推擴「羞惡之心」,看見丈夫在墳墓間向別人乞求祭祀的食物相擁而泣(《孟子・離婁下》)。再看「辭讓(恭敬)之心,禮之端也」。諸侯推「恭敬之心」,犧牲不肥碩,祭器內黍稷不乾淨,祭祀用的衣服沒準備齊全則不敢舉行祭祀之禮(《孟子・滕文公下》);陽貨想見孔子,推「恭敬之心」,暗中窺察孔子外出而上門贈送孔子蒸豚(《孟子・滕文公下》);孟子推「恭敬之心」行「禮德」而不跨位次、越石階與王歡作揖、交談(《孟子・離婁下》)。最後看「是非之心,智之端也」。舜不願廢棄夫婦之倫,構怨於父母,推「是非之心」,「不告而娶」(《孟子・萬章上》);禹推「是非之心」行「智德」,遵循水向下流的規律,掘地引導洪水入海(《孟子・滕文公上》);越王勾踐推「是非之心」行「智德」而屈身率國侍奉吳王夫差,臥薪嘗膽最終滅吳興越(《孟子・梁惠王下》)。以上是孟子分論「四心」為「四德」之根源,就孟子對「四端之心」的總論而言,「四端」仍是「四德」的源頭。「四端之心」就像剛燃起的火苗,剛冒出地面的泉流:「凡有四端於我者,知皆擴而充之矣,若火之始然,泉之始達。」(《孟子・公孫丑上》)「始達」只是起點,「至海」才是目的:「源泉混混,不舍晝夜,盈科而後進,放乎四海。」

（《孟子・離婁下》）有源的泉水滾滾流淌，晝夜不停，注滿坑窪繼續向前，直至流進大海。在此比喻中，「源泉」是為「四端之心」，「至海」為「四德」之實現。孟子還有言：「仁義禮智根於心。」（《孟子・盡心上》）「仁義禮智」以「心」為根，此「心」當為「四端之心」。故而，不管分說抑或合論，「四端之心」皆是「四德」的根源。

除了事例、比喻論證，孟子也提供了理論性論證，即通過區分「人禽之異」與「君庶之別」[12]加以論述：「人之所以異於禽獸者幾希，庶民去之，君子存之。」（《孟子・離婁下》）所謂「人禽之異」指人區別於禽獸而使自身成為人的特性，也即孟子所說的「幾希」。「君庶之別」即「去」、「存」工夫之有無。君子和庶人的共同點是皆具有人之為人的「幾希」，不同在於是否「存養」使人成為人的「幾希」。因此，「幾希」作為使人與禽獸相區分，使人成為人的特質，毫無疑問應該是先天的。而在同為人的前提下，「去」、「存」工夫使人又有了品格、境界的區別，這是後天的。「四端之心」為「幾希」，是人固有的特質，「存養」是後天的修養工夫，將「四德」充分現實化，就有了君子、庶人甚至小人之別。所謂「君子所以異於人者，以其存心也。君子以仁存心，以禮存心」（《孟子・離婁下》），君子與普通人的差異之處在於君子不斷「存養」「四端之心」，「以仁存心」、「以禮存心」就是指以「仁德」、「禮德」為目標「存養」、「惻隱之心」、「辭讓之心」，將本然的「幾希」實現為實然的品德。先天所有的當為「根源」，「萌芽」是後天經驗範疇。所以，從先天、後天的區分看，「四心」是「四德」的根源這一結論依然成立。

因此，人的仁、義、禮、智能力根源於先天本具的「四端之心」，「四端之心」是人最本質的特徵和能力。這一問題也可稱為成聖

---

12 參見李世平：〈孟子性善的內在理路〉，《哲學研究》2021年第3期。這裡的論證受到該文思路的啟發。

的根據問題。孟子對「四端之心」的確證為成聖根據問題的討論開啟
了心性論路徑，王陽明繼續沿著這條道路拓展了問題的深度和廣度。

　　根據《年譜》記載，王陽明十二歲時就有了世間「第一等事」不
是「讀書登第」而是「學聖賢」的認識[13]。在此動機下，沉溺辭章、
泛濫佛老、格物窮理（格竹、讀書）、留意兵法、熱衷養生等行為無
不彰顯著王陽明的探索熱情，龍場困頓之際他終於得悟成聖的秘
訣——「聖人之道，吾性自足」[14]。這種自足的成聖可能性，王陽明
稱之為「心之本體」。具體地看，王陽明所理解的「心之本體」包含
情感、道德兩個維度，具有無限、無滯兩個特點。

　　道德之維是儒家學者思想中恆定的內容。孔子主張「為仁由
己」，孟子提倡「居仁由義」，宋明儒者呼籲「存天理，滅人欲」，都
將道德視為生命的重點和中心。王陽明以「至善」和「天理」突出這
一儒家一以貫之的生命重心。「至善」源自《大學》的三綱領，即
「大學之道，在明明德，在親民，在止於至善」[15]。根據《大學》本
意，「至善」不僅是內聖外王的最高原則和境地，也是人生的最高目
標。王陽明將之規定為「心之本體」，本心成為最高的準則和境地，
所以「聖人之道，吾性自足」。「天理」一詞，始見《莊子·養生
主》：「依乎天理，批大郤，導大窾。」指天然的分理。[16]二程將「天
理」建構為思想系統的頂點概念，使之由道家自然義轉化為道德義。
朱子上承二程，建立「理本論」的思想體系。王陽明雖不完全贊同朱
子學說，甚至挺陸反朱，但和朱子一樣繼承了二程的「天理」論。就
內容而言，「至善」、「天理」都以仁、義、禮、智、信等人倫道德為

13 參見錢德洪：〈年譜一〉，《王陽明全集》卷三十三，第1346-1347頁。

14 錢德洪：〈年譜一〉，《王陽明全集》卷三十三，第1354頁。

15 朱熹：《四書章句集注》，北京：中華書局，1983年，第3頁。

16 張岱年：《中國哲學大辭典》（修訂本），上海：上海辭書出版社，2014年，第183頁。

要素，所以，「就價值語態上看，說心之本體為至善與說心之本體即是天理並無差別」[17]，用王陽明自己的話即「至善只是此心純乎天理之極便是」[18]。

除了闡釋「至善」、「天理」的共性，王陽明也論述了兩者的個性。先看「至善」。首先，「至善」在吾心。朱子主張事事物物上皆有定然之理，格物窮理的認識論和修養論就是為了把握「理」。王陽明強烈反對「至善在心外」：「人惟不知至善之在吾心，而求之於其外，以為事事物物皆有定理也，而求至善於事事物物之中，是以支離決裂，錯雜紛紜，而莫知有一定之向。」[19]不知「至善」在本心，反而到外在的事事物物上探求至善、定理，使得志無定向，力量分散，工夫支離。其次，「至善」不等於儀節是當。認為「至善」在外在事物中必然要求從對外在事物的瞭解中總結「至善」。王陽明的弟子鄭朝朔曾以孝行為例探討「至善」，他認為就孝行而言，所謂「至善」，就是在冬溫、夏清的具體儀節上做到盡善盡美，要做到盡善盡美，就需要學習、思考這些儀節怎樣才算正確、合理。陽明指出：「若只是那些儀節求得是當，便謂至善，即如今扮戲子，扮得許多溫清奉養的儀節是當，亦可謂之至善矣。」[20]「至善」不等於儀節是當，前者強調心理動機的純正，後者明確行為方式的是當，把後者等同前者，會造成虛偽盛行，文質割裂的後果。而且，從兩者關係看，儀節是末，「至善」為本，兩者是本生末的關係。再次，「至善」不能摻雜「私意小智」。從動機的角度說，內在動機不僅區別於外在行為，而且需

---

17 陳來：《有無之境——王陽明哲學的精神》，北京：生活・讀書・新知三聯書店，2009年，第85頁。
18 王守仁：〈傳習錄上〉，《王陽明全集》卷一，第3頁。
19 王守仁：〈大學問〉，《王陽明全集》卷二十六，第1068頁。
20 王守仁：〈傳習錄上〉，《王陽明全集》卷一，第4頁。

要保證純正性。純正的動機是為「至善」,「至善」有別於「私意小智」。陽明認為:「至善之發見,是而是焉,非而非焉,固吾心天然自有之則,而不容有所擬議加損於其間也。有所擬議加損於其間,則是私意小智,而非至善之謂矣。」[21]「至善」固有天然之則,能夠隨感隨應,應機而發,自然恰到好處。有些人對「至善」自信不足,非要加進與「至善」不同質的功利考量,駁雜「至善」的純正性,不分輕重,因小失大,自以為遵循「至善」,實則以「私意小智」為依歸。綜上,作為「至善」的「心之本體」在內不在外,在純不在駁,重質不重文。「內在」即天然之則具足於本心,所以在道德活動中主體不需要擔心底氣不足而向「私意小智」尋求幫助,於圓滿處更添「加損擬議」。同時認清文、質之別,儀節作為文只是「至善」(質)發出來的具體事物,不是「至善」本身,不能混淆本末。

再看道德之維之「天理」。王陽明認為「心之本體,即天理也」[22]。作為「心之本體」的「天理」能夠應物無窮,是仁、信、忠、孝等道德價值的源泉:「以此純乎天理之心,發之事父便是孝,發之事君便是忠,發之交友治民便是信與仁。」[23]「天理」之所以能應物無窮,根據不同的道德實踐對象顯發相應的道德原理,因為它有「明覺」功能:「天理之昭明靈覺,所謂良知也。君子之戒慎恐懼,惟恐其昭明靈覺者或有所昏昧放逸,流於非僻邪妄而失其本體之正耳。」[24]「天理」固有「昭明靈覺」能力,是「本體之正」,也即「心之本體」的正常狀態,如果受物欲干擾而「昏昧放逸」則會失去「中正」狀態。

以上從「至善」與「天理」兩個方面闡釋「本體之心」的道德之

21 王守仁:〈親民堂記〉,《王陽明全集》卷七,第280頁。
22 王守仁:〈答舒國用〉,《王陽明全集》卷五,第212頁。
23 王守仁:〈傳習錄上〉,《王陽明全集》卷一,第3頁。
24 王守仁:〈答舒國用〉,《王陽明全集》卷五,第212頁。

維，除道德之維，王陽明也規定了「本體之心」的情感之維。

　　「本體」一詞在此處主要指本然狀態、本真面目。「心」的本然之體指思慮、情感、意志、知覺等精神能力在現象界未起用時的本來面目，這種本來面目是經驗活動中道德實踐、情感流露的根據。作為道德實踐的根據，陽明稱之為「至善」、「天理」；作為情感宣露的根據，陽明稱之為「樂」。「樂是心之本體，雖不同於七情之樂，而亦不外於七情之樂。雖則聖賢別有真樂，而亦常人之所同有。但常人有之而不自知，反自求許多憂苦，自加迷棄。雖在憂苦迷棄之中，而此樂又未嘗不存。」[25]本體之「樂」不是懸隔於七情之外的寡頭本體，而是七情生發的本然根據和理想節度。不論凡聖皆具此「樂」，聖賢能依此「樂」表達情感，凡俗則拋開此「樂」自陷於憂苦迷棄之中，雖然憂苦迷棄，但此「樂」一直存在。儒家師弟對學問的探討往往植根於日用倫常，有弟子用遭遇大變故哀哭的現象求問王陽明「本體之樂」，「問：『樂是心之本體，不知遇大故於哀哭時，此樂還在否？』先生曰：『須是大哭一番方樂，不哭便不樂矣。雖哭，此心安處，即是樂也；本體未嘗有動。』」[26]所謂「大哭一番方樂」，意味著情感得到自然宣洩為「樂」，所以「樂」不是與七情處於相同序列的特殊情感形態，而是情感宣發的中和形態，這是從「樂」之發用體認「樂」。哀哭時內心有「數」，有自然的「節度」，陽明將這種「數」和「節度」肯認為「心安處」，即「不動之本體」，這是從「樂」之本體上描述「樂」。綜上，「樂」是「本體之心」的情感之維，它不分賢愚，恆常遍在，是情感未發時清淨的內心狀態，也是情感已發時的中和狀態。對「樂」的體認需要在情感真誠、自然的宣發過程中實現，即「樂」而言，七情在「樂」之天則，即七情而言，「樂」在七情之

---

25 王守仁：〈傳習錄中〉，《王陽明全集》卷二，第79頁。
26 王守仁：〈傳習錄下〉，《王陽明全集》卷三，第127頁。

中節。值得注意的是,「天理」在陽明思想中一身二任,兼有道德價值和情感分限的含義:「父之愛子,自是至情,然天理亦自有個中和處,過即是私意……就如父母之喪,人子豈不欲一哭便死,方快於心;然卻曰『毀不滅性』,非聖人強制之也,天理本體自有分限,不可過也。」[27]親子之愛是人間至情,但也要講究分限,過與不及都不符合「天理本體」之自然發用。

「本體之心」就內容而言,包含道德和情感兩個維度。具有此雙重維度的本心具有哪些特點呢?王陽明也作了闡釋。

首先是無限性,即「本體之心」作為成聖之根據圓滿自足,其發用能力不受限制。「心之本體無所不該,原是一個天。只為私欲障礙,則天之本體失了。心之理無窮盡,原是一個淵」[28],「無所不該」、「理無窮盡」表明「本體之心」作為先天能力、先天根據是圓滿自足的,如蒼茫之天一樣無所不覆,如玄默之淵一樣深不可測。發用能力不受限制指發用沒有出入、動靜之分:「若論本體,元是無出入的。若論出入,則其思慮運用是出,然主宰常昭昭在此,何出之有?既無所出,何入之有?」[29]思慮是「本體之心」的發用而非出離,思慮正顯示出「本體之心」所具有的恆常的「主宰」、「昭明」能力。出入是對待概念,既然沒有出,自然也沒有入可言。「動靜者所遇之時,心之本體固無分於動靜也」[30],王陽明認為將本心應事視為動,無事視為靜是不究竟的看法,「本體之心」沒有動靜之分,動靜是發用時機、狀態的不同。「有事而感通,固可以言動,然而寂然者未嘗有增也。無事而寂然,固可以言靜,然而感通者未嘗有減也」[31],無事時「本體之

---

27 王守仁:〈傳習錄上〉,《王陽明全集》卷一,第19-20頁。
28 王守仁:〈傳習錄下〉,《王陽明全集》卷三,第109頁。
29 王守仁:〈傳習錄上〉,《王陽明全集》卷一,第20頁。
30 王守仁:〈傳習錄中〉,《王陽明全集》卷二,第72頁。
31 王守仁:〈傳習錄中〉,《王陽明全集》卷二,第72頁。

心」似寂然不動，可以客稱為靜，但其感通應事的功能未嘗減損；有事時「本體之心」感通應事，可以客稱為動，但其清淨天則未嘗加增。

除了無限性，「本體之心」還有無滯性的特點，「人心本體原是明瑩無滯的」[32]。「本體之心」發用無窮，其發用是具體發用，也即「不離日用常行內」[33]，有著特定的時空、生活處境。所以一時一地之發用是「本體之心」的「特殊運用」，不能執著特殊而誤認特殊為一般。在此意義上，無滯性指通過具體發用體會「本體之心」的「天則」自然流行。「自然」意味本心具備充足的能力、法則應事，且是「不容已」地應事。因此，「本體之心」能夠自然地對境起用，不需認為這種自然行為是多麼偉大、值得銘記的事情，所以陽明說：「未扣時原是驚天動地，既扣時也只是寂天寞地。」[34]這樣才能「廓然大公」。由此，王陽明才能看淡富貴功名，平穩度過寧濠之亂、張許之難；才能面對賞罰不公、奸佞誣陷做到內心平靜，安然處之。綜上，「本體之心」的無滯性即本心對遷善改過的道德實踐、外王事功及可能由之而來的賞罰、毀譽以平常心對待，對喜怒哀樂等情感任其自然宣發而不陷溺其中，徒生煩惱。

如上分別考察了孟子和王陽明的「本心」思想，以下具體分析王陽明對孟子「本心」思想的繼承與發展情況。

第一，從「本心」所針對的問題意識看，孔、孟、陽明都視「聖人」人格為人生最高理想追求，皆認為成聖的根據內在於己。孔子認為「聖人」是堯舜也難以企及的理想人格：「何事於仁，必也聖乎！堯舜其猶病諸！」（《論語・雍也》）自己更不敢自詡為「聖」，惟有「踐仁不厭」而已：「若聖與仁，則吾豈敢？抑為之不厭，誨人不

---

32 王守仁：〈傳習錄下〉，《王陽明全集》卷三，第133頁。
33 王守仁：〈別諸生〉，《王陽明全集》卷二十，第872頁。
34 王守仁：〈傳習錄下〉，《王陽明全集》卷三，第130頁。

倦，則可謂云爾已矣。」（《論語・述而》）孔子之所以能夠「踐仁不
厭」，原因在於「仁」與「己」有著密不可分的關係：「我欲仁，斯仁
至矣。」（《論語・述而》）「仁」作為價值自覺，內在於「己」，但孔
子並未系統闡述「己」是什麼。孟子也以「聖人」為最高人格追求，
他認為伯夷、伊尹、孔子「皆古聖人也，吾未能有行焉；乃所願，則
學孔子也」（《孟子・公孫丑上》）。又提出大禹、周公、孔子因不同的
功績而成為聖人，他「辟楊墨」正是為了效法「三聖」：「我亦欲正人
心，息邪說，距詖行，放淫辭，以承三聖者……能言距楊墨者，聖人
之徒也。」（《孟子・滕文公下》）孟子對楊、墨的反駁建立在自主的
理論建構上──對成聖依據的論證。孟子接續孔子，以「惻隱之心」
論證「仁」的內在性，同時以「羞惡、恭敬、是非之心」論證「義、
禮、智」的內在性，從而為成聖實踐奠定心性論的理論基礎。「成聖
理想」和「成聖的可能性」也是王陽明思考的核心問題。如果《年
譜》記載為真，那麼陽明在十二歲時就已覺悟到「學做聖賢」為「天
下第一等事」。十八歲時拜謁婁諒[35]，婁一齋告訴他「聖人必可學而
至」，陽明「深契之」。[36]二十二歲會試下第至二十八歲舉進士出身期
間，王陽明徜徉在辭章、兵法、養生、佛老之學中。三十一歲時「漸
悟仙、釋二氏之非」[37]，又悟孝親之念「生於孩提，此念可去，是斷
滅種性矣」[38]，最終「回歸到完全認同儒學的立場」[39]。三十四歲收

---

35 婁諒（1422-1491），字克貞，號一齋，江西上饒人。師從吳與弼，以「居敬」為學
問核心。因陽明十八歲時曾問學婁一齋並深受啟發，故而黃宗羲認為「姚江之學，
先生為發端也」。（見黃宗羲著，沈芝盈點校：《明儒學案》，（修訂本），上海：上海
古籍出版社，2008年，第44頁）

36 參見錢德洪：〈年譜一〉，《王陽明全集》卷三十三，第1348頁。

37 錢德洪：〈年譜一〉，《王陽明全集》卷三十三，第1351頁。

38 錢德洪：〈年譜一〉，《王陽明全集》卷三十三，第1351頁。

39 陳來：《有無之境──王陽明哲學的精神》，北京：生活・讀書・新知三聯書店，
2009年，第364頁。

徒講學，「使人先立必為聖人之志」[40]。三十七歲龍場自問「聖人處此，更有何道」[41]？得悟「聖人之道，吾性自足」[42]。至此，王陽明經過若干年苦心孤詣地探索，終於對「成聖之道」有了真切、獨到的體悟，只是沒有找到合適的術語來表達。爾後，他在軍旅生涯、教學實踐、工夫修養中不斷精進，教學相長，內聖、事功相濟，嘉靖七年（1528）十一月二十八日以「此心光明，亦複何言」[43]一語為傳奇一生畫下句號。回顧王陽明一生，「成聖」理想可以說是其畢生追求。「成聖」實踐離不開對「成聖根據」的理論探索，王陽明上承孟子的心性論路徑，以「本體之心」論證人人皆圓滿具足成聖的可能性。那麼，陽明的「本體之心」對孟子「四端之心」作了怎樣的繼承與發展呢？

第二，王陽明豐富、發展了本心的論證形式和內容。首先，在表達形式上，王陽明將孟子的舉例論證、現象描述提升為理論表述。孟子認為孺子入井是突然性事件，不會給人留有盤算、思考的時間。也就是說，「惻隱之心」乍見乍起，見者生起「惻隱之心」不是為了與孩子的父母攀交情，也不是為了在鄉黨朋友間博名譽，更不是因為厭惡小孩的哭聲。這裡，孟子只是在做現象描述，王陽明將這種本心對境起用的能力概括為「至善」、「天則」，所謂「無非天則流行」[44]。「至善」、「天則」意味著動機純正、自然流行，攀交情、博名譽、惡哭聲則動機不純、有所造作，陽明稱之為「私意小智」，見孺子入井乍起的「惻隱之心」則為「至善」，「至善」圓滿無缺，不需「私意小

---

40 錢德洪：〈年譜一〉，《王陽明全集》卷三十三，第1352頁。

41 錢德洪：〈年譜一〉，《王陽明全集》卷三十三，第1354頁。

42 錢德洪：〈年譜一〉，《王陽明全集》卷三十三，第1354頁。

43 錢德洪：〈年譜三〉，《王陽明全集》卷三十五，第1463頁。

44 王守仁：〈傳習錄下〉，《王陽明全集》卷三，第139頁。

智」「擬議加損」，因此，陽明的結論是「至善」不能摻雜「私意小智」。「至善」與「私意小智」的不同還表現為「率性」、「人心」之區分，「見孺子之入井而惻隱，率性之道也；從而內交於其父母焉，要譽於鄉黨焉，則人心矣」[45]。油然而生「惻隱之心」是「率性」的結果，納交、邀譽則是作偽且危險的「人心」造作，王陽明力倡「率性」而拒斥「人心」。相較孟子，陽明用概念省察現象，且對同一現象採用了多個概念。由此，王陽明將孟子的現象描述提升為較為抽象、思辨的理論表述。其次，在本心內容上，王陽明將源初性的「四端之心」收攝為「本體之心」的發用，在道德維度之外拓展出情感之維。孟子認為「四端之心」就是道德價值的源頭，王陽明主張「四端之心」是「常道」應感的結果：「經，常道也……是常道也，其應乎感也，則為惻隱，為羞惡，為辭讓，為是非；其見於事也，則為父子之親，為君臣之義，為夫婦之別，為長幼之序，為朋友之信。」[46]經書是「常道」之物質載體，所謂「常道」就是「本體之心」，「本體之心」在具體情境中應感而生「四端之心」，「四端之心」落實於道德踐履則表現為父子之親、君臣之義等人倫關係。由「常道」到「四端之心」再到人倫關係表現為「本體之心」不斷落實、下貫到日常生活的過程。因此，「四端之心」不是源初性的本體，而是本體發用過程中的一個環節。所以，陽明又有言「惻隱羞惡辭讓是非即是氣」[47]。「氣」是可感可見的形著物，是不可見本體的發用。收攝了「四端之心」的「本體之心」也不再局限於道德維度，同時關注到精神生活中的情感維度。孔子已經注意到情感問題：「〈關雎〉，樂而不淫，哀而不傷。」（《論語·八佾》）淫、傷皆是過度、過分的意思，高興和悲哀的流露需要

45　王守仁：〈重修山陰縣學記〉，《王陽明全集》卷七，第286頁。

46　王守仁：〈稽山書院尊經閣記〉，《王陽明全集》卷七，第283頁。

47　王守仁：〈傳習錄中〉，《王陽明全集》卷二，第69頁。

適度不能過度。《禮記・禮運》提出「七情」:「何謂人情?喜、怒、哀、樂、愛、惡、欲,七者弗學而能。」[48]換言之,喜、怒、哀、樂等情感是人類生而具有的情感本能。《中庸》區分「未發之中」與「已發之和」,「喜怒哀樂之未發謂之中,發而皆中節謂之和」[49]。《中庸》接力孔子以「中和」詮釋適度,但沒有解釋「中和」能力的根源。王陽明本著孟子心性論的思路,認為「中和」能力的根源是「本體之心」,就像本心先天具足道德原理一樣,本心也具有先驗的情感能力。王陽明理解的情感能力不同於《禮記》所理解的本能,因為本能並不必然內含適度,「本體之心」則將適度能力視作先驗能力。換言之,「本體之心」作為主詞必然內含適度這個謂詞,從主詞推出謂詞是分析命題而非綜合命題。適度與過、不及相對反,過、不及常常源於刻意、作假,適度不僅代表恰如其分,也蘊含自然、真誠。換言之,自然流露、恰如其分的真誠情感才是適度的情感。這樣,王陽明對本心的看法較之孟子有了更為豐富的內涵,從而為成聖理想奠定了更為有力的心性論基礎。特點與內容密不可分,與理論形式的提升、本心內容的豐富相適應,本心的特點也得到進一步地明晰與更新。

　　第三,王陽明拓展或進一步明晰了本心的特點。孟子認為「人皆有所不忍,達之於其所忍,仁也;人皆有所不為,達之於其所為,義也」(《孟子・盡心下》)。「人皆有所不忍」包含兩層意思:其一,「不忍」即「惻隱之心」,此心人人皆有;其二,「惻隱之心」具有恆常且無限的發用能力,所以才能「達之於其所忍」。「人皆有所不為」指「羞惡之心」,同樣包含以上兩層含義。對於第一層含義,如前文所述,孟子通過「人禽之別」論證了「四端之心」是人之為人的特質,

---

48 孫希旦著,沈嘯寰、王星賢點校:《禮記集解》,北京:中華書局,1989年,第606頁。

49 朱熹:《四書章句集注》,北京:中華書局,1983年,第18頁。

也即人人本具道德本心。對於第二層含義，孟子並未明晰揭示。王陽
明則用「恆照」、「無不明」界定本心的此項特性：「日之體本無不明
也，故謂之大明。有時而不明者，入於地，則不明矣。心之德本無不
明也，故謂之明德。」[50]本心之明如太陽之明，無時不明、無處不
明，「明」是本心的固有屬性，永遠不會喪失。所以，不明不是
「明」的喪失，而是「明」暫時被遮蔽，隱而不彰。這種特性，王陽
明又稱之為「恆照」，「心之本體，即前所謂恆照者也」[51]，「恆照則恆
動恆靜，天地之所以恆久而不已也」[52]。「恆照」就是本心生生不息、
恆久不已對境起用的能力。以「恆照」、「無不明」能力為基礎，孟子
所說的「人能充無欲害人之心，而仁不可勝用也」（《孟子・盡心
下》）才能實現。從本質上看，「恆照」、「無不明」實際指的就是上文
所述本心具有的「無限」特點。真實不虛、圓滿自足的東西才能恆久
不已、發用無窮。除了「無限」性，前文還提到「無滯性」。「無滯
性」包含道德、情感兩個層面。就道德層面而言，「無滯」要求主體
充分體認道德實踐是本心真誠、自覺、自然的發用行為，不能自我標
榜、自視甚高，這也為反對功利思想提供了理論支撐。因此，從「恆
照」、「無不明」方面看，王陽明進一步明晰了本心特點；從「無滯」
方面看，王陽明拓展了本心特點。

在「成聖」的問題意識與可能路徑上，孟子無疑是王陽明的先
導，王陽明則是孟子的繼任者。兩者皆以「成聖」為人生最高追求，
認為「成聖根據」具足本心。但在本心的內容上，王陽明除了「成
聖」的道德之維也關注到情感之維；在論證形式上，王陽明提出並運
用了更為豐富的範疇，相較孟子具有更強的理論性；在本心特點上，

---

50 王守仁：〈五經臆說十三條〉，《王陽明全集》卷二十六，第1079頁。

51 王守仁：〈傳習錄中〉，《王陽明全集》卷二，第69頁。

52 王守仁：〈傳習錄中〉，《王陽明全集》卷二，第69頁。

王陽明進一步明晰並拓展了本心特點。以上是孟子、王陽明從本心角度論述「成聖的可能性」，除此之外，還有「人性論」和「良知」的角度。

二　「即心言性」與「心性為一」

儒學史上對「人性」進行集中、系統、深刻地探討發端於孟子，用一句話概括之為：「孟子道性善，言必稱堯舜。」（《孟子・滕文公上》）「性善論」是孟子對成聖根據的進一步論述，但這並不意味著「性善論」只是追求「獨善其身」的心性修養論，相反，它有著明確的現實問題指向和厚重的經世價值。下面從「性善論」的問題指向、內容含義以及「心」、「性」關係等方面對其展開詳細論述。

「性善論」是治世之方。孟子對自己所處的學術、社會環境有著清晰的認知。在思想學說領域，「楊朱、墨翟之言盈天下」（《孟子・滕文公下》），楊、墨的觀點蠱惑人心，擾亂正道，「楊墨之道不息，孔子之道不著，是邪說誣民，充塞仁義也」（《孟子・滕文公下》）。就國家治理而言，當時的諸侯以「利吾國」為最高追求，為了「辟土地、充府庫」對外實行兼併戰爭，對內賦稅徭役繁重。孟子對戰爭之殘酷、荒謬深惡痛絕：「爭地以戰，殺人盈野；爭城以戰，殺人盈城。此所謂率土地而食人肉，罪不容於死。」（《孟子・離婁上》）原本土地用來養人，城池用來護衛國人，現實卻本末倒置，統治者以人民的生命為代價換取土地和城池。這種治國理念使得民眾生活苦不堪言：「樂歲終身苦，凶年不免於死亡。」（《孟子・梁惠王上》）對「邪說」要「正人心、息邪說」，對「亂政」要以「仁政」對治，這兩者都依賴於「性善論」的發明。故而，「性善論」不是閒暇孕育的思辨遊戲，而是現實催生的醫病之方。一方面，它要駁斥「異端邪說」對

「仁義」的充塞；另一方面，它要為「仁義」在現實政治中的落實提
供「人性論」的理論論證。

那麼，孟子這一「醫病之方」的具體內容是怎樣的呢？

孟子區分了「性」與「人性」。作為有著強烈現實關懷的偉大思
想家，孟子關注到「性」的雙重內涵：

> 口之於味也，目之於色也，耳之於聲也，鼻之於臭也，四肢之
> 於安佚也，性也，有命焉，君子不謂性也。仁之於父子也，義
> 之於君臣也，禮之於賓主也，智之於賢者也，聖人之於天道
> 也，命也，有性焉，君子不謂命也。（《孟子·盡心下》）

身體、感官既有其功能也有其欲望，口好美味、目悅好色、耳喜妙
音、鼻貪香臭、四肢嗜安佚，這些是生物本能之性，是不自由的
「性」，其滿足受限於外界條件，其滿足不加控制將帶來災害，其滿
足過於節制也會產生危害。孟子承認此生物感官之性，並且建議國君
推己之欲及於庶民，與民同樂、制民之產，正是為了滿足民眾這個層
面的「性」。總之，孟子認為感官欲望之性是執政者必須考慮的現實
對象。但是，執政者為什麼要通過各種方針政策協調、疏導、滿足大
眾的欲望呢？孟子認為這是因為人有另一種「性」。這種「性」是父
子間的仁、君臣間的義、賓主間的禮、賢者之智、聖人之天道。換言
之，這種「性」以道德原理為內容，雖受制於一定的現實條件，但終
極的決定權內在於個體自身。所以，這是自由之「性」，可欲之
「性」。前一種「性」是人和其他動物同具的感性欲望之「性」，可稱
為「生物性」；後一種「性」則是人所獨具的道德理性之「人性」。
「人性」在價值上高於「生物性」，是人區別於其他生物的特質，是
人的尊嚴所在。「人之有道也，飽食、煖衣、逸居而無教，則近於禽

獸」(《孟子・滕文公上》),人之為人不是只有保暖、食物、居處之需求,這些需求同於禽獸。人還有作為人之獨特尊嚴,即基於「人性」的人倫。「高於」是「選擇」關係而非「否定」關係,指認「人性」高於「生物性」不是否定「生物性」,所以孟子主張「井田制」、「制民之產」、「使有菽粟如水火」(《孟子・盡心上》)。與西方哲學對照看,康德認為理性有實踐、理論兩種能力,黑格爾認為「如果說『人之所以異於禽獸在於他能思維』這話是對的(這話當然是對的),則人之所以為人,全憑他的思維在起作用」[53]。也就是說,除道德之外,康德、黑格爾還提到人的思維、認識能力,故而嚴格地講,「人性」應包括道德、認識兩種本性,孟子只詳細探討了道德之性。

對於「人性」內涵,孟子認為其主要內容為「仁、義、禮、智」四種德性。「仁」集中表現為兩層含義:道德和政治。「仁人之於弟也,不藏怒焉,不宿怨焉,親愛之而已矣。親之,欲其貴也;愛之,欲其富也」(《孟子・萬章上》)。「親親,仁也」(《孟子・告子下》)。道德層面的「仁」指「親」、「愛」他人、他物的德性,由對雙親、兄弟等家庭成員的親愛拓展到對社會中無血緣關係的同胞甚至動植物的「不忍」。能夠真切實踐「親」、「愛」德性的人可稱為「仁人」,比如舜對待弟弟象就是如此,他將有庳國封給象,實際是想讓象獲得富貴,貴是舜「親」象的結果,富是舜「愛」象的結果。日常生活中,我關愛他人,他人卻不親近我,這時需要反思自己是否真正做到「仁愛」:「愛人不親,反其仁。」(《孟子・離婁上》)齊宣王以羊替代牛釁鐘,孟子認為「是乃仁術也,見牛未見羊也。君子之於禽獸也,見其生,不忍見其死」(《孟子・梁惠王上》)。「仁愛」的對象也包括人類之外的生命體,所以齊宣王不忍見牛無辜被殺。對於政治層面的

---

53 〔德〕黑格爾著,賀麟譯:《小邏輯》,上海:上海人民出版社,2009年,第56頁。

「仁」而言，施「仁」的主體是統治階層的君與臣。統君與臣而言之，「仁」是靈活性的政治智慧。國君踐「仁」的範圍包括處理國內與國際事務。「惟仁者為能以大事小，是故湯事葛」（《孟子·梁惠王下》），所謂「湯事葛」指商湯以大國關愛小國葛，為其送去祭祀用的牛羊，派人幫助葛國民眾耕地。「文王發政施仁，必先斯四者」（《孟子·梁惠王下》），孟子認為文王行「仁政」在策略上講究輕重緩急，就民生而言，必定首先考慮鰥、寡、孤、獨四類人的生活保障問題。臣子踐「仁」即仕以行道：「居下位，不以賢事不肖者，伯夷也；五就湯，五就桀者，伊尹也；不惡污君，不辭小官者，柳下惠也。三子者不同道，其趨一也。一者何也？曰：仁也。君子亦仁而已矣，何必同？」（《孟子·告子下》）伯夷、伊尹、柳下惠作為臣，出處之道相異，但皆用心於「仁」，同歸而殊途。可見，「親」「愛」是「仁」的核心內涵，其在道德、政治層面具有不同的表現方式，孟子習慣用這些具體的「仁」的行為來解釋「仁」，較少採用下定義的方法。

　　孟子常說「仁義」一詞，將兩者並舉。那麼，「義」有怎樣的內涵？綜括言之，「義」是處理兄弟、君臣兩倫和相關事情的重要原則。兩倫主要涉及「從兄」、「事君」兩方面。「義之實，從兄是也」（《孟子·離婁上》），「敬長，義也」（《孟子·盡心上》）。對兄長的「敬順」是「義」在日常生活中發用的原點，也是最切實處。君臣關係也集中表現為「義」，「君臣有義」（《孟子·滕文公上》），「義之於君臣也」（《孟子·盡心下》），其具體內容則是「敬」。此「敬」重在陳善閉邪、以道正君，具體的儀節倒在其次。孟子原本打算去朝見齊王，齊王突然派使者告知孟子自己受了風寒，不能親自來見孟子。孟子認為齊王待己不敬，於是也以病由辭見齊王。雖然齊王派醫生前來問疾，倔強的孟子依然不肯去朝見齊王，甚至躲到景丑家裡過夜。景丑批評孟子待齊王不敬，孟子辯解：「我非堯、舜之道，不敢以陳於

王前,故齊人莫如我敬王也。」(《孟子・公孫丑下》)孟子理解真正的敬君是以「堯、舜之道」正君,而非拘泥於形式化的禮節,也即「陳善閉邪謂之敬」(《孟子・離婁上》)。作為處事原則的「義」主要內涵是公正、合理、變通。「大人者,言不必信,行不必果,惟義所在」(《孟子・離婁下》),一味地信守諾言,講求結果是機械、不知變通的表現,「義」則是根據條件變化適時做出恰當調整。「非其有而取之,非義也」(《孟子・盡心上》),「義」也指尊重現實情況和自身權利範圍取用有度。例如,孟子反對苛捐雜稅,他認為統治層不合理、不公正地收取賦稅就如「攘鄰之雞」,「知其非義,斯速已」(《孟子・滕文公下》)。

　　「禮」的主要功能是「節文」、「仁」、「義」的道德實踐,「仁之實,事親是也;義之實,從兄是也;……禮之實,節文斯二者是也」(《孟子・離婁上》)。「仁」、「義」一定要由德性對象化為具體的德行,而具體的德行必須遵循相應的規範、制度,也即「禮」。作為外在節文的「禮」主要涉及政治、宗教、倫理等領域,如「禮,朝廷不歷位而相與言」(《孟子・離婁下》),「牲殺、器皿、衣服不備,不敢以祭」(《孟子・滕文公下》),「丈夫之冠,父命之」(《孟子・滕文公下》),以上分別是政治、宗教、倫理之禮的具體例子,這樣的例子在《孟子》中有很多,也正印證了「禮」的「節文」功能。

　　「智」有兩種含義,其一是對「仁」、「義」的判斷與執行能力,具體表現為:「仁之實,事親是也;義之實,從兄是也;智之實,知斯二者弗去是也。」(《孟子・離婁上》)「智」的實質內容,是對「事親」、「從兄」的「仁義」之德有清晰的判斷並且努力一貫堅持下去,反之,「莫之禦而不仁,是不智也」(《孟子・公孫丑上》),沒有遭受阻礙,卻不能行「仁」是為「不智」,這是道德層面的「智慧」。孟子對「智」的其他論述,可以籠統地概括為第二種含義,即天生的才智

能力及對知識經驗的學習、積累、運用。「為是其智弗若與？曰：非
然也」（《孟子‧告子上》），這裡的「智」指天生的聰明、愚鈍之資
質。「學不厭，智也」（《孟子‧公孫丑上》），這句話孟子引自《論
語》，指對經驗知識的學習。「所惡於智者，為其鑿也」（《孟子‧離婁
下》），在對才智的運用上，孟子反對穿鑿附會。孟子對經驗知識的論
述，主要側重在政治方面，如「不知而使之，是不智也」（《孟子‧公
孫丑上》）。「為政不因先王之道，可謂智乎？」（《孟子‧離婁上》），
「治人不治，反其智」（《孟子‧離婁上》），「不可諫而不諫，可謂不
智乎」（《孟子‧萬章上》）等等，涉及知人、用人，以先王之道為政
治治理的軌範，對治理能力的反思，諫責等內容。

　　以上簡要概括了「仁、義、禮、智」四種德性的含義，對於四者
的證成則是孟子思想的重點和創新之處。前文已述，「四心」是「四
德」的根源，這裡具體展開對兩者關係的論述。所謂前者是後者的根
源，其實際意義指「心」是「性」的根源。「心」是「惻隱、羞惡、
辭讓、是非」之本心，「性」指「仁、義、禮、智」之善性。在孟子
看來，「心」與「性」存在差異，「在嚴格意義上，心與性是兩回事，
人心只是人性之成就的不可或缺的起點，卻並不反映後者的完滿狀
態」[54]。孟子的思路是用「心善」為「性善」奠基，這可從兩方面展
開。第一，潛能與現實。潛能與現實是亞里斯多德用來解釋實體如何
生成的一對範疇，這裡借用來說明「心」與「性」的關係。前者是潛
能，後者是現實，後者經由對前者的擴充而實現。所謂擴充即在具體
的倫常關係，在道德、政治實踐中真實無妄地依照「心」而行，其具
體結果就是「性」的現實表現。因此，「心」、「性」都不能離開具體
事為，離開具體事為，「心」無法由潛能向現實過渡，「性」則無法呈

---

54 匡釗：〈「四端」之心——孟子對德性理據性的追問〉，《現代哲學》2018年第2期。

現為現實形態。但欲望的摻雜會使由潛能到現實的轉化過程出現動力不足、工夫不切等問題，於是，「善心」並不必然呈現為「善性」。正如孔夫子所說：「苗而不秀者有矣夫！秀而不實者有矣夫！」（《論語・子罕》）概言之，「心」是「性」的起源、根基；由「心」向「性」的呈現由切實工夫完成。第二，由「心」到「性」是一個過程。就個人的生命成長看，「心」向「性」的實現以生命的成長為前提。「孩提之童無不知愛其親者，及其長也，無不知敬其兄也」（《孟子・盡心上》），隨著年齡的增長，孩童才能知道並通過實際行動愛親、敬兄。「丈夫生而願為之有室，女子生而願為之有家」（《孟子・滕文公下》），夫婦作為重要的倫常關係需要男女等到一定的年齡才可以建立，夫婦雙方德性的現實化要以此為先決條件。就事為角度看，既然由「心」到「性」的實現離不開具體事為，既然事為有開始有結束，那麼，就一件事為說，由「心」向「性」的轉化與事為的始終同步調。同時，倫常事為具有重複性的特點，其在人生的某些階段需要反復實踐，比如孝親是長期性道德活動，真正的孝不是一時一地，而是在與父母的共同生活中時時處處盡孝。單次事為擴充本心具有過程性，長期事為更是如此。除了事為的時間維度，事為的空間維度也揭示出由「心」到「性」的過程性。「人皆有所不忍，達之於其所忍」（《孟子・盡心下》），「老吾老，以及人之老」（《孟子・梁惠王上》），將不忍之心拓展到忍心之事上，除尊重自家長輩也尊重別家長輩，都需要擴充「心」以落實「性」。就由「心」到「性」的存養策略看，要遵循專注、有恆、自然等原則。「不專心致志，則不得也」（《孟子・告子上》），孟子認為下棋作為一種小技藝尚且需要專心致志，更何況是以成聖為目標的存心養性呢？「一日暴之，十日寒之，未有能生者也」（《孟子・告子上》），一曝十寒，不能持之以恆，很難實現「心」、「性」之間的轉化。持之以恆是必要的，但也不能操之過急，

「助之長者，揠苗者也」（《孟子・公孫丑上》），求速助長不僅無益，反而有害。

　　以上從問題意識、內涵、「心」、「性」關係等方面總結了孟子對「人性」的看法，下面概述王陽明的「人性」思想。主要包括「人性」之層次、內涵、「心」、「性」關係等三個方面。

　　王陽明認為「人性」有若干層次，每一層次都是從不同角度論說「人性」，要防範以偏概全錯誤的發生。第一，源頭之性，這是王陽明對孟子「性善論」的總結。「孟子說性，直從源頭上說來，亦是說個大概如此」[55]，這種性，陽明也稱之為「天命之性」，「天命之性，粹然至善」[56]。第二，流弊之性。這是王陽明對荀子「人性論」的看法。「荀子性惡之說，是從流弊上說來，也未可盡說他不是，只是見得未精爾」[57]，所謂流弊，也即從人之生物欲望不加節制造成的惡的角度來說。荀子認識到人性中欲望的一面，所以「未可盡說他不是」，但是欲望明顯不是人性的全部，更不是人性的核心，所以荀子「見得未精」。「未精」，一方面指不全面，另一方面指沒有認識到人性的精華──人性區別於動物性的層面。第三，本體之性。「性之本體原是無善無惡的」[58]，本體之性無善無惡，其發用則有善有惡。本體之性與「道」是同一層級的概念，「道也者，性也，不可須臾離也。而過焉，不及焉，離也」[59]。第四，現實人性。人性要表現為道德、情感、欲望才能被自己和別人所覺知，外顯出來的就是現實人性：「性一而已，仁義禮智，性之性也；聰明睿知，性之質也；喜怒

55　王守仁：〈傳習錄下〉，《王陽明全集》卷三，第131頁。
56　王守仁：〈親民堂記〉，《王陽明全集》卷七，第280頁。
57　王守仁：〈傳習錄下〉，《王陽明全集》卷三，第131頁。
58　王守仁：〈傳習錄下〉，《王陽明全集》卷三，第130頁。
59　王守仁：〈修道說〉，《王陽明全集》卷七，第295頁。

哀樂，性之情也；私欲客氣，性之蔽也。質有清濁，故情有過不及，
而蔽有淺深也。」[60]王陽明認為「仁、義、禮、智」是「性」之本
性，聰明睿智是「性」的氣質，喜、怒、哀、樂是「性」之情感，私
欲客氣是遮蔽「性」的力量。現實人性是對以上不同層次之「性」的
綜合，同時又包含新的內容。我們可以把王陽明對人性層次的劃分當
作線索，接著探究王陽明對人性具體內涵的看法。

　　源頭之性以「仁、義、禮、智」為內容。「仁」在王陽明這裡既有
具體德性的含義，又有價值意義上本體宇宙論的含義，且前者是後者
的特殊表現。「仁是造化生生不息之理，雖彌漫週遍，無處不是，然其
流行發生，亦只有個漸，所以生生不息」[61]，「仁」是宇宙的主宰，具
有生生不息的能力，萬物皆由之生出，這種化生是一個循序漸進的過
程。既然一切由「仁」生化，萬物一體當是應有之義，「仁者以天地萬
物為一體，使有一物失所，便是吾仁有未盡處」[62]。「仁」也表現為具
體德性，「孝弟為仁之本，卻是仁理從裡面發生出來」[63]。孝悌是踐行
「仁」最切近的地方，由「仁」而發，是「仁」的具體德目。「義」既
有一般性定義又有其適用的典型倫常關係。「心一而已……以其得宜而
言謂之義」[64]。「義者宜也。心得其宜謂之義。能致良知，則心得其宜
矣」[65]。王陽明以「宜」詮解「義」，並認為「義」、「宜」非來源於後
天經驗歸納，而是本心的內在德性。「宜」即適宜，本心之發用能夠
因順時間、地點、人物、事件而得宜的先驗德性能力為「義」。具體

---

60 王守仁：〈傳習錄中〉，《王陽明全集》卷二，第77頁。

61 王守仁：〈傳習錄上〉，《王陽明全集》卷一，第29頁。

62 王守仁：〈傳習錄上〉，《王陽明全集》卷一，第29頁。

63 王守仁：〈傳習錄上〉，《王陽明全集》卷一，第30頁。

64 王守仁：〈傳習錄中〉，《王陽明全集》卷二，第48頁。

65 王守仁：〈傳習錄下〉，《王陽明全集》卷三，第82頁。

到倫常關係則以君臣關係為突出代表,「君臣有義」[66],「有個君臣,還他以義」[67]。「禮」是天理的條理,「天理之條理謂之禮。是禮也,其發見於外,則有五常百行,酬酢變化,語默動靜,升降周旋,隆殺厚薄之屬」[68]。「禮也者,理也;理也者,性也」[69]。「禮」、「理」、「性」三者相通。「禮」之本為天理的條理,其發用則為五倫關係的規範,日常活動中的應酬、等級都需要外化的「禮」加以節文。「智」指人類能夠察公私、識邪正、辯善惡的本性能力:「非其心之智焉,則又無以察其公私之異,識其邪正之歸,辯其善惡之分。」[70]

流弊之性則以衣、食、住、行等不合理生物欲望為內容,合理的欲望仍屬於「性」之範圍,「饑而食,渴而飲,率性之道也」[71]。本體之性超出善惡之具體對待,包含道德和情感兩個維度。就道德層面而言,本體之性粹然至善,其發用則有善有惡;就情感層面而論,本體之性廓然大公,自有中和之分限,發用為七情又不滯著於七情,「就如父母之喪,人子豈不欲一哭便死,方快於心?然卻曰『毀不滅性』,非聖人強制之也」[72]。父母之喪常令人悲痛欲絕,但不能哀傷過度,過度則戕害「人性」。現實人性是從人性整體的角度看待人性,人性整體包含源頭之性,流弊之性,本體之性等內容,也包括剛柔愚聰等才質之性和遮蔽性的力量。

除了「人性」內涵,王陽明還探討了「心」、「性」關係。王陽明將「心」分為「道心」、「人心」,然而,這並不意味著人有兩個心:所謂

---

66 王守仁:〈傳習錄下〉,《王陽明全集》卷三,第61頁。
67 王守仁:〈傳習錄下〉,《王陽明全集》卷三,第112頁。
68 王守仁:〈博約說〉,《王陽明全集》卷七,第297頁。
69 王守仁:〈禮記纂言序〉,《王陽明全集》卷七,第271頁。
70 王守仁:〈人君之心惟在所養〉,《王陽明全集》卷二十二,第942頁。
71 王守仁:〈重修山陰縣學記〉,《王陽明全集》卷七,第286頁。
72 王守仁:〈傳習錄上〉,《王陽明全集》卷一,第19-20頁。

「人心」只是「道心」受人欲干擾的結果。「心一也，未雜於人謂之道心，雜以人偽謂之人心」[73]，「道心」即純乎天理之心，天理則以「仁、義、禮、智」等道德法則為內容。而「仁、義、禮、智」是「性」的本質內容，「仁義禮智，性之性也」[74]。由此可見，「道心」、「天理」、「性」在內涵上具有一致性，所以陽明說：「心之體，性也；性即理也。」[75]王陽明的如下表述更清晰地表明「心」、「性」、「理」三者的關係：「理一而已。以其理之凝聚而言，則謂之性；以其凝聚之主宰而言，則謂之心。」[76]「理」作為宇宙規律，其凝聚於人成為「性」；凝聚之「性」對人身具有主宰能力，這種主宰能力則為「心」。這是從「理」的角度說明「心」、「性」是一。從「心」的角度看，「夫在物為理，處物為義，在性為善，因所指而異名，實皆吾之心也」[77]。「心」在「性」為善，名異而指同。從「性」的角度看，「性一而已：自其形體也謂之天……賦於人也謂之性，主於身也謂之心」[78]。「天」、「心」、「性」等也可以統一於「性」，從無所不覆的形體言謂之「天」，下賦於人名為「性」，作為身體的主宰稱作「心」。總之「心也，性也，天也，一也」[79]。「心」、「性」為一，只是從不同的角度加以命名罷了。以上是對「心」、「性」關係的智識性探討，只是觀念裡的舞蹈，王陽明認為停留在觀念裡終將流於「說性」，真正的歸宿則是「見性」：「今之論性者紛紛異同，皆是說性，非見性也。」[80]

---

73 王守仁：〈傳習錄上〉，《王陽明全集》卷一，第8頁。
74 王守仁：〈傳習錄中〉，《王陽明全集》卷二，第77頁。
75 王守仁：〈書諸陽伯卷〉，《王陽明全集》卷八，第308頁。
76 王守仁：〈傳習錄中〉，《王陽明全集》卷二，第86頁。
77 王守仁：〈與王純甫又〉，《王陽明全集》卷四，第175頁。
78 王守仁：〈傳習錄上〉，《王陽明全集》卷一，第17-18頁。
79 王守仁：〈傳習錄中〉，《王陽明全集》卷二，第98頁。
80 王守仁：〈傳習錄下〉，《王陽明全集》卷三，第139頁。

「說性」似乎仁者見仁，智者見智，各有道理，異彩紛呈。但「性一
而已」，如何真正了知「性一」？答案就是「見性」，「見性者無異同
之可言矣」[81]。「見性」就是將「心」所發的道德原則客觀化為道德實
踐：「心之發也，遇父便謂之孝，遇君便謂之忠，自此以往，名至於
無窮，只一性而已。」[82]「心」、「性」具有道德創發能力，遇父知
孝、事君知忠，推廣開來，「心」、「性」的道德創發能力無窮無盡。
而所謂「遇父知孝」，不在言語而在行動，實際做到冬溫、夏清等行
為的人才算得上「知孝」，「必是其人已曾行孝行弟，方可稱他知孝知
弟，不成只是曉得說些孝弟的話，便可稱為知孝弟？」[83]因此，
「心」、「性」為一，既在觀念裡，更在行為裡。

　　以上已對孟子和王陽明論「性」的內容分別做了概述，下面基於
以上內容探究王陽明對孟子「人性」思想的繼承與發展情況。

（一）王陽明全面繼承孟子的「人性」思想

　　就道德原理而言，「仁、義、禮、智」等道德原理是孟子「人
性」思想的核心內容，王陽明通過「源頭之性」、「性之性」等不同的
表述重申了這些內容。從兩人對「仁、義、禮、智」的具體解釋來
看，「仁」之愛、「義」之宜、「禮」之節文功能、「智」之明善惡能力
為孟子和王陽明所肯認，王陽明也認同「仁、義、禮、智」的實踐域
既包括家庭倫理也適用政治、宗教等領域。就「欲」與「性」的關係
而言，陽明、孟子皆主張必要欲望的合理性，並指出過度的欲望會變
成遮蔽「性」的力量。但這種遮蔽力量是派生性力量，「性」則是本
源性能力。也就是說，「性」善的能力永不會喪失，只有幽隱、顯發

81　王守仁：〈傳習錄下〉，《王陽明全集》卷三，第139頁。
82　王守仁：〈傳習錄上〉，《王陽明全集》卷一，第18頁。
83　王守仁：〈傳習錄上〉，《王陽明全集》卷一，第4頁。

之別，不存在有、無之分。從「心」、「性」關係來看，陽明延續了孟子在具體道德實踐中體認「心」、「性」的思路，強調踐履較之觀念的優先性。

（二）王陽明從多方面發展孟子的「人性」思想

其一，擴展了「人性」內涵。孟子區分了「生物性」與「人性」，只以「仁、義、禮、智」說「人性」，而將衣、食、住、行等欲望歸於「生物性」，並且重視必要欲望的滿足。陽明則將合理的欲望也視為「人性」的內容，過度的欲望則被視為私欲。因為「性」主宰感官作用的發揮，「這性之生理，發在目便會視，發在耳便會聽，發在口便會言，發在四肢便會動」[84]，目、耳、口、四肢的運作需要「性之生理」的參與才能實現，感官服從「性」的支配就是合理欲望，就是「人性」，不服從則屬於私欲、人欲。除將合理欲望納入「人性」，情感中和能力也被陽明視為「人性」的固有品質。陽明認為「心」、「性」為一，「心」具有情感中和能力，「性」當然也具有。換言之，「人性」包含道德、情感雙重維度。其二，提升了討論「人性」的理論品質。同樣討論「人性」，王陽明與孟子有著思維方式的不同：陽明運用了「本體論」的思維方式。「通人物，達四海，塞天地，亙古今，無有乎弗具，無有乎弗同，無有乎或變者也」[85]，「性」在人才稱為「人性」，但實際上它是超越時空、萬物同具、永恆不變的本體。「人性」獲得了本體論的理論支撐，這大大增強了人們的德性自信心。「仁」也被本體化。「仁」在孟子思想裡屬於四種德目裡的一種，由「親親」到「仁民」到以羊易牛都是「仁術」的體現。王陽明將「仁」由

---

84 王守仁：〈傳習錄上〉，《王陽明全集》卷一，第41頁。
85 王守仁：〈稽山書院尊經閣記〉，《王陽明全集》卷七，第283頁。

特殊德目提升為「本體」之仁,「仁是造化生生不息之理」[86],其生化之不息是由於「漸」的過程,最終實現「仁者以天地萬物為一體」[87]的境界。「仁」作為價值本體,為萬事萬物賦予價值、意義,但價值之賦予又有輕重厚薄之分,也即「漸」。這樣,王陽明用本體論思維為孟子主張的「仁術」之無窮推擴,為孟子解釋的「見牛未見羊」提供了強有力的理論論證。不止「本體論」思維,陽明還運用了「體用論」思維。「喜怒哀樂之未發,則是指其本體而言,性也。……夫體用一源也,知體之所以為用,則知用之所以為體者矣」[88],喜、怒、哀、樂等情感是「性」之用,「性」之已發,「性」則是情感的體,情感之未發,體用相即不離。「見孺子之入井而惻隱,率性之道也」[89],見孺子掉進井裡的一剎那,「性」自然生起惻隱之情,沒有任何作偽的成分,所以是「率性」。「性」是體,惻隱之情是用。除了思維方式的變化,王陽明還善於通過辨析概念間的辯證關係來闡發自己的思想。「性」之體、用不可分離,主張「性」有內外的觀點則割裂了「體用一源」關係:「告子病源從『性無善無不善』上見來。性無善無不善,雖如此說,亦無大差;但告子執定看了,便有個無善無不善的性在內。有善有惡又在物感上看,便有個物在外。卻做兩邊看了,便會差。無善無不善,性原是如此,悟得及時,只此一句便盡了,更無有內外之間。告子見一個性在內,見一個物在外,便見他於性有未透徹處。」[90]告子執定認為「性」之體無善無惡,屬於內;「性」對物的感應有善有惡是「性」之用,屬於外。這就將「性」與「物」的體

---

86 王守仁:〈傳習錄上〉,《王陽明全集》卷一,第29頁。
87 王守仁:〈傳習錄上〉,《王陽明全集》卷一,第29頁。
88 王守仁:〈答汪石潭內翰〉,《王陽明全集》卷四,第165頁。
89 王守仁:〈重修山陰縣學記〉,《王陽明全集》卷七,第286頁。
90 王守仁:〈傳習錄下〉,《王陽明全集》卷三,第122頁。

用一體關係隔離成內、外之分立、對立關係。陽明認為自在之物與「性」無關，只有被「性」感應到的物才是人類關注的物，同時，未感應物的「性」也不是「性」，而是隔離寡頭之「性」，所以，「性」、「物」處於一體共生狀態。因此，「性」沒有內外之分。孟子主張由「心」到「性」是個過程且不離具體事為，這實際涉及「性」如何呈現的問題，陽明以「性」、「氣」關係論述之：「然性善之端須在氣上始見得，若無氣亦無可見矣。惻隱、羞惡、辭讓、是非即是氣……若見得自性明白時，氣即是性，性即是氣，原無性氣之可分也。」[91]前文已述「見性」就是在實踐活動中踐履「性」，在具體事為中呈現「性」，陽明用比較抽象的「氣」概念界定實踐活動以及活動中的情緒、心理、神情等伴隨狀態。總之，「性」、「氣」不可分，「性」由「氣」顯，「氣」由「性」發。

（三）「人性論」在各自思想系統中的地位不同

如前所述，孟子「人性論」的提出以解決現實的社會問題——戰爭頻仍、學術不明、功利盛行——為目標，是「救病之方」，是孟子整個思想體系的基石。其思想體系仍然歸屬於孔子開創的內聖外王一體結構，這樣孟子將對社會問題的解決化約為個體的成聖實踐，「人性論」正是對「成聖根據」的系統論證。所以，「人性論」無論從內聖還是外王方面來看都是根基、根本。王陽明創新思想也不是浮游無根、書齋思辨之舉，他同孟子一樣以解決時代問題為己任，以社會問題作為運思的出發點。王陽明面對的問題可分為社會秩序、人心安頓、思想學術等三個方面，就形式而言與孟子針對的問題有重疊之處。雖然他繼承了孟子「人性論」思想的若干方面，並對人性問題給

---

91 王守仁：〈傳習錄中〉，《王陽明全集》卷二，第68-69頁。

予了新的闡釋，但「人性論」思想已經不是王陽明思想體系的中心和重心，也不是對治問題的主要藥方。總而言之，與孟子不同，「人性論」已非王陽明思想體系的根基和基石。

　　由上可知，王陽明雖然繼承了孟子「性善」思想，但二者所用「心」、「性」概念的含義並不一致。孟子以「四心」說「性善」，「心」是「性」的根源；陽明則將「心」、「性」視為同一層級的本體概念，並認為孟子所講的「四心」、「性善」皆是「心」、「性」的發用。換言之，陽明認為孟子的「四心」並非最終的價值之源，存在更高層級的原初力量，陽明所理解的「心」、「性」概念也只是從不同角度對這一原初力量的權稱。這一原初力量就是「成聖根據」，所以「心」、「性」是陽明在思想探索期對「成聖根據」的客稱，陽明對「成聖根據」的成熟稱號為「良知」。下面從「良知」的角度探討王陽明對孟子的繼承與發展情況。

三　「不慮而知」與「造化精靈」

　　在平定寧王叛亂，又遭遇張忠、許泰厚誣、冒功之後，陽明「益信良知真足以忘患難，出生死」[92]。他在給弟子鄒守益的書信中進一步分享了自己在諸種事變之後的心得：「近來信得『致良知』三字，真聖門正法眼藏。往年尚疑未盡，今自多事以來，只此良知無不具足。譬之操舟得舵，平瀾淺瀨，無不如意，雖遇顛風逆浪，舵柄在手，可免沒溺之患矣。」[93]此起彼伏的生死患難中，王陽明愈發體認到循「良知」而應萬事如同「操舟得舵」，既能在平瀾淺瀨中如意渡過，又可在顛風巨浪中免於沒溺，從而愈信「致良知」就是「聖門正

---

92 錢德洪：〈年譜一〉，《王陽明全集》卷三十四，第1411頁。
93 錢德洪：〈年譜一〉，《王陽明全集》卷三十四，第1411-1412頁。

法眼藏」。作為「聖門正法眼藏」的「致良知」實由王陽明在自身生命體驗中對孟子的「良知」思想加以繼承和發展而來。那麼，王陽明究竟繼承了孟子「良知」思想的哪些內容？又作出了怎樣的發展？有哪些發展方式？下面擬對這些問題展開討論。

「良知」一詞由孟子最先提出，在《孟子》文本中僅出現一次：

> 人之所不學而能者，其良能也；所不慮而知者，其良知也。孩提之童無不知愛其親者，及其長也，無不知敬其兄也。親親，仁也；敬長，義也。無他，達之天下也。(《孟子・盡心上》)

就上述引文而言，「不慮而知」是孟子對「良知」的解釋，其具體內容包括但不限於「親親」、「敬長」等道德原理。由此可見，「良知」被孟子用來指代、描述「四端之心」及其特點。具有這種作用的詞匯不止「良知」一詞，上述引文首句裡的「良能」，其他文句裡的「良心」、「良貴」也是這種用法：

> 雖存乎人者，豈無仁義之心哉？其所以放其良心者，亦猶斧斤之於木也，旦旦而伐之，可以為美乎？(《孟子・告子上》)
> 欲貴者，人之同心也。人人有貴於己者，弗思耳矣。人之所貴者，非良貴也。(《孟子・告子上》)

孟子稱「仁義之心」為「良心」，實際是以「良心」代稱「四端之心」，因為「禮智之心」從屬於「仁義之心」，「仁義之心」可看作「四端之心」的簡稱。「良貴」指人人都擁有的真正寶貴的東西，其實也是指「四端之心」。因此，「良知」、「良能」、「良心」、「良貴」皆是「四端之心」的別名，是對「四端之心」特點的揭示、說明。要真

切理解「良知」的含義，必須將「良知」與另外三個詞以及孟子對「四端之心」的相關論述聯繫起來綜合考察。

(一)「良知」來源與凡聖之別

「良知」能力人人皆有，這表明「良知」與人不是「綜合」關係而是「分析」關係。換言之，「良知」是先驗道德能力，經驗不是其來源。「不學而能」，不經過後天學習就能做到；「不慮而知」，不假思慮就能判斷應該不應該。「良」蘊含獨立於經驗之義，「能」、「知」則表明能動性。既然人人都有「良知」，那麼聖凡的差別就不在「良知」之有無，而在能否擴充「良知」。聖人能夠將「良知」擴充於天下，凡人則不能持之以恆地擴充「良知」。

(二)「良知」的過程性與喪失

其一，對「良知」的自我覺知是個過程。「良知」不能離開具體事為，所謂「及其長也，無不知敬其兄」(《孟子·盡心上》)表明，「良知」要在日常生活和倫常關係中展開。在實踐活動中，「良知」外化為倫理原則的同時也逐漸深化對自己的覺知。其二，「良知」的展開不是一時一事的片段性活動而是時時事事的持久性活動。親親、敬長、愛幼、信友等倫理活動需要由家庭擴展至社會，由熟人擴展至陌生人，即「達之天下」。「達之天下」必然需要持之以恆，不能「一日暴之，十日寒之」(《孟子·告子上》)。相反，如果既不能覺知「良知」，又不能持續地實行「良知」就意味著「良知」的喪失，也即「放其良心」。喪失指「良知」隱而不彰，沒有呈現於具體事為，而非本源性喪失。使「良知」隱而不彰的力量則是私利物欲：「鄉為身死而不受，今為宮室之美為之；鄉為身死而不受，今為妻妾之奉為之；鄉為身死而不受，今為所識窮乏者得我而為之，是亦不可以已

乎？此之謂失其本心。」（《孟子·告子上》）「義」屬於「良知」，過度美飾住宅，過分追求妻妾的侍奉，過於享受被貧苦人感激的感覺都是私欲，當私欲的力量衝破「義」的主導力量時，就會接受不合義的俸祿，於是「失其本心」，喪失「良知」。

（三）「良知」的差等與境界

孟子主張親親、仁民、愛物，同樣是「惻隱之心」的呈現，面對不同對象時「愛」的程度有差等。這來自孔子的主張。如馬廄失火，孔子退朝後先問是否有人受傷，沒問馬的情況。[94]朱熹認為孔子不是不關心馬，只是對人、馬的關心有差異，「非不愛馬，然恐傷人之意多，故未暇問。蓋貴人賤畜，理當如此。」[95]人、物有差異，事情則有先後，「堯舜之知而不遍物，急先務也；堯舜之仁不遍愛人，急親賢也。」（《孟子·盡心上》）堯舜雖智卻不盲目追求遍知一切，而以當緊要務為急知；堯舜雖仁卻不無差別地愛所有人，而以賢能為親愛。可見，所謂差等除了程度的不同還包含輕重緩急之別。差等不是私情、私心，私情、私心必然造成結黨營私、封閉狹隘，差等的前提是「仁義禮智」等道德原則以及「良知」範圍萬物的境界。「惻隱之心」無所不愛，由敬愛自家老人推擴到尊敬天下的老人，「良知」範圍了全體同類。孟子認為伊尹就是一個鮮活的例子：「思天下之民匹夫匹婦有不被堯舜之澤者，若己推而內之溝中。」（《孟子·萬章上》）伊尹的「良知」使他以將「仁政」普及天下人為己任；不止同類，不忍鳥獸之哀鳴、觳觫，說明「良知」範圍了其他生物，推而廣之，「良知」範圍了有道德有生命者，無道德而有生命者，無道德而無生命者，這裡已顯露出「良知」範圍萬物的境界。

---

94 「廄焚。子退朝，曰：『傷人乎？』不問馬。」（《論語·鄉黨》）
95 朱熹：《四書章句集注》，北京：中華書局，1983年，第121頁。

　　概言之，「良知」、「良心」、「良能」、「良貴」是孟子共同用來描述、指代「四端之心」的一組詞彙，「良知」在其中並無特殊地位。由於四詞相通，需要在綜合考察四者的基礎上界定「良知」的含義及特點。

　　以上從若干方面論述了孟子「良知」思想，下面考察王陽明的「良知」思想。

（一）王陽明選擇「良知」的原因

　　孟子提出「良知」、「良能」、「良心」「良貴」四詞，陽明為什麼單單重視「良知」呢？原因有二：其一，陽明為學重「頭腦」。錢穆先生認為學術有其時代特徵，明代學問大致有四個一般趨向：重行輕知、一元論、折衷融會、互爭門戶。[96]其中，一元論傾向指求得為學的「把柄」，「有了這一個把柄，便有依靠，有歸宿」[97]。所謂「把柄」，也即王陽明反復強調的為學「頭腦」：「為學須得個頭腦工夫，方有著落。縱未能無間，如舟之有舵，一提便醒。」[98]為學必須依循「頭腦」才有著落，即使做不到工夫不間斷，但「頭腦」如操縱航向的船舵，一提撕就會省覺，所以「頭腦」對為學至關重要，不可或缺。其二，圓融對《大學》的解釋。「頭腦」在實踐層面為修養工夫指明方向，在理論層面則能貫通經典系統：「乃以默記《五經》之言證之，莫不吻合，因著《五經臆說》。」[99]王陽明在龍場所悟的道理，實即為學「頭腦」，證諸《五經》，與《五經》義理相契，也即能夠通貫對《五經》的詮釋。這是王陽明悟道後以《五經》作為證悟坐標得

96　參見錢穆：《陽明學述要》，北京：九州出版社，2015年，第22-24頁。

97　錢穆：《陽明學述要》，北京：九州出版社，2015年，第23頁。

98　王守仁：〈傳習錄上〉，《王陽明全集》卷一，第34頁。

99　錢德洪：〈年譜一〉，《王陽明全集》卷三十三，第1354頁。

出的結論。後來，他直接自信地說「良知」貫通千經萬典，「若信得良知，只在良知上用功，雖千經萬典，無不吻合。」[100] 在儒家眾多經典中，《大學》被程朱一派視為為學入門指南，「子程子曰：『《大學》，孔氏之遺書，而初學入德之門也。』於今可見古人為學次第者，獨賴此篇之存……學者必由是而學焉，則庶乎其不差矣。」[101]《大學》三綱領、八條目是對古人為學次第的揭示，後世學者若要在學問上登堂入室，必須由此次第循序而進，庶乎不差。這種看法影響了王陽明對《大學》的重視程度，如陳來先生所指出：「陽明思想的結構自始至終是從《大學》提供的思想材料和理論範疇出發的。」[102] 與朱子對《大學》外向「格物窮理」的解釋路徑不同，王陽明龍場之悟體會到「吾性自足」，也即「反身向內」的心學立場。基於心學立場，陽明在龍場之悟至宸濠之變前以「誠意」為學問「頭腦」，在平定宸濠叛亂至去世則以「良知」為學問「頭腦」。[103] 以「誠意」為主固然有別於朱學向外求理之路徑，但這種解釋至少面臨兩個問題：其一，與《大學》對八條目工夫次序的敘述不相合。「格物、致知、誠意、正心」是《大學》規定的順序，王陽明將「誠意」視為「頭腦」相當於將其進行了升格，這既與原文表述的次序有出入，也有獨斷之嫌。其二，「誠意」之「意」作為經驗意識活動有善惡之分，但「誠意」並未明確指出區分「意」之善惡的主體是什麼。以「良知」為學問「頭腦」不僅避免了突出「誠意」對《大學》原文表述的擾動，也明確了監察「意」的主體。

---

100 王守仁：〈傳習錄中〉，《王陽明全集》卷二，第80頁。

101 朱熹：《四書章句集注》，北京：中華書局，1983年，第3頁。

102 陳來：《有無之境：王陽明哲學的精神》，北京：生活・讀書・新知三聯書店，2009年，第180頁。

103 錢明：《陽明學的形成與發展》，南京：江蘇古籍出版社，2002年，第50頁。

（二）「良知」的來源與凡聖之別

首先從「良知」與「見聞」關係看「良知」的來源問題。「德性之良知，非由於聞見」[104]，「良知不由見聞而有，而見聞莫非良知之用，故良知不滯於見聞，而亦不離於見聞。」[105]「良知」作為德性之知並非來源於對後天見聞的認知、歸納，換言之，其有獨立於經驗的來源。但「良知」又不隔離於經驗，後天見聞是「良知」的發用，「良知」不滯同時亦不離於見聞。概言之，「良知」先於具體道德活動且是道德活動的根據，因此，「良知」是先驗道德能力。其次，從「良知」的普遍必然看其來源。「良知」超越具體時空與特殊群體，「自聖人以至於愚人，自一人之心以達於四海之遠，自千古之前以至於萬代之後，無有不同。是良知也者，是所謂『天下之大本』也。」[106]不論什麼時代、什麼地方的人無不具有「無有不同」的「良知」，所以「良知」是普遍必然的道德主體，而普遍必然的東西只能是先驗的。既然「良知」人人同具，那麼聖凡之分就不在「良知」之有無，而在隱顯。「良知良能，愚夫愚婦與聖人同。但惟聖人能致其良知，而愚夫愚婦不能致，此聖愚之所由分也。」[107]，聖人能夠「致良知」，凡人則「放」其「良知」。

（三）「良知」之自足與自然

自足指「良知」之完滿性，不假外求。其一，「良知」具足所有人倫事物之理：「見孺子之入井，必有惻隱之理，是惻隱之理果在於孺子之身歟？抑在於吾心之良知歟？其或不可以從之於井歟？其或可

---

104 王守仁：〈傳習錄中〉，《王陽明全集》卷二，第57頁。
105 王守仁：〈傳習錄中〉，《王陽明全集》卷二，第80頁。
106 王守仁：〈書朱守乾卷〉，《王陽明全集》卷八，第311頁。
107 王守仁：〈傳習錄中〉，《王陽明全集》卷二，第56頁。

以手而援之歟？是皆所謂理也，是果在於孺子之身歟？抑果出於吾心之良知歟？以是例之，萬事萬物之理，莫不皆然。」[108]王陽明認為見孺子入井而生的「惻隱」之理，見嫂子溺水的援手之理，推而廣之，所有人倫事物之理皆具足於「良知」。既然上述引文指出「惻隱」之理為「良知」所有，而「良知」又窮盡了所有的人倫之理，那麼孟子所說的羞惡、辭讓、是非之心是否也為「良知」所有？答案是肯定的。王陽明指出：「良知只是個是非之心，是非只是個好惡。只好惡就盡了是非，只是非就盡了萬事萬變。」[109]由此可知，「良知」也包含是非、羞惡（好惡）之心。至於辭讓（恭敬）之心，陽明說：「蓋良知只是一個天理自然明覺發見處，只是一個真誠惻怛，便是他本體。」[110]所謂「真誠惻怛」實際指恭敬、惻隱之心。「從『真誠』方面說，則『恭敬之心禮也』亦含攝在內。由此可見，陽明是把孟子所並列的四端之心，一起皆收攝於良知。」[111]陽明將孟子所說的「四端之心」解釋為「良知」所具有的四種理，所以蔡仁厚先生論斷「良知」收攝了「四端之心」。不能自信「良知」自足而向外求理的主張則為陽明嚴厲批評：「夫萬事萬物之理，不外於吾心，而必曰窮天下之理，是殆以吾心之良知為未足，而必求於天下之廣以裨補增益之，是猶析心與理而為二也……良知之外，豈復有加於毫末乎？」[112]「良知」之外無理，「心」外無理，到「良知」、「心」外求理對「良知」和「心」之理不僅沒有任何裨補增益作用，反而與俗儒一道犯了「析心與理為二」的錯誤。其二，「良知」具足中和、廓然能力。陽明認

---

108 王守仁：〈傳習錄中〉，《王陽明全集》卷二，第50-51頁。
109 王守仁：〈傳習錄下〉，《王陽明全集》卷三，第126頁。
110 王守仁：〈傳習錄中〉，《王陽明全集》卷二，第95頁。
111 蔡仁厚：《王陽明哲學》，北京：九州出版社，2013年，第19頁。
112 王守仁：〈傳習錄中〉，《王陽明全集》卷二，第52頁。

為喜、怒、哀、懼、愛、惡、欲七情是「良知」的發用:「七者俱是
人心合有的,但要認得良知明白。……七情順其自然之流行,皆是良
知之用,不可分別善惡,但不可有所著;七情有著,俱謂之欲,俱為
良知之蔽。」[113]七情是「良知」發用的產物,「良知」之發用恆常不
已,有「良知」就會有七情,七情不具善惡屬性,不能分別善惡。七
情之自然流行就是七情處於合理尺度,這種合理尺度的根據是中和:
「喜怒哀樂本體自是中和的。才自家著些意思,便過不及,便是
私。」[114]「良知」又具足「廓然」能力:「良知即是未發之中,即是
廓然大公。」[115]「廓然」即「良知」在天理上無所不能,不需著意:
「然不知心之本體原無一物,一向着意去好善惡惡,便又多了這分意
思,便不是廓然大公。《書》所謂『無有作好作惡』,方是本體。所以
說『有所忿懥好樂,則不得其正』。正心只是誠意工夫裡面體當自家
心體,常要鑑空衡平,這便是未發之中。」[116]「良知」自能應付萬事
萬物,不論是在倫常關係、政治生活還是在情感流露時都能做到恰如
其分,這就是「廓然大公」的能力。如果過於用意做某事或被不當情
感所影響都是「多了這分意思」,於「廓然大公」處起了私意造作,
失去「良知」之「正」。其三,陽明對「良知」之自足還有更為詳細
的說明:「蓋吾良知之體,本自聰明睿知,本自寬裕溫柔,本自發強
剛毅,本自齋莊中正、文理密察,本自溥博淵泉而時出之,本無富貴
之可慕,本無貧賤之可憂,本無得喪之可欣戚、愛憎之可取捨。」[117]
「良知」本具美好的品質如「聰明睿智」、「發強剛毅」等;本自生生

---

113 王守仁:〈傳習錄下〉,《王陽明全集》卷三,第126頁。
114 王守仁:〈傳習錄上〉,《王陽明全集》卷一,第22頁。
115 王守仁:〈傳習錄中〉,《王陽明全集》卷二,第71頁。
116 王守仁:〈傳習錄上〉,《王陽明全集》卷一,第39頁。
117 王守仁:〈答南元善〉,《王陽明全集》卷六,第235頁。

不息、應物無窮如同溥博的深泉流動不止；它超越了世俗的富貴、貧賤、得喪、愛憎等相對性的價值屬性，人人具有，真實無妄。其四，「良知」之自足還表現為「恆照」、「恆明」能力：「良知者，心之本體，即前所謂恆照者也。心之本體，無起無不起，雖妄念之發，而良知未嘗不在，但人不知存，則有時而或放耳。雖昏塞之極，而良知未嘗不明，但人不知察，則有時而或蔽耳。雖有時而或放，其體實未嘗不在也，存之而已耳；雖有時而或蔽，其體實未嘗不明也，察之而已耳。」[118]即使妄念活動的時候，昏塞蔽昧到極致的時候，「良知」依然具有照察、明覺能力，只是主體沒有實實在在按照「良知」的覺察去做罷了。所以，「良知」無有起滅，只有「恆明」、「恆照」。

　　「良知」之「自足」與「自然」是一體之兩面，「自足」是「自然」的基礎，「自然」是「自足」的功能。其一，道德原理與道德對象匹配之自然。「知是心之本體。心自然會知：見父自然知孝，見兄自然知弟，見孺子入井自然知惻隱，此便是良知。」[119]因人有「良知」在，所以見父自然知道行孝，見兄自然知道行悌，看見小孩掉進水井自然生起惻隱之心。原理與對象匹配之自然，具有超脫私意計較、功利考量的特點。換言之，「良知」之自然本源性地具有排斥人偽、講求純粹的傾向。其二，將知孝知悌推擴開，也即「良知」知善知惡之自然能力。「凡所謂善惡之機，真妄之辨者，舍吾心之良知，亦將何所致其體察乎？」[120]「良知」自然能夠辨善惡之機、真妄之別。「良知」分辨是非的自然能力使得它成為每個人的明師：「良知原是完完全全，是的還他是，非的還他非，是非只依著他，更無有不是處。這良知還是你的明師。」[121]「良知」作為明師能使是是非非得其

118 王守仁：〈傳習錄中〉，《王陽明全集》卷二，第69頁。
119 王守仁：〈傳習錄上〉，《王陽明全集》卷一，第7頁。
120 王守仁：〈傳習錄中〉，《王陽明全集》卷二，第52頁。
121 王守仁：〈傳習錄下〉，《王陽明全集》卷三，第120頁。

所而「無有不是處」。其三，除明斷是非，所謂「無有不是處」也包括「厚薄」、「差等」處置得當：「《大學》所謂厚薄，是良知上自然的條理，不可逾越，此便謂之義。」[122]「惟是道理，自有厚薄。比如身是一體，把手足捍頭目，豈是偏要薄手足，其道理合如此。」[123]陽明以《大學》的「厚薄」概念解釋儒家傳統的「差等」思想，認為「厚薄」、「差等」是「良知」自然的條理，道理合該如此，不是憑私意厚此薄彼。就像身軀雖是整體，但人在面對危難時會本能地用手臂保護頭部，這不是故意偏薄手臂，而是道理自然如此。陽明還以對待至親與路人的親疏舉例：「至親與路人同是愛的，如簞食豆羹，得則生，不得則死，不能兩全，寧救至親，不救路人，心又忍得？這是道理合該如此。」[124]至親與路人都是「良知」之愛範圍內的對象，但在饑餓導致的生死存亡時刻，「良知」必然會毫不猶豫地決定把不足救助所有人的簞食豆羹優先救食自己的至親，這就是「良知」自然的條理。

（四）「良知」之過程性、喪失與境界

雖然「良知」是人人具有的先驗能力，但這種先驗能力畢竟只是一種潛能狀態，由潛能向現實的轉化是一個過程。其一，由人的根器來看，陽明認為人的根器可分兩種：「利根之人，直從本源上悟入……其次不免有習心在，本體受蔽。」[125]「良知」由潛能到現實的轉化以人的根器為先決條件，一種是「利根」之人，一種是受習心障蔽之人。「利根」人能從「本源上悟入」，換言之，「利根」人能直接頓悟「良知」，但「利根之人，世亦難遇……豈可輕易望人！」[126]「利

---

122 王守仁：〈傳習錄下〉，《王陽明全集》卷三，第123頁。
123 王守仁：〈傳習錄下〉，《王陽明全集》卷三，第122頁。
124 王守仁：〈傳習錄下〉，《王陽明全集》卷三，第122-123頁。
125 王守仁：〈傳習錄下〉，《王陽明全集》卷三，第133頁。
126 王守仁：〈傳習錄下〉，《王陽明全集》卷三，第133-134頁。

根」人不世出，基本遇不見。有學者以邏輯上的可能性解釋之：「從本體悟入的利根之人，在此主要表現為一種邏輯上的可能（從邏輯上說，可能存在著這類人），在現實的存在中，它並不具有實在性。」[127]由此，「利根」人對過程性的超越只是邏輯上的懸設。現實之人幾乎全是有習心者，習心是遮蔽「良知」的力量，故對「良知」的明覺就是去除習心遮蔽的過程，所以陽明說「良知愈思愈精明」[128]。其二，從「培養本原」之喻看。陽明善用比喻說明觀點，「良知」作為人的本原，必須不斷培養才能生發出無窮妙用。嬰兒成長之喻：嬰兒「出胎後方始能啼，既而後能笑，又既而後能識認其父母兄弟，又既而後能立、能行、能持、能負，卒乃天下之事無不可能。皆是精氣日足，則筋力日強，聰明日開，不是出胎日便講求推尋得來。……聖人到位天地，育萬物，也只從喜怒哀樂未發之中上養來。」[129]嬰兒出胎後才能逐漸掌握音、容、笑、貌，立、行、持、負，認母識兄等生理、心理、倫理能力，陽明認為這是嬰兒精氣日足、筋力日強、聰明日開的結果，而「良知」又是精氣、筋力、聰明的本原，只有不斷「培養本原」，嬰兒才能茁壯成長，「卒乃天下事無不可能」。「天下事無不可能」的境界實為聖人參贊天地，「位天地，育萬物」的境界，這種境界的實現，也只是從「喜怒哀樂未發之中」──「良知」本原上養出來。因此，「良知本體作為超越者，其存在也是動態生成的，它是我們生命的根本，是我們生命的活的源頭」[130]。陽明亦用種樹來譬喻「培養本原」的過程論：「初種根時，只管栽培灌溉，……但不忘栽

---

127 楊國榮：《心學之思──王陽明哲學的闡釋》，北京：中國人民大學出版社，2009年，第176頁。

128 王守仁：〈傳習錄下〉，《王陽明全集》卷三，第125頁。

129 王守仁：〈傳習錄上〉，《王陽明全集》卷一，第16頁。

130 王林偉：〈王陽明良知說重探──一個簡要的現象學闡釋〉，載郭齊勇主編：《陽明學研究》（第三輯），北京：人民出版社，2018年，第102頁。

培之功，怕沒有枝葉花實？」[131]樹有其完整的生命過程：根、枝、葉、花、實。根是樹的本原，樹種下後，只要持續不間斷地栽培灌溉根部，自然會開枝散葉，開花結果。如栽培灌溉樹根一般，「培養良知」也需要久久為功。其三，從「良知」分限看。童子與聖人既有功夫深淺、熟易的區別，也有「良知」分限的不同。「灑掃應對就是一件物，童子良知只到此，便教去灑掃應對，就是致他這一點良知了。」[132]童子天性貪玩，某一天突然知道灑掃應對，就是他的「良知」分限已到知曉灑掃應對這一點上了。「良知」分限又是不斷拓展的過程：「今日良知見在如此，只隨今日所知擴充到底；明日良知又有開悟，便從明日所知擴充到底。」[133]所以，從「良知」分限的逐日開悟也可知「良知」具有過程性。「良知」的過程性往往給遮蔽「良知」的力量提供可乘之機，所謂遮蔽「良知」也即「良知」的喪失問題。就喪失模式而言，由於陽明認為「良知」、「恆明」、「恆照」，所以，「良知」的喪失非本源性喪失而是隱匿性喪失[134]。就喪失的原因而言，其一是氣質性隱匿。陽明認為人的現實生命由氣質和性（良知）兩部分構成，氣質是性（良知）的寓所：「氣質猶器也，性猶水也。」[135]氣質有清濁之分：「良知本來自明。氣質不美者，渣滓多，障蔽厚，不易開明。質美者渣滓原少，無多障蔽。」[136]氣質不僅是

---

131 王守仁：〈傳習錄上〉，《王陽明全集》卷一，第16頁。

132 王守仁：〈傳習錄下〉，《王陽明全集》卷三，第136頁。

133 王守仁：〈傳習錄下〉，《王陽明全集》卷三，第109頁。

134 李承貴教授認為德性喪失有「隱匿性喪失」、「利欲性喪失」、「關係性喪失」、「制度性喪失」四大類型，參見李承貴：〈德性喪失的四種類型〉，《福建論壇》2007年第7期。這裡借用「隱匿性喪失」一詞意在說明「良知」的喪失只是功能被遮蔽不是本體被消除。

135 黃宗羲著，沈芝盈點校：《明儒學案》（修訂本），上海：上海古籍出版社，2008年，第572頁。

136 王守仁：〈傳習錄中〉，《王陽明全集》卷二，第77頁。

「良知」的寓所，也是障蔽「良知」的力量：氣質清美者，渣滓少；氣質濁差者，渣滓多。渣滓遮蔽的是「良知」的顯發，不是「良知」的「明性」。其二是習心性隱匿。上文已述，陽明認為世上之人皆是「非利根」有習心者，習心具體可包括欲望之心、意見之心、不良心態之心等。欲望之心，顧名思義，即對聲色、貨利、權名等生理、心理欲求過分的追求之心以及對不適度情感的沉溺之心。意見之心即固執先入之見排斥客觀瞭解之心。陽明說：「吾始居龍場，鄉民言語不通，所可與言者乃中土亡命之流耳；與之言知行之說，莫不忻忻有入。久之，並夷人亦翕然相向。及出於士夫言，則紛紛同異，反多扞格不入。何也？意見先入也。」[137]沒有多少知識文化的中土亡命之徒和龍場當地人能夠欣然接受知行合一學說，讀書的士人則多持異見，抵觸此說，陽明認為這是士人心中橫亙先入意見的緣故。不良心態之心指「良知」在應物過程中產生的種種不良心態，如「怠心」、「忽心」、「懆心」、「妒心」、「貪心」、「傲心」、「吝心」等不健康心態。[138]這些習心皆造成了「良知」的隱匿。其三，中斷式隱匿。如上所述，「培養本原」是無止盡的連續過程，若是有所中斷那麼「良知」就會面臨隱匿的危險。陽明說：「吾輩通患，正如池面浮萍，隨開隨蔽。未論江海，但在活水，浮萍即不能蔽。何者？活水有源，池水無源；……故凡不息者有源，作輟者皆無源故耳。」[139]持續「培養本原」就如流動的有源活水，活水中浮萍不能聚蔽水面；中斷「培養本原」則如無源之死水，浮萍隨開隨蔽。

　　在「良知」由潛能到現實的轉化過程中，「良知」也呈現出一定

---

137 錢德洪：〈刻文錄敘說〉，《王陽明全集》卷四十一，第1746頁。
138 陽明對不良心態的多樣表現、形成原因、危害和根治方法作了系統論述，可參見李承貴：〈陽明心學的「心態」向度〉，《河北學刊》2018年第6期。
139 王守仁：〈與黃宗賢・六〉，《王陽明全集》卷四，第172頁。

的境界，主要可分為「有我」、「無我」兩種境界。[140]「有我」之境指「良知」對天地萬物的潤澤、感通。荀子將萬物作了類別的區分：「水火有氣而無生，草木有生而無知，禽獸有生而無義，人有氣、有生、有知，亦且有義，故最為天下貴也。」(《荀子‧王制篇》)有氣即有形質，有生為有生命，有知為有知覺，有義即有辨別能力。[141]水火類物質有形質卻沒有生命，草木等植物有生命沒有知覺，禽獸等動物有知覺沒有理智能力，人得造化之靈兼有生命、知覺和理智能力。除了對「義」的理解不同，陽明基本沿用了荀子的區分來論證「良知」的感通並不局限在同類之中：「見孺子之入井，而必有怵惕惻隱之心焉，是其仁之與孺子而為一體也；孺子猶同類者也，見鳥獸之哀鳴觳觫，而必有不忍之心焉，是其仁之與鳥獸而為一體也；鳥獸猶有知覺者也，見草木之摧折而必有憫恤之心焉，是其仁之與草木而為一體也；草木猶有生意者也，見瓦石之毀壞而必有顧惜之心焉，是其仁之與瓦石而為一體也。」[142]惻隱之心、不忍之心、憫恤之心、顧惜之心雖有感通程度的差異，但皆具有「仁愛」的內核，也即「良知」的「仁愛」覆蓋萬物，此即「有我」之境。「良知」、「無我」之境的展開

---

140 王國維以「有我」、「無我」對舉表示審美的不同境界：「有我之境，以我觀物，故物皆著我之色彩。無我之境，以物觀物，故不知何者為我，何者為物。」見王國維：《人間詞話》，上海：上海古籍出版社，1998年，第1頁。陳來則以「有我」、「無我」作為把握中國哲學史不同時期對精神境界的探討的一對基本範疇，「有我」指儒家傳統仁愛萬物的道德境界，「無我」指佛道傳統無累、無滯境界。王陽明天泉四句教將「有我」、「無我」境界合而為一，嚴灘四句則是對「有無合一」的究極表達。參見陳來：《有無之境──王陽明哲學的精神》，北京：生活‧讀書‧新知三聯書店，2009年，第218-312頁。本文沿用這一表述，在思路上也受上書啟發。

141 韋政通認為此處的「義」不是孔、孟道德意義上的「宜」，荀子要說的是一種理智的辨別能力，這裡採用韋先生的解釋。參見韋政通：《中國思想史》(上)，長春：吉林出版公司，2009年，第211頁。

142 王守仁：〈大學問〉，《王陽明全集》卷二十六，第1066頁。

主要基於「太虛」理論：「良知本體原來無有，本體只是太虛。太虛之中，日月星辰，風雨露雷，陰霾饐氣，何物不有？而又何一物得為太虛之障？人心本體亦復如是。太虛無形，一過而化，亦何費纖毫氣力？」[143]「太虛」包含萬物，也明覺萬物，日月星辰，喜怒哀樂等自然、人為事物皆在其中；「太虛」不妄分善惡，陰霾饐氣對人類來說大概率上是不好的事物，但「太虛」只是涵容之，並未喜此厭彼；「太虛」不留滯任何東西，無論好壞，「一過而化」，所以，沒有什麼東西能成為「太虛」的障礙。「太虛」的以上特點就是「良知」「無我」之境的內涵。具體來看，其一，「良知」無情滯。喜、怒、哀、樂等「七情順其自然之流行，皆是良知之用，不可分別善惡，但不可有所著；七情有著，俱謂之欲，俱為良知之蔽。」[144]七情是「良知」的發用，不能妄分善惡而排斥情感的產生；也不能滯著在情感裡，否則情感就成了「良知」的障蔽。但「良知」和「太虛」一樣，其本體「一過而化」、「無物為障」，所以要無情滯才算因應「良知」本體。其二，「良知」無善惡。無善惡不是沒有善惡，而是善惡判斷依循「良知」、「天理」，這樣就如沒有善惡一般：「不作好惡，非是全無好惡，卻是無知覺的人。謂之不作者，只是好惡一循於理，不去又著一分意思。如此，即是不曾好惡一般。」[145]生活中人們常從功利的角度對花草進行善惡判斷，這就不是以「良知」作為分別善惡的依據。「天地生意，花草一般，何曾有善惡之分？子欲觀花，則以花為善，以草為惡，如欲用草時，復以草為善矣。此等善惡，皆由汝心好惡所生，故知是錯。」[146]從觀賞的角度視草為惡，從實用的角度又視草為善，觀

---

143 錢德洪：〈年譜三〉，《王陽明全集》卷三十五，第1442頁。

144 王守仁：〈傳習錄下〉，《王陽明全集》卷三，第126頁。

145 王守仁：〈傳習錄上〉，《王陽明全集》卷一，第33頁。

146 王守仁：〈傳習錄上〉，《王陽明全集》卷一，第33頁。

賞、實用都是外在的評判標準，沒有以內在的「良知」為標準，所以都是妄分善惡，與「良知」、「太虛」的自然狀態相背離。其三，「良知」無知。「良知」、「太虛」明覺萬物非有意為之，就像太陽非刻意照耀萬物一樣：「日未嘗有心照物，而自無物不照。無照無不照，原是日的本體。良知本無知，今卻要有知；本無不知，今卻疑有不知，只是信不及耳！」[147]所謂無照不是對照的否定，而是對作意之心的否定，同樣，無知不是否定知，而是要「無」掉外加於「良知」的著意之心。由上述三點可知，「無我」之境其實是對「良知」本體（本來狀態）的實然呈現。「良知」本體的「原來無有」是一種「本然」狀態，必須要經過經驗生活中「著意」過程的洗禮，並超越「著意」，「良知」才能由「本然」達致「實然」狀態。「初時若不著實用意去好善惡惡，如何能為善去惡？這著實用意便是誠意。然不知心之本體原無一物，一向著意去好善惡惡，便又多了這分意思」[148]。「著實用意」是必經階段，但只有「無」掉「著意」，才能實現「原無一物」。

（五）「良知」與知識的關係

陽明認為知識講求有所知，「良知」要求「無不知」。有所知要在「無不知」的指導下實現：「聖人無所不知，只是知個天理；無所不能，只是能個天理。聖人本體明白，故事事知個天理所在，便去盡個天理。不是本體明後，卻於天下事物都便知得，便做得來也。天下事物，如名物度數、草木鳥獸之類，不勝其煩。聖人須是本體明瞭，亦何緣能盡知得？但不必知的，聖人自不消求知；其所當知的，聖人自能問人。」[149]「無不知」指「本體明白」，明瞭本體並不能保證對無

---

147 王守仁：〈傳習錄下〉，《王陽明全集》卷三，第124頁。
148 王守仁：〈傳習錄上〉，《王陽明全集》卷一，第39頁。
149 王守仁：〈傳習錄下〉，《王陽明全集》卷三，第110頁。

窮無盡，不勝其煩的名物度數、草木鳥獸等經驗知識知得盡，行得來，它的作用在於做出選擇──哪些不必知，哪些所當知，並為選擇的落實提供動力。以孝為例，「此心若無人欲，純是天理，是個誠於孝親的心，……夏時自然思量父母的熱，便自要去求個清的道理。這都是那誠孝的心發出來的條件。」[150]此心純是天理即「本體明白」，明白之本體在夏天自會思量讓父母涼快，這種思量為人子確定了所當知的對象，並為之提供動力瞭解如何清的具體知識。以打仗為例，陽明在〈申明賞罰以勵人心疏〉中指出湖廣、江西、廣東三省的賊盜越剿越多，他說：「臣嘗深求其故。尋諸官僚，訪諸父老，采諸道路，驗諸田野。」[151]「深求其故」的動力當然來自陽明的「良知」，但不是明瞭「良知」，賊盜逆增的原因就自動浮現，還需要進行廣泛的實地調查，才能真正知道緣故。這再一次表明「良知」是產生知識的動力，「良知」真切，自會去探索知識以及摸索獲得知識的方法。除了動力作用，「良知」也能覺察並清除求知過程中的不良情緒。以斷案為例，瞭解案情的真相並作出合理的判決是審案的目的，案情真相作為關於某個事件的知識需要斷案者能動地從人證、物證的證據鏈條中還原出來。陽明指出，在問訊過程中，「不可因其應對無狀，起個怒心；不可因他言語圓轉，生個喜心。」[152]怒心、喜心是影響斷案者判斷力的不良情緒，「良知」是明覺並去除怒心、喜心的中心力量。綜而言之，「良知」與知識是體用關係：「見聞莫非良知之用。」[153]

　　下面具體展開王陽明對孟子「良知」思想繼承與發展情況的論述。

---

150 王守仁：〈傳習錄上〉，《王陽明全集》卷一，第3頁。

151 王守仁：〈申明賞罰以勵人心疏〉，《王陽明全集》卷九，第342頁。

152 王守仁：〈傳習錄下〉，《王陽明全集》卷三，第107頁。

153 王守仁：〈傳習錄中〉，《王陽明全集》卷二，第80頁。

　　王陽明全面繼承了孟子「良知」思想。在「良知」的來源與凡聖之別上，陽明同孟子一樣採取先驗論立場，認為凡聖之別不在「良知」之有無，而在「良知」之隱顯。在「良知」的過程性上，陽明也肯定了「良知」的成長性。在「良知」喪失的類型與原因上，隱匿性而非本源性喪失以及把物欲視為喪失的原因是兩者共同的主張。有學者認為孟子和陽明關於「良知」喪失類型的看法並不一致，前者是本源性喪失，後者是隱匿性喪失：「孟子眼中，那些『非賢者』不但可能喪失先天的良知，而且有可能淪為毫無禮義廉恥的衣冠禽獸，而存良知、養浩然之氣，則惟君子能之。對比而言，陽明心中的良知同於天理（『吾心之良知，即所謂天理也』），一經賦予，永無喪失之可能。」[154]我們不同意這一觀點，理由如下：就來源而言，「良知」作為先驗能力永無本源性喪失的可能；就孟子的表述而言，所謂「求放心」指「心」被丟失而非消失，這裡仍然說的是隱匿性喪失。所謂「人見其濯濯也，以為未嘗有材焉，此豈山之性也哉？……人見其禽獸也，而以為未嘗有才焉者，是豈人之情也哉？」（《孟子・告子上》）能生長草木是「山之性」，並不能從草木被砍伐乾淨這種「未嘗有材」的現象推出牛山無「山之性」。同樣，也不能由於看到「良知」被遮蔽的人有禽獸之行而得出該人「未嘗有才」這種不符合「人之情」的結論。「才」代指「良知」，「情」是情實義，孟子仍在強調有禽獸行徑的人也有「良知」。所以，我們不能認同該作者的觀點。在「良知」的差等上，王陽明和孟子皆主張差等之愛的合理性，孟子批評持「兼愛」思想的墨子「無父」，陽明則以「求仁而過」、「無根」評價墨子。在「良知」的境界上，王陽明繼承了孟子仁愛萬物的「有我」之境，不僅如此，兩者皆指出儒家「有我」之境是包含差等的境界。在「良知」與知識的關係上，孟子將「智」界定為四心之

---

154 王傳龍：《陽明心學流衍考》，廈門：廈門大學出版社，2015年，第78頁。

一，認為「智」是道德的一個方面，未對知識論作出嚴肅探討；陽明
順延了這一思路，也主張知識不具獨立性。

在表述上可以更直接地看出王陽明對孟子思想的繼承，一是對
《孟子》原文的挪用，如陽明將孟子的原話組合起來說明「良知」：
「是非之心，不慮而知，不學而能，所謂良知也。」[155]這指出「良
知」的「不慮」、「不學」特性。關於「不學」的現實表現，孟子說
「孩提之童無不知愛其親者，及其長也，無不知敬其兄也。」(《孟
子・盡心上》)關於「不慮」的現實表現，孟子說「今人乍見孺子入
井，皆有怵惕惻隱之心。」(《孟子・公孫丑上》)陽明則將上述合在
一起說：「見父自然知孝，見兄自然知弟，見孺子入井自然知惻隱，
此便是良知。」[156]又如「若己推而納諸溝中」被陽明用來論述「良
知」的「有我」之境，實際上這句話來自孟子對伊尹「以天下自任」
的說明。二是對評述對象的延用。在支持「等差」之愛上，陽明和孟
子皆以墨子「兼愛」思想為批評對象；在將「良知」視為是非的判斷
準則上，兩人都用「舜不告而娶」的事例作為論據。綜合以上可見，
王陽明確實全面繼承了孟子的「良知」思想。

王陽明在繼承的同時也發展了孟子的「良知」思想，約略言之有
三種發展方式：明晰式、完善式與補白式。所謂明晰式即王陽明將孟
子處暗含的思想進行清晰的揭示。比如關於「良知」之自足與自然。
孟子認為見孺子入井而生的惻隱之心是道德直覺，不是基於結交情、
邀名譽等功利考量。這實際已經暗含了「良知」之自足與自然的思
想。孺子入井是突發性偶然事件，「良知」能夠瞬間作出反應，說明
「良知」是自足的，「眾理具而萬事出」[157]，不需要再參考名利等外

---

155 王守仁：〈傳習錄中〉，《王陽明全集》卷二，第90頁。
156 王守仁：〈傳習錄上〉，《王陽明全集》卷一，第7頁。
157 王守仁：〈傳習錄上〉，《王陽明全集》卷一，第17頁。

在標準。針對這一突發事件生起惻隱之心，說明「良知」具有「自然」特質，也即道德原理與道德對象的自然匹配能力。因此，陽明將「孺子入井」暗含的「良知」之「自足」與「自然」特性明晰地揭示了出來。又如關於「良知分限」和「培養本原」思想。孟子說孩提之童無不知愛雙親，稍長後無不知敬兄長，這裡已隱含了「良知分限」及「培養本原」的思想。陽明說童子自有童子的「良知分限」，待到與「天地參」的聖人境界也只從本原上培養出來，這正是對孟子「孩提之童」論中隱含思想的彰顯。再如關於「良知」之權量能力。孟子稱齊宣王「以羊易牛」之舉是「仁術」，這件事反映出「良知」之權量能力。與「孺子入井」事件的急迫情境不同，從見牛觳觫到作出「以羊易牛」的決定，時間較為充裕，這時主要不是「良知」的直覺而是其權量能力在發揮作用。與孟子僅限於陳述事例不同，陽明將「良知」的權量能力清晰揭示出來：「當棄富貴即棄富貴，只是致良知；當從父兄之命即從父兄之命，亦只是致良知。其間權量輕重，稍有私意，於良知便自不安。」[158]完善式指王陽明對孟子已明確論述但未充分展開的思想進行拓展、充實。如孟子認為聖凡之別在於能不能擴充「良知」，也同意曹交「人皆可以為堯、舜」的說法。王陽明則進一步指出：「故雖凡人而肯為學，使此心純乎天理，則亦可為聖人；猶一兩之金比之萬鎰，分兩雖懸絕，而其到足色處可以無愧。故曰：『人皆可以為堯、舜』者以此。」[159]在陽明看來，「人皆可以為堯、舜」至少有兩層含義：第一，「心之良知是謂聖」[160]，人人皆有的「心之良知」是成聖的根據；第二，聖人是將「良知」擴充到純乎天理程度的凡人，聖人境界只看「良知」的成色、純度，不看由才力

---

158 王守仁：〈與王公弼〉，《王陽明全集》卷六，第239頁。
159 王守仁：〈傳習錄上〉，《王陽明全集》卷一，第32頁。
160 王守仁：〈書魏師孟卷〉，《王陽明全集》卷八，第312頁。

因素造成的分兩。這兩點都是對孟子「聖凡之別」思想的拓展、充實。補白式即王陽明對「良知」的全新表述與思想。其一，品格的提升。如前所述，「不慮而知」的「良知」是孟子對「四端之心」的描述。換言之，「良知」是個描述詞，從屬於「四端之心」。但陽明已把「良知」實體化。[161]首先，「良知」是價值創造的源頭：「良知是造化的精靈，這些精靈，生天生地，成鬼成帝。」[162]價值世界中，每件事物價值的呈現皆以「良知」為終極根據。其次，「四端之心」由「良知」生發。王陽明把孟子對「四端之心」與「良知」關係的界定顛倒了一下，將「四端之心」視為「理」，「良知」含攝「萬事萬物之理」，「惻隱、羞惡、辭讓、是非」之理更不在話下。再次，「良知」無二。陽明指出事君、從兄、事君活動的主體是同一個「良知」：「致得事君的良知，便是致卻從兄的良知；致得從兄的良知，便是致卻事親的良知。不是事君的良知不能致，卻須又從事親的良知上去擴充將來，……良知只是一個。」[163]其二，新角度的拓展。如在論述「良知」的過程性時，陽明提出「根器」的角度，將人的根器分為「利根」和「非利根」兩種。又如在解釋「良知」喪失的原因時，陽明提出習心性隱匿和氣質性隱匿兩種新角度。其三，對「良知」、「無我」境界的論證。陽明吸收了佛老兩家精神生活中的無累、無滯境界，以獲得道德實踐與自在心境的統一。其四，對「良知」與知識關係的關注。陽明認為「良知」是求知的動力和歸宿，也是求知過程中不良情緒的清潔員，知識的探求應以「良知」為指導力量。以上四點發孟子所未發，是陽明基於自身生命體驗對「良知」做出的創新性闡釋。

---

161 關於「良知」實體化的必要性、方式及意義的詳細討論，可參見吳震、劉昊：〈論陽明學的良知實體化〉，《學術月刊》2019年第10期。

162 王守仁：〈傳習錄下〉，《王陽明全集》卷三，第119頁。

163 王守仁：〈傳習錄中〉，《王陽明全集》卷二，第96頁。

　　通過對孟子「良知」思想的繼承與發展，「良知」在王陽明這裡成為人生的終極指南：成聖、讀書、打仗、斷獄、孝親、養生、灑掃、種田、經商等等，舉凡生活的一切，皆以「良知」為依歸。其對「良知」的繼承是全面的，對「良知」的發展是極具創造力的。王陽明對「良知」的繼承與發展不是源自對《孟子》的學究式研究，而是植根於生命、生活的感悟與體驗。正如金岳霖先生所說：「哲學不是僅供人們去認識的一套思想模式，而是哲學家自己據以行動的內在規範；甚至可以說，一個哲學家的生平，只要看他的哲學思想便可以了然了。」[164]

第二節　心物關係論

　　心有多種含義，如血肉之心、知覺之心、欲望之心、情感之心、意志之心、理智之心、道德之心等等。物一般指獨立於意識存在的自在之物。討論心物關係可以有多種角度，如醫學、認知、審美、科學、道德等。孟子和王陽明的討論進路不能簡單地歸結為哪一種。通過梳理《孟子》和《王陽明全集》可以發現，他們對心物關係的考察不是抽象、靜態的知識思辨，而是具體、動態的生存論體驗。

一　「萬物備我」與「心外無物」

（一）《孟子》中「物」之所指

　　根據楊伯峻先生的統計，《孟子》中「物」字出現二十二次，二

164　馮友蘭著，趙復三譯：《中國哲學簡史》，北京：北京聯合出版公司，2017年，第7頁。

十次指物件、萬物，二次是事情、事物的意思。[165]換言之，「物」在
《孟子》中主要有兩種意思：其一，物。如「流水之為物也」（《孟
子・盡心上》）；其二，事。如「我必不仁也，必無禮也，此物奚宜至
哉。」（《孟子・離婁下》）這句話的意思是當君子依據仁和禮與人交
接，卻遭到對方蠻橫無理的回應時，君子一定要反思自己在仁、禮上
有沒有做到位，否則這種事怎麼會發生在自己身上呢？這裡的「物」
即事的含義。從生存論的角度看，物與事很多時候不能截然分開，如
經籍是物，但閱讀、理解經籍則是事，所以物與事更多的表現為邏輯
上的區分，現實生活中則物、事一體。

（二）《孟子》「心」、「物」關係類型

「物」只有進入人的生活世界才能稱之為「物」，與人類個體或
全體的生活世界無關的「物」雖然存在，但對人類個體或全體來說相
當於「無」，個體或人類不斷豐富生活世界的途徑之一就是把對於自
身來說處於「無」之狀態的「物」化為生活世界中的「物」。所謂
「化」，在孟子看來主要可分為五種方式，換言之，「心」「物」關係
類型有五種：認識、審美、倫理、經濟、政治。如「苟求其故，千歲
之日至，可坐而致也。」（《孟子・離婁下》）春分、夏至、秋分、冬
至是由地球圍繞太陽公轉，太陽直射點在地球南北迴歸線之間週期運
動形成的四個節氣。孟子自信地指出，如果掌握了地球公轉、太陽直
射點週期運動的規律，千年之後的冬至日也能推算出來。地球、太陽
的相對位置運動及其後果本是與人類生活世界無關的「物」，人類通
過「心」的認識能力將之化為生活世界中的冬至節氣及其規律，這就
是「心」、「物」關係中的認識關係。當然，孟子思想裡的認識關係並

---

165 楊伯峻：《孟子譯注》，北京：中華書局，2010年，第371頁。

非西方哲學意義上系統化的認識論探討，孟子只是提出這種關係並提供簡單的例證，系統、完整的探討則不在孟子的關注範圍內。又如「牛山之木嘗美矣」（《孟子·告子上》），孟子用茂美一詞描述牛山的樹木，就是用「心」的審美能力將之化為自己的生活世界中的「物」；再如「三年之喪，齊疏之服，飦粥之食。」（《孟子·滕文公上》）。「齊疏」是用粗布縫衣邊的衣服，因用在喪禮中而具有了倫理的意味「飦粥」指稀粥，因是喪禮規定的食物，故而也有了倫理意味。「齊疏」、「飦粥」無疑可以被視為倫理物。這裡需要指出，倫理物的倫理意義是道德本心賦予的。正如孟子所說：「且謂長者義乎？長之者義乎？」（《孟子·告子上》）「義」是長者的屬性還是尊敬長者的人的道德本心呢？答案當然是後者。「義」「並非外在行為對象的屬性，而是行為者內心的自覺意圖或意願。」[166]也就是說，道德本心是倫理物倫理價值的生成依據。還有經濟物，如「以粟易械器者，不為厲陶冶。」（《孟子·滕文公上》）在交易關係中進行等價交換的粟米和械器皆是經濟物。最後是政治物，如「夫明堂者，王者之堂也」（《孟子·梁惠王下》），明堂「係中國古代都城中特有的重要禮制建築『三雍』之一，是當時帝王告朔行令祭天享祖的場所。」[167]五種關係並非平行獨立、互不牽涉。經濟、政治關係以認識、審美、倫理關係為基礎。如製造陶器必須掌握陶土土質、溫度、土水比例等知識，其色彩、外觀則需參考審美經驗。其方便民眾生活，參與交易、流通是「仁政」的內在要求，「仁政」則是道德本心的現實化。認識、審美、倫理三種關係中，認識、審美不是孟子真正要討論的對象，二者皆從屬於倫理話題。比如一定規制的棺材是為了美觀更是為了盡孝

---

166 陳少明：〈「心外無物」：從存在論到意義建構〉，《中國社會科學》2014年第1期。

167 趙振華，孫紅飛：《漢魏洛陽城——漢魏時代絲綢之路起點》，西安：三秦出版社，2015年，第101頁。

心：「古者棺椁無度，中古棺七寸，椁稱之。自天子達於庶人，非直為觀美也，然後盡於人心。」（《孟子・公孫丑下》）又如大禹治水，其動機固然是人道立場上的為民眾消除水患，但還要研究地形、洩洪方法等知識性內容，所以孟子稱讚大禹為「智」，因為他抓住了治理洪水的要領和規律：「如智者若禹之行水也，則無惡於智矣。」（《孟子・離婁下》）故而，現實「心」、「物」關係中的「心」更可能是多種角度之心的集合體，而不單單是道德意義之心。但道德義的本心被孟子視為原初性的動力，在所有功能的心中處於主導、核心地位，所以他最重視道德本心，其他意義上的心只是被提到並未作為獨立的探討對象而展開。即便認知、審美、道德義的心同時參與到「心」、「物」關係中，孟子也常常只強調道德義的「本心」。

(三)《孟子》「心」、「物」關係原則

孟子關於「心」、「物」關係直接且著名的命題為「萬物皆備於我」（《孟子・盡心上》）。作為孟子思想的重要命題之一，古代《孟子》注疏者和現代學者對這一命題給予了較多關注，主要角度有認識論、神秘體驗、道德觀三種。前兩種角度雖有啟發意義但並不符合孟子本義，道德角度是學界主流討論方向。從道德角度來看，學界基本認同「萬物」指仁、義、禮、智等道德原理，「我」指「四端之心」，「萬物皆備於我」就是強調「仁義禮智根於心」（《孟子・盡心上》）。此觀點看到道德原理與道德主體的同一關係，但道德原理與道德對象密不可分的關係卻沒被注意到。「見父知孝」、「以羊易牛」等道德實踐揭示了道德原理不離對象與事為的特點，所以「萬物皆備於我」的「物」應該是一名二指——道德原理和道德對象。從道德對象的角度說，「萬物皆備於我」指道德對象不能脫離道德主體而獨立存在，「物」有物與事兩種含義，道德主體即「本心」。所以，此命題的另

一層含義是：作為道德對象的物與事不能脫離道德本心而存在。這是孟子對「心」、「物」關係的原則性概括。

以上從「物」之內涵、「心」、「物」關係類型、「心」、「物」關係原則等方面概括了孟子思想中的「心」、「物」關係理論，下面展開對王陽明「心」、「物」關係的論述。

（一）王陽明思想中「物」之所指

首先，以「事」解「物」。陽明對「物」作了說明：「物即事也。」[168]王陽明的關注重心在人倫關係、道德實踐，他說的「物」主要指人倫事物。人倫事物常常「事」、「物」兩指：「陽明所常舉喻之事親、從兄、事君、治民，便是『事』；而所事之親、所從之兄、所事之君、所治之民，則是『物』。」[169]除人倫事物，其他人為、自然存在也可稱為物，如金山寺、峰巒、風雨、樓臺等。其次，「心」、「物」的兩種關聯機制。與「為學第一義」從「誠意」到「致良知」的轉向相應，王陽明指出兩種「心」、「物」關聯機制。第一種：「心之所發便是意……意之所在便是物。如意在於事親，即事親便是一物；……意在於視聽言動，即視聽言動便是一物。」[170]王陽明指出「心」與「物」由「心」所發的「意」關聯起來，意念關注什麼，什麼就是物。比如意念關注事親，事親這件事就成了一物；意念在視聽言動，視聽言動也成了一物。由此，物不是外在於人的自在之物，而是由意念參與建構出來的人化對象。意念既可以關注靜態的存在物，也可以關注動態的行為物，還可以關注作為精神活動的自身。由於「意」是心所發，故而心是物的主宰和根本，所以陽明說「心外無

---

168 王守仁：〈傳習錄中〉，《王陽明全集》卷二，第53頁。

169 蔡仁厚：《王陽明哲學》，北京：九州出版社，2012年，第33頁。

170 王守仁：〈傳習錄上〉，《王陽明全集》卷一，第6-7頁。

物」。這裡並未涉及自在物是否存在的問題，陽明的「本意是強調實踐意向對於實踐活動的意義」[171]，由此為「誠意」、「格物」等工夫論奠定理論基礎。經歷江西寧王之亂後，王陽明將為學宗旨由「誠意」改為「致良知」，與此轉變相應，陽明對「物」的定義也由基於「意」變為基於「良知」：「以其發動之明覺而言，則謂之知；以其明覺之感應而言，則謂之物。」[172]「知」即「良知」，「良知」明覺感應到的東西為「物」。兩種「心」、「物」關聯機制的不同在於，前者強調「意」的參與在「物」之建構中的作用，後者重視「良知」之「感應」在「物」之形成中的作用：「從理論上說，『意之所在便是物』的定義不考慮感應關係，更多體現的是意的先在性。但『以明覺之感應而言謂之物』，以感應為中介，則似乎預設了物感的先在性。當然，感應不是反映，而是意識與意識對象二者之間的一種複雜的相關性互動。總之，在新的定義裡，是以與明覺建立了感應關係的那個對象為『物』。」[173]

(二) 王陽明思想中「心」、「物」關係類型

「心外無物」命題無疑給人一種違反常識的感覺，經過上面對心物關聯機制的瞭解才不至於誤解陽明的意思。兩種機制皆說明王陽明關注的「物」是著了「心」之色彩的「物」，對於與「心」未建立聯繫的「物」，陽明對其存在與否、如何存在並不感興趣。那麼，「心」、「物」之間建立的聯繫有哪些類型呢？第一種，倫理關係。由陽明的表述可知，當「意」在於事親時，事親就是一物。事親作為

---

171 陳來：《有無之境——王陽明哲學的精神》，北京：生活・讀書・新知三聯書店，2009年，第68頁。

172 王守仁：〈傳習錄中〉，《王陽明全集》卷二，第86-87頁。

173 陳來：〈王陽明晚年思想的感應論〉，《深圳社會科學》2020年第2期。

「物」到底是什麼意思呢？事親是一種活動，儒家稱之為「孝」。陽
明認為「孝」是「心」之理，將之賦予事親活動，「事親」才成為
「一物」。換言之，「心」之道德原理對象化於某些活動使得這些活動
成為倫理物，此即倫理關係。第二種，認識關係。如「羲和已失其
職，迷於天象，至日食罔聞知」[174]。夏朝仲康五年發生過一次日全
食，但主管天文曆法的羲氏、和氏沒能及時預報日食，陽明認為這是
他們業務能力不足造成的。所謂失職指對天象的認識能力而言，這裡
即「心」、「物」之間的認識關係。第三種，審美關係。如「子欲觀
花，則以花為善」[175]，「觀花」是從審美的角度把「花」與「心」關
聯起來，此為審美關係。第四種，經濟關係。如「前項商稅所入，諸
貨雖有，而取足於鹽利獨多。」[176]所謂「貨」、「鹽」、「商稅」是
「心」從經濟關係的角度對這些「物」進行把握。第五種，政治關
係。如「親詣河頭地方，踏得大洋陂背山面水，地勢寬平，周圍量度
可六百餘丈，西接廣東饒平，北聯三團盧溪，堪以建設縣治。」[177]平
定一方之後，主政者為求得長治久安之效，常用建設縣治的辦法。漳
南戰役結束後，王陽明通過實地考察，認為可以在大洋陂建設新縣
城，開始取名清平縣，後更名平和縣。大洋陂作為「物」與王陽明之
「心」建立的是政治聯繫。第六種，情感關係。由於陽明認為「意之
所在便是物」，「作為意之所在的『物』顯然包括兩種，既包括意所指
向的實在之物或意識已投入其中的現實活動，也可以包括僅作為意識
之中的對象的意之所在。」[178]無論現實活動還是意識活動，情感常常

---

174 王守仁：〈答何子元〉，《王陽明全集》卷二十一，第898頁。

175 王守仁：〈傳習錄上〉，《王陽明全集》卷一，第33頁。

176 王守仁：〈疏通鹽法疏〉，《王陽明全集》卷九，第358頁。

177 王守仁：〈添設清平縣治疏〉，《王陽明全集》卷九，第354頁。

178 陳來：《有無之境——王陽明哲學的精神》，北京：生活‧讀書‧新知三聯書店，
    2009年，第59頁。

參與其中且被意念意識到，所以情感也表現為一種「心」、「物」關係類型。從王陽明的表述來看：「除了人情事變，則無事矣。喜怒哀樂非人情乎？」[179]根據「物」即「事」的定義，人情事變既然歸屬於「事」，那麼喜、怒、哀、樂等心理情感當然在「物」的外延之內。六種類型或聯繫之間並非平列關係，而是以倫理關係為中心，其他關係處於其範導之下。如懂得冬溫、夏清的知識是為了盡孝心，這是認識為倫理服務；正德十二年（1517）王陽明在平定福建盜賊時曾上〈疏通鹽法疏〉，在客觀效果上確實促進了地方經濟發展，但其動機實為避免重科於民，也即「仁民之心」，這是倫理範導經濟；從審美的角度喜花惡草在王陽明看來是錯誤地判分善惡，這是審美服從倫理；「率是道心而發之於用也，以言其情，則為喜怒哀樂。」[180]，情感是「道心」之發用，這是情感受倫理主導。質言之，倫理關係對其他關係具有全面而絕對的主宰力。[181]

（三）王陽明思想中「心」、「物」關係原則

陽明對此原則的表述為：「人者，天地萬物之心也；心者，天地萬物之主也。心即天，言心則天地萬物皆舉之矣。」[182]人類是天地萬物之心，之所以得出這樣的結論，在於只有人類具有「本心」，這種「心」是天地萬物的主宰，天地萬物皆在其中。故而，「心」是「物」的主宰。如何理解「主宰」？其一，從「心」、「物」的兩種關

---

179 王守仁：〈傳習錄上〉，《王陽明全集》卷一，第17頁。

180 王守仁：〈萬松書院記〉，《王陽明全集》卷七，第282頁。

181 李承貴教授認為「心即理」在陽明心學系統中表現出全面而絕對的主宰力，他將這種特性稱之為「心即理」的意識形態性。此處借用「全面絕對的主宰力」這一論斷說明倫理關係的核心地位。參見李承貴：〈「心即理」的效應——兼及「心即理」的意識形態特性〉，《社會科學研究》2021年第3期。

182 王守仁：〈答季德明〉，《王陽明全集》卷六，第238頁。

聯機制看,「物」由「心」建構。「意」由「心」所發,「意」所在為
「物」,「意」是「心」、「物」關聯的中介,但「心」是「意」的根
源,所以也是「物」的根源,這一層面側重「心」對「物」的單向決
定作用。由「良知」感應機制看,「良知」與萬物是一體共生關係:
「天地鬼神萬物離卻我的靈明,便沒有天地鬼神萬物了。我的靈明離
卻天地鬼神萬物,亦沒有我的靈明。」[183]天地萬物是「靈明」感應出
來的現象,隨著「靈明」而起滅:「今看死的人,他這些精靈遊散了,
他的天地萬物尚在何處?」[184]由「他的天地萬物」這一表述可知,陽
明關注的天地萬物不是自在的天地萬物,而是「靈明」感應出來的天
地萬物。「良知」與「他的天地萬物」是體用關係,體用不可分:體
由用顯,用由體生。所以陽明說「靈明」離開天地萬物就無法發揮作
用,天地萬物作為現象離開「良知」、「靈明」則無法生成。因此,
「一體共生」的確切含義是:體生用,用顯體,體用一源。在此意義
上,「主宰」表現為本體發用的能力。其二,「主宰」意味著力行「主
一」,反對「逐物」。「一者天理,主一是一心在天理上。若只知主
一,不知一即是理,有事時便是逐物,無事時便是著空。惟其有事無
事,一心皆在天理上用功」[185]。不知「一」是天理,有事時便無法憑
著天理的指引應事,其結果則淪落為冥行妄作,被事物、欲望牽著
走,做出「好色則一心在好色上,好貨則一心在好貨上」[186],「眼要
視時,心便逐在色上;耳要聽時,心便逐在聲上」[187]等妄謬、逐物行
為。無事時便心中無主,著空而無實。其三,「主宰」還意指仁心對
萬物感通的一體性。「『仁者以天地萬物為一體』,使有一物失所,便

---

183 王守仁:〈傳習錄下〉,《王陽明全集》卷三,第141頁。
184 王守仁:〈傳習錄下〉,《王陽明全集》卷三,第141頁。
185 王守仁:〈傳習錄上〉,《王陽明全集》卷一,第38頁。
186 王守仁:〈傳習錄上〉,《王陽明全集》卷一,第12頁。
187 王守仁:〈傳習錄上〉,《王陽明全集》卷一,第25頁。

是吾仁有未盡處」[188]，「仁者」是能夠「盡仁心」的人，「盡仁心」就是能夠不容已地以仁愛、惻怛之心感通萬物，以期實現「天地位，萬物育」的最高價值追求。其四，「主宰」還意味著以「心」區分「物」之輕重緩急，使「物」各得其所。無論「主一」以應「物」還是仁心感「物」為一體，都會面臨「心」一「物」眾的情況，此時以簡馭繁將是不二法門。怎樣以簡馭繁？這需要求助於「心」固有的權量輕重緩急的能力，做到「物有本末，事有終始，知所先後」[189]，不使眾「物」雜亂無章，妨礙彼此。如「孝親」是一物，「忠君」是一物，陽明的「本心」將前者排在後者之前，但現實情勢卻讓他不得不以公職為先，每當公職告一段落，陽明總是上疏乞求歸省：「臣自幼失慈，鞠於祖母岑，今年九十有七，旦暮思臣一見為訣。去歲乞休，雖迫疾病，實亦因此。臣敢輒以螻蟻苦切之情控於陛下，冀得便道先歸省視岑疾，少伸反哺之私，以俟矜允之命。」[190]陽明辭意懇切，自稱螻蟻，足見其對祖母極深的感情。當「孝親」的客觀條件不具備時，陽明的「本心」立馬投入到職責當中，「方寸不亂」，未讓孝親之念擾亂忠君之事。其五，「主宰」常定不息，應事從容自在。「天地氣機，元無一息之停。然有個主宰，故不先不後，不急不緩，雖千變萬化，而主宰常定，人得此而生。若主宰定時，與天運一般不息，雖酬酢萬變，常是從容自在」[191]。天地氣機運轉不息，主宰常定，所以能夠從容自在。此氣機之「主宰」下貫到人為「心」，人類稟此而生。因此應該使得作為「主宰」的「本心」常定不息，與天地氣機的運轉一般，這樣即使在酬酢萬變中也能從容自在。綜上所述，「心為物主」是陽明理解的「心」、「物」關係原則，主要表現為「心」是「物」之體，

---

188 王守仁：〈傳習錄上〉，《王陽明全集》卷一，第29頁。

189 朱熹：《四書章句集注》，北京：中華書局，1983年，第3頁。

190 王守仁：〈辭新任乞以舊職致仕疏〉，《王陽明全集》卷九，第330頁。

191 王守仁：〈傳習錄上〉，《王陽明全集》卷一，第34-35頁。

「物」是「心」之用；以「心」應「物」即用「心」之「理」使「物」得正；以仁愛之心將萬物感通為與己一體；以「心」權量「物」之輕重緩急；主宰運轉不息，從容自在。

下面討論王陽明對孟子「心」、「物」關係思想的繼承與發展情況。

王陽明全面繼承了孟子的「心」、「物」關係思想。從「物」之所指看，「物」具有「事」、「物」兩種密不可分的含義是兩人共同的主張；從「心」、「物」關係類型看，倫理、認識、審美、經濟、政治五種類型是陽明、孟子共同的討論對象，兩人皆指出「倫理」關係居於中心地位，其他四種關係不具獨立地位，皆從屬於「倫理」關係；從「心」、「物」關係原則看，道德對象（「物」）的呈現、完成離不開道德主體（「心」）的參與，「心」涵容萬物是兩人共持的觀點。

除了繼承，陽明也通過明晰、完善、補白三種方式發展了孟子的「心」、「物」關係思想。明晰式指王陽明將孟子思想裡暗含的內容豁顯出來。如「物」的含義問題。《孟子》「此物奚宜至哉」一句中的「物」實際是「事」的意思，但孟子並未明確指出「物」具有「事」的含義。陽明則明確地說：「是故至善也者，心之本體也……意者，其動也。物者，其事也。」[192]陽明認為「物」就是「心」著意的「事」。完善式指陽明對孟子已經論述但未充分展開的內容進行充實、豐富。如孟子「萬物備我」命題已經指出「物」指「心」之「物」，陽明進一步認為「物」指「他的天地萬物」，從而「心外無物」、「萬物一體」。每個人都具有「本心」、「良知」，所以人人具有「自己的天地萬物」，陽明更加突出了「物」的心學色彩，同時「本心」、「良知」的公共性又保證了「各自天地萬物」的可溝通性。既然「自己的天地萬物」由「本心」、「良知」所建構，「心外無物」就是

---

192 王守仁：〈大學古本序〉，《王陽明全集》卷七，第271頁。

自然的結論。統歸於「心」的萬物與「心」是一體關係，這樣，萬物的情狀才能為「心」所關切。總之，王陽明從三個方面完善了孟子「備」的思想：「物」是「心之物」，不是「自在物」；「心外無物」；萬物備心是「一體」的備。又如孟子在「萬物備我」之後接著說「反身而誠」，王陽明則將「反身而誠」充實為「主一」原則。「反身而誠」指真誠地反向「心」求，陽明進一步認為反求其「心」指時時刻刻以純乎天理之「心」為主宰而應「物」，不以天理為主宰，就會造成「心」失主而「逐物」的局面。質言之，陽明以「純」、「不息」釋「誠」，以「主宰」釋「反」，從而完善了孟子關於「心」、「物」關係原則的思想。補白式指王陽明對「心」、「物」關係的創新性論述。其一，王陽明明確了「心」、「物」的關聯機制。孟子雖然認為「物」不能離「心」而存在，但對「二者之間的聯繫如何建立」這一問題並未展開討論。王陽明則從「意之所在為物」的「意向機制」和「良知感應為物」的「感應機制」兩個角度，明確指出「心」、「物」建立聯繫的原理、過程。其二，王陽明拓展了論證「心」、「物」關係的角度。第一，從思維方式上看，陽明借助「體用一源」的思維模式論證「心」、「物」關聯機制。「體用一源」指體為用的根源且二者密不可分、相即不離。陽明主張「我的靈明」與「天地萬物」互不可分就是在強調沒有互相隔離的體用，獨體不彰，孤用不生。第二，從表達方式來看，王陽明用更為豐富的概念表達「心」、「物」關係。如「我的靈明，便是天地鬼神的主宰」[193]，「良知是造化的精靈。這些精靈，生天生地」[194]，「其心之仁本若是，其與天地萬物而為一也。」[195]「靈明」、「良知」、「精靈」、「心之仁」皆是「心」的同義詞，較之孟

193 王守仁：〈傳習錄下〉，《王陽明全集》卷三，第141頁。

194 王守仁：〈傳習錄下〉，《王陽明全集》卷三，第119頁。

195 王守仁：〈大學問〉，《王陽明全集》卷二十六，第1066頁。

子，王陽明所用的概念無疑更加豐富。其三，王陽明關注了情感這一新的「心」、「物」關係類型。陽明認為「人情事變」是日常生活中主要的兩種「物」，涵蓋了日常生活的基本內容。「人非草木，孰能無情」，情感幾乎伴隨生活的方方面面：「天下事雖萬變，吾所以應之，不出乎喜怒哀樂四者。」[196]「人情」包含「喜怒哀樂愛惡欲」七種，為「本心」、「良知」所固有，是「本心」、「良知」的自然發用。日常生活中要注意兩點：第一，情感的「中和」狀態是「心之本體」的面向之一，要以「中和」狀態為情感表達的最高標準，也即「發而中節」；第二，要警惕對情感的留滯狀態，留滯的情感多是過度的情感，這種情感狀態是遮蔽「本心」、「良知」的人欲。其四，以「主宰」界定「心」、「物」關係原則，並指出「主宰」的「生化」「不息」特性。陽明認為「心」「主宰」萬物首先意味著「生化」萬物，這種「生化」不是漫無目的、雜亂無章的，而是以「理」為根據，所以表現出「一體性」，並且是具有「先後條理」、「各得其所」的「一體性」；「主宰」也是「不息」的，所以能夠從容面對酬酢萬變。

二 「有得於言」與「言為心筌」

上節主要從理論層面探討了王陽明對孟子「心」、「物」關係思想的繼承、發展情況，下面從具體的實踐對象層面探究王陽明對孟子「心」、「物」關係思想的繼承與發展。關於《孟子》，結合相關文獻，我們認為可以大致將「心」、「物」關係實踐對象分為兩方面：心與言；心與事。這裡「言」需要再作詳細解釋，「言」有人言、書言之分。人言又可分片言隻語之評論，〈萬章上〉裡萬章向孟子請教了

---

196 王守仁：〈與王純甫〉，《王陽明全集》卷四，第174頁。

不少這類評論；還有作為毀譽的人言以及由學術爭鳴形式呈現的人言；書言則指經籍之內容。

　　「心」如何應對來自別人的毀譽？就別人對自己的評價、毀譽而言，孟子有親身經驗。魯平公敬重孟子之賢德，想要親自去拜訪孟子，但被臧倉讒言所阻，取消行程。臧倉根據自己掌握的信息認為孟子不知禮義，算不上賢者，因為孟子為其母置辦的棺槨、衣衾比為其父置辦的規格高、花費多。[197]實際上孟子「喪父時為士，喪母時為大夫，大夫祿重於士，故使然，貧富不同也」[198]。孟子並非厚母薄父，也未逾越禮制，只是經濟狀況、政治身份不同使然。樂正子認為臧倉不明就裡的一番話使得魯平公打消了見孟子的念頭，孟子則將沒能見成魯平公的原因歸於不可知的力量——天。[199]由此可知，孟子心裡裝的是如何得君行道，一人一時的讒言他並不放在心上。以能否得君行道為憂是其道德本心使然，因此，讒言實際成為檢驗道德本心是否堅定的試金石，也是淬煉道德本心的試驗場。

　　孟子有如此淡然的態度緣於其對評價、毀譽的深刻認識。首先他認為毀譽、評價是外來的，很多時候非自己所能控制，也並不完全合理。「有不虞之譽，有求全之毀」（《孟子·離婁上》），「不虞」點出讚譽的外在與不可控，「求全」指出毀謗的故意與不合理。對於讚譽要以求實之心對待：「故聲聞過情，君子恥之」（《孟子·離婁下》），聲聞或名譽是德性、才能的副產品，無根不實之名，如七八月之間暫時被雨水填滿但無活水源的溝渠，立涸可待。[200]所以培養德性之心才是

---

197 「以為賢乎？禮義由賢者出；而孟子之後喪逾前喪。君無見焉！」（《孟子·梁惠王下》）

198 焦循著，沈文倬點校：《孟子正義》，北京：中華書局，1987年，第170頁。

199 「行，或使之；止，或尼之。行止，非人所能也。吾之不遇魯侯，天也。臧氏之子焉能使予不遇哉？」（《孟子·梁惠王下》）

200 「苟為無本，七八月之閒雨集，溝澮皆盈；其涸也，可立而待也。」（《孟子·離婁下》）

根本。對待「求全之毀」既知其不合理就當寬容對待，寬容反映的是
道德品性。所以，孟子指出對待毀譽皆應反求諸道德本心。其次，毀
譽、評價普遍存在。「貉稽曰：『稽大不理於口。』孟子曰：『無傷
也。士憎茲多口。』」（《孟子‧盡心下》）貉稽向孟子說自己在別人口
中的名聲不太好，孟子作為經驗豐富的過來人自信且豁達地說「無傷
也」，因為為士者處於毀謗的漩渦中是再正常不過的事情。即便像孔
子那樣的聖人也難逃毀謗的魔爪，「《詩》云：『憂心悄悄，慍於群
小。』孔子也。」（《孟子‧盡心下》），《詩經》的這句話本與孔子無
關，但孟子引來比況孔子的遭遇，「謂孔子當日為群小非議，有如此
詩。」[201]毀謗普遍存在，無人能免。堅持道義的人往往更易遭受毀
譽，必須理性對待這一現象。再次，毀譽泛濫的可能原因之一是說話
者受不到懲處：「人之易其言也，無責耳矣。」（《孟子‧離婁上》）正
如朱子所說：「人之所以輕易其言者，以其未遭失言之責故耳。蓋常
人之情，無所懲於前，則無所警於後。」[202]未遭受懲罰之前難以警醒
和收斂是常人習性，常人之所以輕易評論、毀譽別人，因為他還未嘗
到輕率發表不當言論的後果。最後，謹慎言語、自修己德、不患眾口
以應對。「『肆不殄厥慍，亦不殞厥問。』文王也。」（《孟子‧盡心
下》）朱子的解釋為：「本言太王事昆夷，雖不能殄絕其慍怒，亦不自
墜其聲問之美。孟子以為文王之事，可以當之。」[203]孟子將原本讚美
太王的詩用在文王身上，因為太王、文王兩人在自修其心、行所當行
上並無二致。趙岐的《章指》中說：「正己信心，不患眾口，眾口諠
嘩，大聖所有，況於凡品之所能禦，故答貉稽曰無傷也。」[204]聖人尚

---

201 焦循著，沈文倬點校：《孟子正義》，北京：中華書局，1987年，第980頁。

202 朱熹：《四書章句集注》，北京：中華書局，1983年，第286頁。

203 朱熹：《四書章句集注》，北京：中華書局，1983年，第368頁。

204 焦循著，沈文倬點校：《孟子正義》，北京：中華書局，1987年，第981頁。

且免不了遭受讚譽毀謗，普通人更別想對此加以控制。應該且能做的不是為毀譽擔憂，而是端正行為、態度，相信「本心」，實踐本心。可以說孟子對毀譽的外在性、普遍性、形成原因和對治辦法已經形成系統化的理解和認知，這種理解和認識的落腳點是相信道德本心，行所當行。因此，「本心」是對治毀譽的力量之源。

「心」如何應對他人對別人的評價？評價從主客雙方的關係上看，既有他人對自己的評價也有他人對別人的評價。在《孟子》裡後一種情況也有一些文獻，下面對這類情況做一考察。孟子不僅與匡章交往還比較敬重他，這令公都子感到疑惑，因為國人皆評價匡章是個不孝順的人。孟子為了消釋公都子之疑惑，指出世俗所謂不孝具體有五種行為表現，匡章一種行為表現都沒有，何談不孝？[205]朱子由此高度評價孟子具有大公品格：「於眾所惡而必察焉，可以見聖賢至公至仁之心矣。」[206]對待眾人一致的評價也不可盲從，應以大公之心做出獨立的思考和判斷。孟子能違俗且鄭重地與匡章交往顯示出他直心而行、仁智雙彰的品質。有人說孔子周遊列國時在衛國住在癰疽家裡，在齊國則住在瘠環家裡，萬章對此表示懷疑但又不能確定，故向孟子請教這種說法的真假。孟子認為這是好事者編造的不實之言，其判斷依據仍是儒家主張的禮義：「孔子進以禮，退以義。」（《孟子·萬章上》）如果依靠癰疽與瘠環兩人，是有違禮義之舉，這種事孔子不會做。萬章還向孟子請教「伊尹以割烹要湯」（《孟子·萬章上》）這種傳言是實情還是謠言，孟子明確肯定沒有這回事。伊尹被孟子稱為

---

205 「公都子曰：『匡章，通國皆稱不孝焉，夫子與之游，又從而禮貌之，敢問何也？』孟子曰：『世俗所謂不孝者五：惰其四支，不顧父母之養，一不孝也；博弈好飲酒，不顧父母之養，二不孝也；好貨財，私妻子，不顧父母之養，三不孝也；從耳目之欲，以為父母戮，四不孝也；好勇鬥很，以危父母，五不孝也。章子有一於是乎？』」（《孟子·離婁下》）
206 朱熹：《四書章句集注》，北京：中華書局，1983年，第300頁。

「聖之任者」(《孟子·萬章下》),因為伊尹希望以堯舜之道輔佐成湯,使其成為堯舜那樣的賢聖之君,使商湯之民如同堯舜治化下的民眾一般安居樂業,所以伊尹一定是「以堯舜之道要湯」(《孟子·萬章上》),而非以廚藝引起成湯的注意。以上事件表明,孟子對別人的言論、評價保持著獨立判斷,判斷的標準則是內心的道德原則或道德理想,所以,道德本心是孟子審視他人言論、評價的標尺。

「心」如何應對學派之間的爭鳴?孟子有「好辯」的名聲,因為他猛烈抨擊其他學派的思想、學說,毫不畏懼地與其他學派展開針鋒相對的論辯。如果將孟子的辯駁視作「言」,「心」與這種「言」又是什麼關係呢?墨子、楊朱是孟子的重要辯駁對象:「天下之言不歸楊,則歸墨。楊氏為我,是無君也;墨氏兼愛,是無父也。無父無君,是禽獸也……楊墨之道不息,孔子之道不著,是邪說誣民,充塞仁義也。仁義充塞,則率獸食人,人將相食。吾為此懼,閑先聖之道,距楊墨,放淫辭。」(《孟子·滕文公下》)孟子認為楊朱極端利己,目無君長,這違反了五倫之中的「君臣之義」,故而判斷楊朱「無君」;墨翟主張兼愛反對差等,將自己的父母和他人的父母同等對待,這違反五倫之中的「父子之親」,故而稱之為「無父」。「仁」是父子之倫的核心原則,「義」是君臣之倫的核心原則[207],「無父」、「無君」就是對「仁義」的戕害、棄置,不遵循「仁義」,人就沉淪為不知教化的禽獸,孟子對此憂心忡忡。作為孔子的擁躉,孟子需要堅決捍衛「先聖之道」,所以批駁楊朱、墨子的思想是他義不容辭的責任。楊、墨的思想風靡社會,為害不淺,還有一位別派學者,其思想雖未如楊、墨那般風行,但他與孟子的辯論卻直擊孟子思想的中心,這個人就是告子。孟子思想的中心即人性論問題,孟子「道性

---

[207] 「仁之於父子也,義之於君臣也。」(《孟子·盡心下》)

善」，告子則主張「性無善無不善」（《孟子・告子上》）。孟子認為「仁、義、禮、智」等道德原理先天地內具於人的本性，並非後天「改造」的結果。告子則主張善惡完全是人類被後天社會文化影響的結果。由此可知，在與其他學派的論辯中，源自道德本心的道德原則以及兩者的同一關係既是孟子辯駁的根據，又是其辯護的對象。孟子與別家學者辯論時雖態度激烈，但對於歸本儒學的人則態度溫和，他說：「歸，斯受之而已矣。今之與楊、墨辯者，如追放豚，既入其苙，又從而招之。」（《孟子・盡心下》）對於歸本儒學的人要寬心接納，既往不咎。就像對跑而復歸的豬栓縛其足是過度的行為，對歸本儒學的人追究其過往也是不恰當的行為。

　　「心」如何對待經籍？除了人言，還有書言。人言以口中話語為載體，書言則以書冊上的文字為載體。首先，孟子認為在創作時要對作品內容有所取捨，取捨的依據是內心的道德原則，也就是說，不利於幫助讀者覺醒道德本心的內容則儘量不要記載。齊宣王曾向孟子詢問齊桓公和晉文公成就霸業的事蹟，孟子說：「仲尼之徒無道桓、文之事者，是以後世無傳焉，臣未之聞也。」（《孟子・梁惠王上》）齊桓公、晉文公是「以力行仁」而非「以德行仁」者，他們將本心之仁當作實現開疆拓土目的的工具，而非純粹「由仁義行」，所以孔門不傳他們的詳細事蹟。其次，面對典籍時，如何解讀、理解經典也有一定的態度和方法。孟子強調不能盲目地完全相信典籍的內容，他以《尚書》舉例：「盡信《書》，則不如無《書》。吾於〈武成〉，取二三策而已矣。仁人無敵於天下，以至仁伐至不仁，而何其血之流杵也？」（《孟子・盡心下》）孟子認為如果不加思考地全盤接受《尚書》，還不如不看這本書。〈武成〉篇的內容就有問題，「仁者無敵」，至仁的武王討伐至不仁的紂王怎會如此嗜殺，以至血流漂杵？因此，閱讀典籍時要保有獨立思考和懷疑精神，而獨立思考和懷疑的根據則

在道德本心。這種以道德價值作為最高判斷原則的做法，並不一定符
合歷史事實。如王充所指出：質疑「血流漂杵」，強調「兵不血刃」
是基於道德判斷對武王之德的美化。[208]除了抱有獨立思考和批判懷疑
態度，解讀典籍還需要掌握一定的方法。孟子以《詩經》為例指出：
「故說詩者，不以文害辭，不以辭害志。以意逆志，是為得之。如以
辭而已矣，〈雲漢〉之詩曰，『周餘黎民，靡有孑遺。』信斯言也，是
周無遺民也。」(《孟子・萬章上》)孟子不僅區分了文、辭、志三個
概念，而且點出「以意逆志」的解釋方法。楊伯峻先生將文、辭、志
分別譯為文字、詞句、原意[209]，也就是說，不能因固執於文字的意思
而誤解詞句的意思，同樣也不能因固執於詞句的意思而誤解作者的本
意。志是最終的目標，文、辭是承載志的工具，既不能把工具當成目
標，也不能讓工具遮蔽目標。趙岐認為「周餘黎民，靡有孑遺」是
辭，其「志在憂旱，災民無孑然遺脫不遭旱災者，非無民也。」[210]由
此可知，《詩經》作者意在表示旱災嚴重，民眾大面積受災，令人心
憂。而非字面意思：周朝沒有百姓存活下來。有學者指出歷史上對
「以意逆志」之「意」有作者之意和解詩者之意兩種理解方式，前者
如清代吳淇，後者如趙岐、朱熹等。[211]劉綱紀先生支持後一種理解，
他認為：「『意』是讀詩者主觀方面所具有的東西，『志』是詩人的作
品客觀具有的，……所謂『以意逆志』，就是讀者根據自己對作品的
主觀感受，通過想像、體驗、理解的活動，去把握詩人在作品中所要

---

208 今本《尚書》裡的〈武成〉篇為後人偽造。王充認為：「察〈武成〉之篇，牧野之
 戰，『血流漂杵』，赤地千里。由此言之，周之取殷，與漢、秦一實也。而云取殷
 易，『兵不血刃』，美武王之德，增益其實也。」見黃輝：《論衡校釋》，北京：中
 華書局，1990年，第344頁。

209 參見楊伯峻：《孟子譯注》，北京：中華書局，2010年，第200頁。

210 焦循著，沈文倬點校：《孟子正義》，北京：中華書局，1987年，第638頁。

211 參見梁濤編著：《孟子解讀》，北京：中國人民大學出版社，2010年，第245-246頁。

表達的思想感情。」[212]本文認為劉綱紀先生揭示出了該命題的普遍性意義，但具體到《孟子》文本，志的顯著含義應該是道德本心，而不僅僅是普通意義上的思想感情。如「周餘黎民」在表達惻隱之心，「普天之下，莫非王土」在表達君臣之義，也即作為臣應「勞於王事」（《孟子·萬章上》）。總而言之，無論創作典籍還是理解典籍都要以道德本心為依歸。

　　以上分別討論了人言、書言與「心」的關係，合而觀之，「心」與「言」是怎樣的關係呢？孟子主張：「不得於言，勿求於心，不可。」（《孟子·公孫丑上》）結合對「以意逆志」命題的理解，本文認為孟子仍在強調「言」是「心」的載體，必須謹防「心」被「言」遮蔽的情況出現，當憑藉「言」的表面意思解釋不通的時候，需要去體貼作者的「心」。體貼作者之「心」的主體則是解言者的「心」，解言者的「心」既指其理智層面的理解之心，更指理性層面的道德本心。能「以心解言」謂之「知言」：「詖辭知其所蔽，淫辭知其所陷，邪辭知其所離，遁辭知其所窮。——生於其心，害於其政；發於其政，害於其事。聖人復起，必從吾言矣。」（《孟子·公孫丑上》）從「聖人復起，必從吾言」可知，所謂詖辭、淫辭、邪辭都是孟子對不符合儒家道德義理、政治理想的別家思想、命題的護教式「蔑稱」，「知言」的主體歸根結底是孟子強調的道德本心。綜上可知，不論人言、書言，就「心」與「言」的關係而論，「言」是「心」的載體，助人「明心」之「言」可以流播，反之則要加以限制；「心」是「言」的判斷標準，所謂的懷疑、獨立思考精神皆以道德本心為最終根據；「心」是「言」的歸宿，不能局限在「言」的表面意思中以「言」害「心」，要以「明心」為目標。

---

212 劉綱紀：《中國美學史》（上卷），上海：東方出版中心，2021年，第202-203頁。

　　以上從「心」如何對待毀譽,「心」如何對待學派爭鳴,「心」如何對待經籍等方面介紹了孟子關於「心」、「言」關係的基本思想,下面繼續探討王陽明對「心」、「言」關係的看法。

　　「心」怎樣應對毀譽?其一,王陽明指出毀譽的外在及普遍性。有學生問陽明為什麼孔子這樣的大聖人仍不免被叔孫武叔所詆毀,[213]陽明指出:「毀謗自外來的,雖聖人如何免得?人只貴於自修,若自己實實落落是個聖賢,縱然人都毀他,也說他不著。卻若浮雲掩日,如何損得日的光明?若自己是個象恭色莊、不堅不介的,縱然沒一個人說他,他的惡慝終須一日發露。所以孟子說:『有求全之毀,有不虞之譽。』毀譽在外的,安能避得?」[214]陽明認為毀譽自外而來,不是自己所能完全掌控的,即使聖人也避免不了,孟子講的「求全之毀、不虞之譽」就是這個意思。毀譽之於聖賢就如浮雲之於太陽,如同浮雲不能減損太陽的光明,毀譽也不能損害聖賢的高尚品格。換言之,毀譽雖普遍存在,但個人品格的好壞卻不會因之而有轉移。其二,毀譽產生的原因。第一,就學問上的毀譽而言,門戶之爭和學風日下是毀譽產生的原因。王陽明在世時就與朱子後學有所爭論,並於正德十三年(1518)七月刊刻《朱子晚年定論》以期緩和甚至息止爭辯,但事與願違。直至其逝世之後仍遭詆毀:「守仁事不師古,言不稱師。欲立異以為名,則非朱熹格物致知之論。知眾論之不與,則著朱熹晚年定論之書,號召門徒,互相倡和,才美者樂其任意,或流於清談;庸鄙者借其虛聲,遂敢於放肆。傳習轉訛悖謬日甚……今宜免

213 「叔孫武叔毀仲尼。子貢曰:『無以為也!』仲尼不可毀也。他人之賢者,丘陵也,猶可逾也;仲尼,日月也,無得而逾焉。人雖欲自絕,其何傷於日月乎?多見其不知量也。」(《論語‧子張》)

214 王守仁:〈傳習錄下〉,《王陽明全集》卷三,第117頁。

奪封爵以彰國家之大信，申禁邪說以正天下人之心。」[215]不同團體之間的思想爭辯應以「求是」為最高追求，但是門戶辯論往往異化為意氣之爭、人身攻擊。桂萼非毀王陽明不同意朱子格物致知思想是立異好名、言不稱師之舉，王陽明與弟子倡和《朱子晚年定論》則是在社會上散播悖謬言論，陽明的思想是邪說，應該被禁止傳播。這是將王陽明視為不學無術、自是好名、以邪說誣民之人，完全與事實不符。除了門戶之爭，整個社會學術不明，功利泛濫也是毀譽產生的原因：「聖賢之學，其久見棄於世也，不啻如土苴。苟有言論及之，則眾共非笑詆斥，以為怪物。惟世之號稱賢士大夫者，乃始或有以之而相講究，然至考其立身行己之實，與其平日家庭之間所以訓督期望其子孫者，則又未嘗不汲汲焉惟功利之為務，而所謂聖賢之學者，則徒以資其談論、粉飾文具於其外，如是者常十而八九矣。」[216]學風日下，聖賢之學被視為糟粕，無人理會。假如有人談論成聖之學，則被群起嘲笑、詆斥，被視為不正常。社會上有賢士大夫名聲的家族雖然有所講論，但從他們的實際作為和對子孫的家庭教育來看，功名富貴才是他們的真正目標，聖賢之學則被用來裝點門面，淪為談資。這種現象非常普遍，十家之中，有其八九。第二，就仕宦領域的毀譽而言，嫉妒、貪功等不健康心態是毀譽產生的原因。王陽明平定寧王叛亂，生擒宸濠之後即上捷音疏，但許泰、張忠等皇帝身邊佞臣嫉妒陽明軍功，欲奪之為己有，不僅攛掇武宗皇帝御駕親征，還誣陷陽明謀反：「乃倡言誣公始同濠謀反，因見天兵捽臨征討，始擒濠以脫罪，欲並擒公為己功。」[217]江彬、許泰一干人等誣陷王陽明先與宸濠共同謀

---

215 《明世宗實錄》卷九十八，《明實錄》（第40冊），國立北平圖書館紅格鈔本微卷影印本，第2299頁。

216 王守仁：〈書黃夢星卷〉，《王陽明全集》卷八，第315頁。

217 黃綰：〈陽明先生行狀〉，《王陽明全集》卷三十八，第1572頁。

反，後為求自保，不得已擒宸濠脫罪，真是欲加之罪，何患無辭？嘉靖
七年（1528）七月，王陽明強撐病軀平定八寨、斷藤峽作亂的賊寇後
病勢日篤，十月，王陽明上疏請求回鄉養病。由於病情嚴重加之回鄉
心切，王陽明未等朝廷批復便啟程北上。這一「自作主張」的舉動給
桂萼以可乘之機：「桂公萼欲因公乞養病疏參駁害公，令該司匿不
舉，乃參其擅離職役，及處置廣西思、田、八寨恩威倒置，又詆其擒
濠軍功冒濫。」[218]桂萼將王陽明所上的乞養病疏故意扣留，並誣告陽
明擅離職守，在廣西思恩、田州、八寨的平亂活動中恩威倒置，在擒
宸濠之役中冒貪軍功。諸種詆毀皆源於其不健康的心態。其三，應對
毀譽的態度和方法。第一，謹慎地對待毀譽。「今日風俗益偷，人心
日以淪溺，苟欲自立，違俗拂眾，指摘非笑紛然而起，勢所必至，亦
多由所養未深，高自標榜所至。學者便不當自立門戶，以招謗速毀；
亦不當故避非毀，同流合污。」[219]王陽明認為其所處的時代人心日
下，風俗日益澆薄，如想振起自立，追求聖人之學，常常如鶴立雞
群，違俗拂眾，勢必引來毀謗飛語。這並不能將責任完全推之於外，
自己所養未深卻高自標榜也是應該反省之處。所以，既不能太高調急
於自立門戶，因為這樣容易招致毀謗，也不能為了避免招致非毀而與
時風、時人同流合污。質言之，主動招致與無原則地躲避都不可取，
應該謹慎地對待毀譽。第二，理性分析原因。陽明認為講學有異同是
正常情況，不能出現謗言或不同意見就去辯論，這樣辯不勝辯。對方
興起議論也可能不是出於私心，「其彼議論之興，非必有所私怨於
我，彼其為說，亦將自以為衛夫道也。況其說本自出於先儒之緒論，
固各有所憑據，而吾儕之言驟異於昔，反若鑿空杜撰者。」[220]也許對

---

218 黃綰：〈陽明先生行狀〉，《王陽明全集》卷三十八，第1579頁。
219 王守仁：〈書顧維賢卷〉，《王陽明全集》卷八，第306頁。
220 王守仁：〈與陸原靜二〉，《王陽明全集》卷五，第210頁。

方的動機是出於捍衛孔門之道，因為學界主流是朱子學，他們學有所憑，論有所據，以陽明為首的學問團體突倡異說，雖也有憑據，卻反而像一群鑿空杜撰的人。對方心中已先橫亙不信、否定之念，不能虛心辨言，陽明團體中的成員在辯論時又或有憤激、求勝之心，兩個互不服氣的團體相互碰撞，難免產生非笑、疑惑。[221]所以，必須理性審視毀譽產生的原因，不能貿然詆斥毀譽。第三，實行其是，砥礪吾心。「苟其言而是歟，吾斯尚有所未信歟，則當務求其是，不得輒是己而非人也。使其言而非歟，吾斯既已自信歟，則當益致其踐履之實，以務求於自慊，⋯⋯然則今日之多口，孰非吾儕動心忍性、砥礪切磋之地乎！」[222]如果對方的批評、講論有道理，則當虛心接受，務求其是；假使對方之論說無道理，則應當更加努力地踐履自家道理，以求自慊於心、無辯止謗。由此觀之，議論紛紛之境地正是錘煉、砥礪吾心的好契機。所謂砥礪吾心，即不為毀譽所動地實行「本心」之「是」：「昔之君子，蓋有舉世非之而不顧，千百世非之而不顧者，亦求其是而已矣。豈以一時毀譽而動其心邪！」一個人的真實性絕非取決於外在的評價，而在於他（她）實實落落做的事，「人只貴於自修，若自己實實落落是個聖賢，縱然人都毀他，也說他不著。卻若浮雲掩日，如何損得日的光明？若自己是個象恭色莊、不堅不介的，縱然沒一個人說他，他的惡慝終須一日發露。」[223]不實之毀謗如掩日之浮雲，終將消散；實落之惡慝如紙包之火，終將發露。所以，怎能被一時毀譽擾動「本心」？！如果自心被毀譽所左右，譽來則喜，毀來

---

221 「彼既先橫不信之念，莫肯虛心講究，加以吾儕議論之間或為勝心浮氣所乘，未免過為矯激，則固宜其非笑而駭惑矣。此吾儕之責，未可專以罪彼為也。」（〈與陸原靜二〉，《王陽明全集》卷五，第210頁）

222 王守仁：〈與陸原靜二〉，《王陽明全集》卷五，第210頁。

223 王守仁：〈傳習錄下〉，《王陽明全集》卷三，第117頁。

則戚，自心終日惶惶於外，怎能成就君子人格？[224]「貴於自修」、「求其是」也即「求實」、「務實」：「名與實對，務實之心重一分，則務名之心輕一分；全是務實之心，即全無務名之心。」[225]「務名之心」與「務實之心」相對立，一方重則另一方輕，全是「務實之心」就沒有「務名之心」，自然不會受毀譽影響。但強調「務實之心」並非完全不理會名聲，而是講究名實相稱：「『疾沒世而名不稱』，『稱』字去聲讀，亦『聲聞過情，君子恥之』之意。實不稱名，生猶可補，沒則無及矣。」[226]君子恥於接受與「實」不相稱的虛名，活著的時候一定會想辦法通過「務實」彌補。何謂「實」？陽明曾說：「夫道廣矣大矣，文詞技能於是乎出……知天地之化育，而況於文詞技能之末乎？」[227]據此而論，所謂「實」即是「道」，「道」即「心」，「心」、「道」是天地化育的根源。文詞、技能、榮譽等一切人生屬性皆從「道」、「心」生發而來。所以，從根源上看，「務實」就是「務心」。總而言之，王陽明認為面對毀譽要持謹慎態度，既不主動招致，也不消極躲避，而要理性分析原因，於人於己都考慮到。更重要的是，不輕易放過這類「多口」境遇，要充分利用之以砥礪自家心性，從而做到「無入而不自得」。

　　「心」怎樣應對學派爭鳴？王陽明所關注的爭鳴大致可分為三種：與儒學團體內部朱子學派的爭鳴；與儒學團體外部佛老等學派的爭鳴；對別人爭鳴的回應。首先，與朱子學派的爭鳴主要表現為王陽明與朱熹超越時空的對話，陽明批評朱子及其後學「認理為外，認物

---

224 「若夫聞譽而喜，聞毀而戚，則將惶惶於外，惟日之不足矣，其何以為君子！」
　　（〈答友人〉，《王陽明全集》卷六，第231頁）
225 王守仁：〈傳習錄上〉，《王陽明全集》卷一，第35頁。
226 王守仁：〈傳習錄上〉，《王陽明全集》卷一，第35頁。
227 王守仁：〈送宗伯喬白岩序〉，《王陽明全集》卷七，第255頁。

為外」[228]。王陽明早年曾誠懇地實踐朱子提倡的「格物窮理」說，《年譜》記載了陽明「格竹」與「循序讀書」兩件事，但兩次實踐並未使陽明擁有追求成聖的獲得感，反而落下病疾。龍場悟道後，陽明想明白了「格物窮理」說的病根：「朱子所謂『格物』云者，在即物而窮其理也。即物窮理，是就事事物物上求其所謂定理者也，是以吾心而求理於事事物物之中，析『心』與『理』而為二矣。……夫析心與理而為二，此告子『義外』之說，孟子之所深辟也。」[229]朱子的「格物窮理」說主張到外在的事事物物上去求儒家所謂的義理，這是將「心」、「理」二分和「心」、「物」二分，是告子「義外」說的翻版。陽明認為「二分」還延伸出「內外之別」、「定理」等不究竟的看法。「夫理無內外，性無內外，故學無內外。講習討論，未嘗非內也；反觀內省，未嘗遺外也。夫謂學必資於外求，是以己性為有外也。」[230]「在朱子學者那裡，一般而言，講習、討論就是探求書本中所載之義理，而反觀、內省則是涵養本心。然而，從陽明心學來看，無論是講習、討論，還是反觀、內省主要都是對心體的澄明，而這種澄明又不離人倫日用和人情事變，因此，此種工夫是合內外而言，不能打成兩橛。」[231]王陽明對「定理」說也不認同：「中只有天理，只是易。隨時變易，如何執得？須是因時制宜，難預先定一個規矩在。如後世儒者要將道理一一說得無罅漏，立定個格式，此正是執一。」[232]天理是因時因地制宜，隨時變易。「定理」則追求無罅漏、定格式，這犯了執一無權的毛病。綜上，王陽明主要從「心」、「理」和「心」、「物」

---

228 王守仁：〈傳習錄中〉，《王陽明全集》卷二，第87頁。

229 王守仁：〈傳習錄中〉，《王陽明全集》卷二，第50-51頁。

230 王守仁：〈傳習錄中〉，《王陽明全集》卷二，第86頁。

231 陳喬見：〈王陽明批評朱子「外心以求理」的得與失〉，《浙江社會科學》2020年第8期。

232 王守仁：〈傳習錄上〉，《王陽明全集》卷一，第21-22頁。

關係角度表達了與朱子觀點的不同看法。

　　其次，與儒學團體外部佛老等學派爭鳴。第一，陽明認為佛老未能正視儒家申論的道德本體。「禮也者，理也；理也者，性也；……故老莊之徒，外禮以言性，而謂禮為道德之衰，仁義之失，既已隨於空虛淪蕩。」[233]陽明認為老莊一派「外禮言性」，即否認「性」與「理」的同一，將「性」解釋為「自然」。基於「自然無為」的立場，老莊認為儒家所倡導的「禮」是道德的衰落，仁義的喪失，這導致「天理」的價值與意義的空虛化。佛家也是如此，「釋氏卻要盡絕事物，把心看作幻相，漸入虛寂去了。」[234]在陽明的理解中，釋氏將萬事萬物看作空幻，甚至把「心」也看成幻相，同樣也否認了儒家所強調的道德本心、道德原理。故而，陽明批評道：「佛老之空虛，遺棄人倫物事之常，以求明其所謂吾心者，而不知物理即吾心，不可得而遺也。」[235]人倫事物之理由「本心」而發，明心即明具足人倫事物之理的「本心」，佛老遺事物、棄倫理卻標榜明心，顯然自欺欺人。第二，儒家組建的社會人倫秩序建基於道德本體，所以，否定道德本體的佛老學派在社會治理上顯得消極無功。「佛怕父子累，卻逃了父子；怕君臣累，卻逃了君臣；怕夫婦累，卻逃了夫婦。」[236]，「與世間若無些子交涉，所以不可治天下。」[237]佛家著相，將儒家肯認的政治、家庭等社會關係、責任看作苦累之物，於是逃避關係、責任，出離世間，故而無助於天下國家的治理。[238]「至於老子，……獨其專於

---

233 王守仁：〈禮記纂言序〉，《王陽明全集》卷七，第271-272頁。
234 王守仁：〈傳習錄下〉，《王陽明全集》卷三，第121頁。
235 王守仁：〈象山文集序〉，《王陽明全集》卷七，第273頁。
236 王守仁：〈傳習錄下〉，《王陽明全集》卷三，第112頁。
237 王守仁：〈傳習錄下〉，《王陽明全集》卷三，第121頁。
238 李承貴教授認為王陽明以儒家思想、價值為坐標審視佛教，沒有真正客觀、理性地認識佛教，所以他對佛教心性理論、出家修行方式的批評並不完全符合佛教本

為己而無意於天下國家，然後與吾夫子之格致誠正而達之於修齊治平者之不同耳。」[239]老子同樣專意於一己之自得而不關心天下國家，與孔夫子修齊治平的主張相異。總之，佛道兩家由於否認「心」、「理」的價值、意義，所以遺棄社會關係和責任，專注於出離生死、獨善其身以及個人精神境界的提升，不能為社會國家的治理貢獻力量，甚至其學說在後世流傳中變了味，導致「亂天下」[240]的後果。第三，佛老、楊墨求「道」而偏，猶有「自得」。「道一而已，仁者見之謂之仁，知者見之謂之知。釋氏之所以為釋，老氏之所以為老，百姓日用而不知，皆是道也，寧有二乎？」[241]世界上只有一個「道」，各種學說的出現源於人對「道」的不同認識，不同學說爭鳴並不意味著有多種「道」存在。從這個意義上講，釋、老只不過是認「道」有偏罷了。雖然未能真正明瞭「大道」，但由於佛老、楊墨能夠實行其說，所以較之陷溺章句、訓詁的俗儒仍有所得：「雖其陷於楊、墨、老、釋之偏，吾獨且以為賢，彼其心猶求以自得也。夫求以自得，而後可與之言學聖人之道。」[242]聖人之學是自得之學，所謂自得即真信真行仁義、性命之說，楊朱「為我」，求義而過；墨子「兼愛」，求仁而過；二氏獨善其身皆是自得之學。質言之，王陽明依據「心即理」、「心外無物」等思想與佛老、楊墨等當時和歷史上的其他學派爭鳴，既批評他們未見真道，也肯定他們實有所得。

再次，對「朱陸異同」議題的回應。自朱子和陸象山開啟爭鳴以來，「朱陸異同」議題一直延續下來。王陽明被貶謫貴陽期間，時任貴

義。參見李承貴：〈王陽明思想世界中的佛教〉，《中山大學學報（社會科學版）》2010年第5期。

239 王守仁：〈附山東鄉試錄‧策五道〉，《王陽明全集》卷二十二，第950頁。

240 王守仁：〈附山東鄉試錄‧策五道〉，《王陽明全集》卷二十二，第950頁。

241 王守仁：〈寄鄒謙之四〉，《王陽明全集》卷六，第229頁。

242 王守仁：〈別湛甘泉序〉，《王陽明全集》卷七，第257頁。

州提學副使的席書曾專門問及陽明對於朱陸異同的看法，陽明採取避
而不談的態度：「始席元山提督學政，問朱陸異同之辨。先生不語朱
陸之學，而告之以其所悟。書懷疑而去。明日復來，舉知行本體證之
《五經》諸子，漸有省。往復數四，豁然大悟，謂『聖人之學復睹於
今日；朱陸異同，各有得失，無事辯詰，求之吾性本自明也。』」[243]
陽明雖然未對朱陸異同表達看法，卻將龍場所悟的「知行合一」思想
告知席書。席書在往復辨疑中也對王陽明的用意有所瞭解：朱陸各有
得失，不必爭個高下。求之自家本性，實行道德仁義才是正確做法。
根據《王陽明全集》記載，「朱陸異同」是當時的熱門話題，王陽明
雖不願捲入此話題，但旁人的爭鳴也會波及到他。王輿庵與徐成之爭
辯「朱陸異同」難解難分，於是請王陽明做公道主持人。陽明指出
「僕嘗以為君子論事當先去其有我之私，一動於有我，則此心已陷於
邪僻，雖所論盡合於理，既已亡其本矣。」[244]陽明認為論辯的根基是
「大公之心」，但徐、王二人皆動了「有我之心」，求勝之心急切，這
樣就使辯論失去根本，辯不出真理。所以，陽明呼籲：「故僕願而兄
置心於公平正大之地，無務求勝。」[245]這裡，陽明表現出對無謂爭鳴
的批評態度，他認為意氣之爭、求勝之心無助於真理的辯明，「一有
求勝之心，則已亡其學問之本，而又何以論學為哉？」[246]

　　綜上，在與朱子學派的爭鳴中，陽明基於「心外無理」、「心外無
物」說批評朱子派的「外心求理」、「認物為外」說；在與佛老、楊墨
的爭鳴中，陽明根據「道一」的觀點，判定佛老、楊墨認「道」而
偏，未能領會「道德本心」與「道」的同一性，但肯定佛老、楊墨實

---

243 錢德洪：〈年譜一〉，《王陽明全集》卷三十三，第1355頁。
244 王守仁：〈答徐成之二〉，《王陽明全集》卷二十一，第889頁。
245 王守仁：〈答徐成之〉，《王陽明全集》卷二十一，第889頁。
246 王守仁：〈答徐成之二〉，《王陽明全集》卷二十一，第891頁。

地用功的「自得」品質；在回應「朱陸異同」議題時，王陽明側重表達了自己對論學、爭鳴態度的看法，提倡以「公平正大之心」克治「求勝之私心」。可見，「心」是王陽明對待爭鳴的根本依據，論學之要在有得於「心」，「夫君子之論學，要在得之於心」[247]。

「心」怎樣對待經籍？王陽明如何理解「心」與經籍的關係？又對讀經方法提出怎樣的主張？下面依次敘述王陽明的看法。其一，經籍是對「心」的記載。第一，「心」即「道」即「天理」，經籍是對「心」、「道」、「天理」的文字化表達。「蓋《四書》、《五經》不過說這心體，這心體即所謂道」[248]，「故《六經》者，吾心之記籍也」[249]，「人心天理渾然，聖賢筆之書，如寫真傳神，不過示人形狀大略，使之因此而討求其真耳；其精神意氣，言笑動止，固有所不能傳也。」[250]《四書》、《五經》等經籍是對「心」的記載；聖賢作經，是對「心」之「天理」的摹狀。經籍對「心」、「天理」的記載有如寫真傳神，只能啟示後學形狀大略。第二，「心」、「道」作為經籍的「大本大原」是惟一的，經籍則有多樣的表現。《六經》等經籍從不同方面對「心」、「道」加以表現，從內容看，有分殊和不同，從「心」、「道」的層面看，則「通而一之」：「道一而已，論其大本大原，則《六經》、《四書》無不可推之而同者，……譬之草木，其同者，生意也；其花實之疏密，枝葉之高下，亦欲盡比而同之，吾恐化工不如是之雕刻也。」[251]就像草木疏密有別的花實、高下不同的枝葉是同一「生意」的表現一樣，豐富多樣的經籍則是惟一之「道」的現實表現。具體而言，「《易》也者，志吾心之陰陽消息也；《書》也者，志吾心之

247 王守仁：〈答徐成之二〉，《王陽明全集》卷二十一，第891頁。

248 王守仁：〈傳習錄上〉，《王陽明全集》卷一，第17頁。

249 王守仁：〈稽山書院尊經閣記〉，《王陽明全集》卷七，第284頁。

250 王守仁：〈傳習錄上〉，《王陽明全集》卷一，第13頁。

251 王守仁：〈答方叔賢〉，《王陽明全集》卷五，第205頁。

紀綱政事者也；《詩》也者，志吾心之歌詠性情者也；《禮》也者，志
吾心之條理節文者也；《樂》也者，志吾心之欣喜和平者也；《春秋》
也者，志吾心之誠偽邪正者也。」[252]《易》記載「心」的陰陽消息變
化之道；《書》記載「心」中的紀綱政事；《詩》記載「心」發出的歌
詠和性情；《禮》記載「心」的條理節文；《樂》記載「心」之欣喜、
和平的情感狀態。第三，聖人將「心」文字化的目的在於使人「明理去
欲」、「敦本尚實」，故需避免或剔除「長亂導奸」的繁文。「聖人述
《六經》，只是要正人心，只是要存天理、去人欲，於存天理、去人欲
之事，則嘗言之；⋯⋯若是一切縱人欲、滅天理的事，又安肯詳以示
人？是長亂導奸也。故孟子云：『仲尼之門無道桓、文之事者，是以
後世無傳焉。』此便是孔門家法。」[253]「明理去欲」、「敦本尚實」即
使道德本心見諸行事之實。對於有可能「長亂導奸」的內容則採取
「存戒削事」的策略，如「征伐當自天子出，書『伐國』，即伐國便
是罪，何必更問其伐國之詳？」[254]對於諸侯之間不義的兼併戰爭，書
「伐國」以存戒，至於戰爭的具體情況則略去不載，為削事。對於後
人出於私心、私欲寫出來會「長亂導奸」，助長「好文之風」的繁
文，則果斷刪除：「《詩》自〈二南〉以降，如《九丘》、《八索》，一
切淫哇逸蕩之詞，蓋不知其幾千百篇；《禮》、《樂》之名物度數，至
是亦不可勝窮。孔子皆刪削而述正之，然後其說始廢。」[255]王陽明為
自己的觀點提供了幾乎最具說服力的實例──孔子就是這樣做的。

　　其二，讀經明「心」。既然經籍是對「心」的記載，那麼閱讀經
籍的最終目的就在明「心」，如何讀書以明「心」呢？第一，經籍的

---

252 王守仁：〈稽山書院尊經閣記〉，《王陽明全集》卷七，第284頁。
253 王守仁：〈傳習錄上〉，《王陽明全集》卷一，第10頁。
254 王守仁：〈傳習錄上〉，《王陽明全集》卷一，第10頁。
255 王守仁：〈傳習錄上〉，《王陽明全集》卷一，第9頁。

內容由文句構成，所以，需要先明瞭文義。王陽明雖對朱子花大力氣注解經籍的做法不完全贊同，但對朱子文義解釋的恰當處則實事求是地加以承認：「朋友觀書，多有摘議晦庵者。先生曰：『是有心求異即不是。……其餘文義解得明當處，如何動得一字？』。」[256]明瞭文義既要看前人的解釋，自己也要獨立思考，如陽明曾對「博愛」之「博」做過訓釋：「然愛之本體固可謂之仁，但亦有愛得是與不是者，須愛得是方是愛之本體，方可謂之仁。若只知博愛而不論是與不是，亦便有差處。吾嘗謂『博』字不若『公』字為盡。」[257]王陽明認為儒家講求「博愛」，但「愛」不能無原則、無是非，所以「博」字不如「公」字恰當。第二，「以意逆志」。訓釋文義離掌握主旨還有一定距離，「大抵訓釋字義，亦只是得其大概」[258]，把握主旨需要「以意逆志」，「凡觀古人言語，在以意逆志而得其大旨，若必拘滯於文義，則『靡有孑遺』者，是周果無遺民也。」[259]文義是傳達意旨的工具，不能拘滯在文義中，否則會發生就文義理解文義的情況，這樣往往與真實意旨相差甚遠。如將「靡有孑遺」理解為周朝沒有人存留下來，雖然符合文義但不符合意旨。文字在表意上有其局限性，有時在表達上甚至出現不合文法的現象，這時也需要「以意逆志」，「凡言意所不能達，多假於譬喻。以意逆志，是為得之。若必拘文泥象，則雖聖人之言，且亦不能無病。」[260]第三，摒棄「意見」。摒棄在文義上穿求而生的意見：「心明白，書自然融會。若心上不通，只要書上文義通，卻自生意見。」只注重「書上文義通」，常免不了「拘執比擬」，「一涉拘執比擬，則反為所縛。雖或特見妙詣，開發之益一時不

256 王守仁：〈傳習錄上〉，《王陽明全集》卷一，第31頁。

257 王守仁：〈與黃勉之二〉，《王陽明全集》卷五，第217頁。

258 王守仁：〈與黃勉之二〉，《王陽明全集》卷五，第217頁。

259 王守仁：〈傳習錄中〉，《王陽明全集》卷二，第72頁。

260 王守仁：〈與顧惟賢〉，《王陽明全集》卷二十七，第1096頁。

無，而意必之見，流注潛伏」[261]，「拘執比擬」有過度聯想、詮釋的嫌疑，這樣雖然一時能有獨特見解，實際「意必之見」已潛伏其中。黃勉之對《大學》「如好好色」有疑問，他寫信向王陽明請教「好好色」應該怎麼理解：《大學》這一訓誨是要借流俗的好惡習慣曉喻人們聖賢好善惡惡的真誠無偽呢？還是意在說明好色也是聖賢具有的欲望，只不過聖賢看到嬌美的容顏時，內心不起邪念，就如同聖賢面對高官厚祿、金銀財寶，雖有覺知卻不起歆羨希覬之心？陽明回覆說，人們日常表現出的好惡有時並非出於真心，但對於「好色」之喜好，「惡臭」之厭惡皆是發於真心，「《大學》是就人人好惡真切易見處，指示人以好善惡惡之誠當如是耳，亦只是形容一誠字。今若又於好色字上生如許意見，卻未免有執指為月之病。昔人多有為一字一句所牽蔽，遂致錯解聖經者，正是此症候耳。」[262]陽明認為《大學》這句話旨在說明發心之「誠」，黃勉之對「好色」的其他體會皆是「生如許意見」，為字句牽蔽，錯解《大學》。除摒棄穿求文義而生的意見外，還需摒棄「因人重輕」而生的意見：「昔儒看古人言語，亦多有因人重輕之病。」[263]「因人重輕」即僅憑作者的品行、身份、學派等屬性斷定其言之可取不可取。陽明對此表示反對，他認為孟子有取於陽虎之言的做法值得學習：「『為富不仁』之言，孟子有取於陽虎。此便見聖賢大公之心。」[264]孟子以大公之心對待陽虎的言論，並未因陽虎僭禮而一概否定其言語。王陽明也曾用不能完全以國醫、鄉醫的身份作為判斷醫術高低之標準的例子來說明謹防「以人廢言」：「夫醫術之精否，不專繫於鄉國，世固有國醫而誤殺人者矣。今徒以鄉醫聞見不廣，於大方脈未必能通曉，固亦有得於一證之傳知之真切者，寧可概

---

261 王守仁：〈答季德明〉，《王陽明全集》卷六，第238頁。
262 王守仁：〈與黃勉之二〉，《王陽明全集》卷五，第218頁。
263 王守仁：〈與黃勉之二〉，《王陽明全集》卷五，第217頁。
264 王守仁：〈傳習錄上〉，《王陽明全集》卷一，第40頁。

以庸醫視之，茲不近於以人廢言乎？」[265]國醫也可能失誤錯診，鄉醫未必沒有真才實學，「以人廢言」就像一概將鄉醫視為不學無術的庸醫，這顯然不是合理之舉。陽明更具心學思維的言論為：「夫學貴得之心，求之於心而非也，雖其言之出於孔子，不敢以為是也，而況其未及孔子者乎？求之於心而是也，雖其言之出於庸常，不敢以為非也，而況其出於孔子者乎？」[266]「本心」是最高的判斷標準，庸常和孔子在「本心」面前並無區別，既不能對孔子之言盲目崇敬，也不可對庸常之言輕率否定。第四，「精專」於「心」而非「書」。由於精力有限，最大的目標花費最多的精力是明智的選擇，「欲德之盛，必於始學時去夫外好。如外好詩文，則精神日漸漏洩在詩文上去；凡百外好皆然。」[267]「立德」是人生的最高目標，人們需要全力以赴去修德，所以，對詩文的喜好不能過度，謹防精神日漸被詩文消耗。精力的投入是為了達致「精」、「專」的地步，但與目標的層次相應，「精」、「專」也有是非之分：「學弈則謂之學，學文詞則謂之學，學道則謂之學，然而其歸遠也。道，大路也。外是，荊棘之蹊，鮮克達矣。是故專於道，斯謂之專；精於道，思謂之精。專於弈而不專於道，其專溺也；精於文詞而不精於道，其精僻也。」[268]陽明認為「心即道」[269]，「道，大路也」意味著「修道」、「存心」是坦途大道，其他興趣如詩文、棋藝都是布滿荊棘的蹊徑。「精」、「專」只是對「道」、「心」而言，在其他領域過於用功則為「溺」、「僻」。這就是所謂「本末之辨」：「成己成物，雖本一事，而先後之序有不容紊。孟子云：『學問之道無他，求其放心而已矣。』誦習經史，本亦學問之事，不可廢者。而忘

---

265 王守仁：〈答王應韶〉，《王陽明全集補編（增補本）》，第108頁。

266 王守仁：〈傳習錄中〉，《王陽明全集》卷二，第85頁。

267 王守仁：〈傳習錄上〉，《王陽明全集》卷一，第37頁。

268 王守仁：〈送宗伯喬白岩序〉，《王陽明全集》卷七，第255頁。

269 王守仁：〈傳習錄上〉，《王陽明全集》卷一，第24頁。

本逐末，明道尚有『玩物喪志』之戒。」[270]「求放心」、「誦習經史」皆是學問中事，但有本末、先後之別，對此分辨不明就會犯「玩物喪志」的毛病。第五，讀書明「心」。陽明認為讀書雖能獲得知識，但求知不是讀書的最高目的。「成聖」是「人生第一等事」，讀書則是「成聖」的工夫之一。換言之，讀書的最高目的是成就聖賢人格，聖賢人格的根據是「良知」、「心」，所以把讀書作為修養工夫就是在讀書過程中「調攝此心」：「讀書時，良知知得強記之心不是，即克去之；有欲速之心不是，即克去之；有誇多鬥靡之心不是，即克去之。如此，亦只是終日與聖賢印對，是個純乎天理之心。任他讀書，亦只是調攝此心而已。」[271]「良知」監察讀書時產生的強記之心、欲速之心、誇多鬥靡之心等不良心態然後克去之，這樣用功則千經萬典都能為我所用，都是「致良知」之地：「凡看經書，要在致吾之良知，取其有益於學而已。則千經萬典，顛倒縱橫，皆為我之所用。」[272]概言之，對於「心」與經籍的關係而言，陽明認為經籍是對「心」的記載，所以讀經籍的目的在明自家「心體」。前者說明經籍的存在意義，後者指出讀書方法。兩者皆突出「心」的重要地位。

孟子和王陽明對「心」如何處理與毀譽、爭鳴和經籍的關係皆做出了較為詳細的探討，那麼，王陽明在「心」、「言」關係上對孟子思想作了怎樣的繼承與發展呢？

就「心」與毀譽的關係而言，王陽明延續孟子的思路，也以毀譽的特點、產生原因和應對方法為探討對象，並繼承了孟子的如下觀點：毀譽具有外在性與普遍性，對言論後果追責的滯後或缺失是毀譽產生的原因，不懼毀譽、謹慎對待是應對毀譽的方法。就「心」與學

---

270 王守仁：〈與黃勉之〉，《王陽明全集》卷五，第214頁。
271 王守仁：〈傳習錄下〉，《王陽明全集》卷三，第114頁。
272 王守仁：〈答季明德〉，《王陽明全集》卷六，第238頁。

派爭鳴的關係而言，將道德本心作為爭鳴的根據與辯護對象是孟子和王陽明共同的理論主張，陽明也將孟子批駁的對象——楊朱、墨翟、告子——作為自己的批判對象。不僅如此，陽明還將自己視為孟子、韓愈的繼任者，理由是他們三人皆在世人崇信「異說」時，以一己之力扛起復興儒學的大旗，「孟子之時，天下之尊信楊、墨，當不下於今日之崇尚朱說，而孟子獨以一人呶呶於其間，⋯⋯韓愈乃欲全之於已壞之後，⋯⋯某為《朱子晚年定論》，蓋亦不得已而然。」[273]陽明認為孟子辟楊、墨，韓愈辟佛、老，自己編著《朱子晚年定論》表面看似乎「好辯」且「不自量力」，實則皆是出於明辯學術之公心，不忍世人迷於「異說」之仁心，而不得已採取的措施。除在爭鳴對象、對爭鳴事業的定位方面繼承孟子的衣缽之外，陽明還在對待歸本儒學之人的態度上效法孟子。他說：「學絕道喪之餘，苟有興起向慕於是學者，皆可以為同志，不必銖稱寸度而求其盡合於此。」[274]換言之，和孟子一樣，王陽明也主張對待歸本儒學者持寬和的態度。就「心」與經籍的關係而言，孟子談論到的經籍之著述、讀經之方法也是陽明關心的問題，孟子提出的以道德原則作為內容取捨標準、「以意逆志」之解經方法也為陽明所認同。就引文而言，陽明引用了不少《孟子》原文來論述相關問題，如「以意逆志」、「有不虞之譽，有求全之毀」、「周無遺民」、「孔門之徒無道桓文之事者」、「盡信《書》，則不如無《書》」等等。由此觀之，王陽明的確全面繼承了孟子對於「心」、「言」關係的思想。

除繼承之外，王陽明也發展了孟子對「心」、「言」關係的看法，主要表現為拓展、深化了對原因、方法、態度等三方面內容的探討。其一，關於原因的認識。第一，對毀譽產生的原因，除孟子注意到的

---

273 王守仁：〈傳習錄中〉，《王陽明全集》卷二，第87-88頁。
274 王守仁：〈寄鄒謙之四〉，《王陽明全集》卷六，第229頁。

言責之外，王陽明進一步指出學問領域的毀謗源自門戶之爭和學風日下，仕宦領域的毀譽源自嫉妒、貪功等不健康心態。第二，對著述經籍的原因，孟子並未明確論及著述經籍的原因，陽明則主張經籍是通過文字形式展現「本心」的工具，經籍論著者希望人們能夠通過誦讀典籍發明自家「本心」。其二，關於方法的探討。第一，應對毀譽的方法。孟子主張不能畏懼毀譽，需以「求實之心」應對毀譽。王陽明則進一步指出應該謹慎地對待毀譽，既不高自標榜招引毀譽也不為了逃避毀譽而選擇同流合污。第二，理解經籍的方法。孟子提出獨立思考與「以意逆志」的方法，王陽明則進一步提出理解主旨需要摒棄穿求文義和「因人重輕」而生的意見。其三，對於態度的主張。第一，對待經籍的態度。除孟子提出的懷疑態度，王陽明指出在讀書過程中要端正求速、強記、顯擺等不良態度。第二，對待爭鳴的態度。相較孟子的激烈態度，王陽明的態度更為和緩、寬容、理性。爭鳴包括爭鳴主體、內容和爭鳴過程本身。就對爭鳴主體的態度而言，孟子態度比較激烈，稱楊朱「無君」、墨子「無父」。陽明的態度較為和緩、寬容：「二子亦當時之賢者，使與孟子並世而生，未必不以之為賢。墨子『兼愛』，行仁而過；楊子『為我』，行義而過。」[275]陽明認為假使孟子、楊朱、墨翟三人並世而生，孟子很有可能將二人視為賢者並與他們交往。除認楊、墨為賢者之外，王陽明還指出楊朱能夠實行「為我」之學，墨子能夠實行「兼愛」之說，皆「猶有自得也」[276]。以賢者、自得稱讚楊、墨，這反映出陽明對楊、墨的和緩、寬容態度。就對爭鳴內容和爭鳴過程本身的態度而言，陽明的態度更為理性。從爭鳴內容上看，陽明區分了思想學說的創作動機和流播過程中產生的客觀效果之不同：「今夫二氏之說，其始亦非欲以亂天下也，而卒以亂

---

275 王守仁：〈傳習錄中〉，《王陽明全集》卷二，第87頁。
276 王守仁：〈別湛甘泉序〉，《王陽明全集》卷七，第257頁。

天下，則是為之徒者之罪也。……今夫夫子之道，……子夏之後有田子方，子方之後為莊周，子弓之後有荀況，荀況之後為李斯，蓋亦不能以無弊，則亦豈吾夫子之道使然哉？故夫善學之，則雖老氏之說無益於天下，而亦可以無害於天下；不善學之，則雖吾夫子之道，而亦不能以無弊也。」[277]陽明指出，老子和佛陀立說的初心當然不是為了惑亂人心、擾亂社會，之所以出現「以學術殺天下後世」[278]的混亂結果，在於後學曲解學說的本旨。這種「不善學」的情形普遍存在：儒門培養出主張法家思想的李斯就是有力證明。所以，必須理性分析學派思想本旨與思想在社會上產生的客觀效果之間的聯繫與區別。從對爭鳴過程本身的關注看，陽明提出「以公心辯」的思想：「夫道，天下之公道也；學，天下之公學也。非朱子可得而私也，非孔子可得而私也。天下之公也，公言之而已矣。」[279]真正的大道是「天下之公道」，真正的學術是「天下之公學」，既不是哪一人也不是哪一家的學問，應該以「公心」辯論學術是非，以「公道」為最高追求。陽明在這裡實際提出了判分「異端」與「正統」的新標準——「公道」。所謂「公道」，其實就是人人同具的「良知」。以自家「良知」為最高判準，揚棄對權威、典籍、學派的盲目崇信。於是，「正統與異端的區分，已不再是簡單地等同於儒學與佛道兩家之間的區分，而是有一個更為根本的標準，儒釋道三家都要在這個標準下受到檢驗。合乎標準者為正統，不合標準者為異端。」[280]換言之，基於理性態度和對「道」的追求，較之孟子，王陽明不僅明確了區別異端、正統的最高判準，同時超越了學派區分的狹隘視域。正如陽明所說：「道一而

---

277 王守仁：〈附山東鄉試錄・第五道〉，《王陽明全集》卷二十二，第950頁。
278 王守仁：〈傳習錄中〉，《王陽明全集》卷二，第87頁。
279 王守仁：〈傳習錄中〉，《王陽明全集》卷二，第88頁。
280 彭國翔：〈陽明學者的正統與異端之辨〉，《中華文化論壇》2003年第1期。

已，仁者見之謂之仁，知者見之謂之知。釋氏之所以為釋，老氏之所以為老，百姓日用而不知，皆是道也，寧有二乎？」[281]

如上從「心」與毀譽、經籍、爭鳴的關係三個方面討論了王陽明對孟子「心」、「言」思想的繼承與發展情況。除了「心」、「言」關係，「心」、「物」關係實踐還表現在「心」對事變的處理上。以下針對這一問題展開論述。

三 「以心度事」與「以心應事」

學問與生活密不可分，以自己或他人的生活經歷為素材向弟子傳道、解惑，是孟子經常採用的講學方式。處事接物是生活的主要內容，孟子與弟子討論了不少自己或他人處事接物的生活實踐以傳達他對「心」、「物」關係的看法。那麼，孟子是如何討論處事應變的呢？

（一）因「時」應「事」

「時」既有時代、時勢之義也有時刻、時境的意思。因「時」應「物」即「本心」因循特定時代、時勢、時刻、時境出現的事情採取相應的應對舉措和態度。「昔者禹抑洪水而天下平，周公兼夷狄、驅猛獸而百姓寧，孔子成《春秋》而亂臣賊子懼。……我亦欲正人心，息邪說，距詖行，放淫辭，以承三聖者；……能言距楊墨者，聖人之徒也。」（《孟子·滕文公下》）孟子認為聖人都是能夠發現並克服時代問題的人，大禹平治洪水，周公兼併夷狄、驅走猛獸，孔子述作《春秋》皆是如此。他的時代面臨的問題則是楊、墨的思想風靡天下，使儒家仁義之說被阻塞。孟子認為自己應該上承三聖，以抨擊

---

281 王守仁：〈寄鄒謙之四〉，《王陽明全集》卷六，第229頁。

楊、墨學說，振興仁義大道為己任。除「息邪說」之外，孟子極度渴
望擔當的另一個時代責任是輔佐某一君主推行仁政而平治天下：「夫
天未欲平治天下也，如欲平治天下，當今之世，舍我其誰也？」（《孟
子·公孫丑下》）時代既孕育問題也造就時勢，「齊人有言曰：『雖有智
慧，不如乘勢；雖有鎡基，不如待時。』今時則易然也。」（《孟子·
公孫丑上》）孟子認為齊國的發展造就了易行仁政的時勢、條件：廣闊
的土地、稠密的人口。在這種時勢的基礎上實行仁政，必能取得事半
功倍的效果。就時刻而言，孟子提到「國家閑暇，及是時，明其政
刑。」（《孟子·公孫丑上》）閑暇即「不用兵戈，無論外患內亂」[282]，
在國家沒有因為外患內亂需要用兵的閑暇時刻，要抓緊時間修明政治
法典。就時境而言，時境或令人感到舒適或令人深感艱難。孟子提出
「生於憂患而死於安樂」（《孟子·告子下》）的觀點，他認為對待安
樂之時境要不忘保持警惕的態度，對待憂患之時境要擁有堅忍的態
度。概言之，大禹治洪水、周公驅猛獸、孔子作《春秋》、孟子辟楊
墨、乘勢行仁政、趁時修法典皆是「本心」在特定時代、時勢、時刻
中採取的恰當舉措；面對安樂保持警惕，對待憂患保持堅忍則是「本
心」在不同時境中採取的理性態度，此謂因「時」應「物」。

（二）以「心」衡「事」

「事」有應該與否及輕重緩急之別，為了做到恰如其分，需要求
諸「本心」的權衡能力。其一，國家大政方針上的權衡。孟子曾力勸
齊宣王行仁政而黜霸道，「今恩足以及禽獸，而功不至於百姓者，獨
何與？權，然後知輕重；度，然後知長短。物皆然，心為甚。王請度
之！抑王興甲兵，危士臣，構怨於諸侯，然後快於心與？」（《孟子·

---

282 焦循著，沈文倬點校：《孟子正義》，北京：中華書局，1987年，第223頁。

梁惠王上》) 齊宣王有「以羊易牛」之舉,其仁心恩及禽獸卻不及百姓,因為他想通過武力開疆拓土,使秦、楚臣服,君臨天下且安撫四夷。孟子告誡齊宣王只有行仁政才能王天下,大動干戈行霸道,是使將士冒著生命危險與其他國家結仇構怨之舉,不僅無法得到天下還會帶來禍患。孟子希望齊宣王能夠權衡行仁政和行霸道的利弊,做出合理的選擇。

其二,個體的交接、生死問題也需權衡。處於各種社會關係中的個體常常面臨各種交際情境,「本心」需要根據具體情境採取相宜的交接之道,故孟子說:「其交也以道,其接也以禮。」(《孟子‧萬章下》) 以「禮」交接。孟子在一次葬禮上因遵守禮法沒有與王驩打招呼,王驩有些不高興,認為孟子怠慢了自己。孟子解釋道:「禮,朝廷不歷位而相與言,不逾階而相揖也。我欲行禮,子敖以我為簡,不亦異乎?」(《孟子‧離婁下》) 不越位談話、不逾階作揖是朝廷禮法,孟子遵循「本心」依禮與王驩打交道,即使被誤解也不違禮。以「善」交接。「(舜) 自耕、稼、陶、漁以至為帝,無非取於人者。取諸人以為善,是與人為善者也。故君子莫大乎與人為善。」(《孟子‧公孫丑上》)「與人為善」即「取彼之善而為之於我,則彼益勸於為善矣,是我助其為善也。」[283]這裡的「善」首先指品德之善,其次指優秀的技能、想法等長處。一個人只有真正胸懷「謙下」之心,才能持久地學習別人的優秀品質。大舜從平民時期的耕、陶、漁到為帝時期的從善如流一直堅持「與人為善」,依賴於他虛懷若谷的心胸以及為民造福的仁心,這說明「與人為善」的前提是「本心」的清明。在此基礎上才能取人之善,彼此勸勉,共同為善。

依「義」辭受。孟子強調辭受有道,要依義而行。萬章曾向孟子

---

283 朱熹:《四書章句集注》,北京:中華書局,1987年,第239頁。

請教接受君主周濟卻拒絕君主賜予的道理，孟子說：「君之於氓也，固周之。……抱關擊柝者皆有常職以食於上。無常職而賜於上者，以為不恭也。」（《孟子·萬章下》）諸侯對於由他國遷來的百姓有接濟的義務，所以可以接受；能接受賞賜的對象是有固定職務的人，沒有職務卻接受諸侯的賞賜則是不恭敬的行為。為什麼要強調「不恭」呢？因為恭敬之心本就是交際時應當持有的態度，「萬章問曰：『敢問交際何心也？』孟子曰：『恭也。』」（《孟子·萬章下》）孟子曾接受宋君七十鎰、薛地田家五十鎰兼金，而拒絕齊王饋贈的一百鎰兼金。陳臻認為同樣是饋贈，要麼接受是對的，要麼不接受是對的，所以孟子的做法必定有錯有對。孟子解釋說：「皆是也。當在宋也，予將有遠行。行者必以贐；辭曰：『饋贐。』予何為不受？當在薛也，予有戒心；辭曰：『聞戒，故為兵饋之。』予何為不受？若於齊，則未有處也。無處而饋之，是貨之也。焉有君子而可以貨取乎？」（《孟子·公孫丑下》）在宋國時孟子正要遠行，對遠行者贈送盤纏是通行禮法，所以孟子接受宋君的饋贈。在薛地孟子為了買兵器戒備路上的危險，所以接受田家的饋贈。在齊國時齊王沒有任何饋贈的理由，沒有理由卻奉送金錢，這是行賄，哪有君子可被賄賂收買的呢？所以孟子拒絕齊王的饋贈。由此可見，孟子堅決依據「本心」之「義」判斷辭受與否。除了交接之道，生死抉擇也要以「本心」為根據。「生亦我所欲，所欲有甚於生者，故不為苟得也；死亦我所惡，所惡有甚於死者，故患有所不辟也。」（《孟子·告子上》）孟子主張人生存在高於生死的價值原則，即來源於「本心」的仁、義、禮、智等道德原理。這些價值原則是抉擇生死的根據，篤行這些原則是比求生更高的追求，踐踏這些原則則是比死亡更令人厭惡的東西。

　　其三，權衡中的經權變化。原則與變通是處事接物過程中必須處理的一對關係，《孟子》中記載了一些孟子談到的事例。「男女授受不

親，禮也；嫂溺，援之以手者，權也。」(《孟子・離婁上》)男女遞接東西時雙手不接觸是日常生活中被普遍遵行的禮法，但這一規定在嫂子掉進水裡的人命關天時刻並不適用，所以需要毫不猶豫地施以援手，這是特定情境下的權變行為。如果死守禮法不知變通，就如沒有人性的豺狼一般。舜「不告而娶」也是合理的權變行為。「取而告父母，禮也。舜不以告，權也。」[284]按照慣例，男婚女嫁要聽父母之命，舜為何要行此權變？這與舜的父母有關：「舜父頑母嚚，常欲害舜。」[285]舜的父親愚昧頑固，後母陰險狡詐，父親常在後母的攛掇下合謀害舜，如果遵照普通禮法將娶親之事告知父母，父母肯定會從中作梗。「男女居室，人之大倫也。如告，則廢人之大倫。」(《孟子・萬章上》)為了踐行夫婦之倫，也為了避免「無後」的不孝後果，舜遵從「本心」做出「不告而娶」的變通行為。可見，孟子已經認識到通行禮法作為原則並不具有絕對的普適性，在特定境況中，如果堅持通行禮法會違背更迫切或更重要的價值原則且釀成嚴重的不良後果時，個體需要遵循「本心」中更迫切或更重要的價值原則採取恰當的變通舉措。

(三)「心」同「事」異

人人具有的「本心」是公共主體，每個人都相同，這是否意味著遵循共同「本心」的不同個體只能做出相同的行為舉動呢？答案是否定的。大禹、后稷身處政治清明的時代，身為公卿，為民解憂。前者忙於治理洪水，後者忙於教民稼穡，兩人多次路過家門都未回家探看。顏子身處亂世，在陋巷裡簞食瓢飲，不改其樂。三人看似不同的生活軌跡實則源於相同的價值追求：「禹、稷、顏回同道。……禹、

---

284 焦循著，沈文倬點校：《孟子正義》，北京：中華書局，1987年，第532頁。

285 朱熹：《四書章句集注》，北京：中華書局，1983年，第303頁。

稷、顏子易地則皆然。」(《孟子・離婁下》)「孟子以為憂民之道同，用與不用之宜若是也。」[286]禹、稷兼濟天下，顏子獨善其身，三人的舉動皆源於同具的「四端之心」。曾子在武城生活期間曾遭遇越國軍隊來犯，在越國軍隊到來之前，他帶領眾弟子躲了起來，越軍撤走之後，他又馬上率眾返回。子思在衛國生活時，遭遇齊國軍隊來犯，子思堅決留下來與衛軍共同守衛城池。孟子說：「曾子、子思同道。曾子，師也，父兄也；子思，臣也，微也。曾子、子思易地則皆然。」(《孟子・離婁下》)曾子、子思看似相反的舉動實則源於相同的「本心」，只不過曾子站在老師和父兄的立場，子思則站在臣子的立場，所以舉動有異。伯夷不以賢者之身服事不肖者；伊尹五次做湯的臣子，又五次做桀的臣子；柳下惠不嫌棄污濁之君，也不拒絕卑微之職。「三子者不同道，其趨一也。一者何也？曰，仁也。君子亦仁而已矣，何必同？」(《孟子・告子下》)孟子指出三人雖然行事不同，但皆以「行仁」為動機。求仁得仁，何必採取同樣的舉措？由此可知，孟子主張行為主體要根據自家身份、個性、才能等具體條件篤行「本心」，「本心」相同，不礙行為相異。

與孟子類似，王陽明在處事接物方面也形成了自己的看法。結合相關文獻，下面也從因時應事、以心衡事、心同事異等三個方面梳理王陽明的「心」、「事」關係思想。

(一)因「時」應「事」

偉大的思想家總是能把握住時代脈搏的人。王陽明認為當時的社會至少存在兩類問題：學術問題與用兵問題。學術是社會有序運行的根本，人心不古，禍亂頻仍都源於學術不明：「人心陷溺，禍亂相尋，

---

286 焦循著，沈文倬點校：《孟子正義》，北京：中華書局，1987年，第597頁。

皆由此學不明之故。」[287]王陽明所說的「此學」即孔、孟一脈相承的
成聖之學，成聖之學不明的原因在於世人沉溺在功利、辭章、朱學格
物說和佛老之學中難以自拔：「世間無志之人，既已見驅於聲利詞章
之習，間有知得自己性分當求者，又被一種似是而非之學兜絆羈縻，
終身不得出頭。」[288]所以陽明要效法孟子，「吾為此懼，……思有以
正人心，息邪說，以求明先聖之學。」[289]除學術問題，當時明朝也面
臨軍事問題：邊境地區韃靼的侵擾和國內此起彼伏的寇盜、流民「作
亂」。陽明十五歲時曾出游居庸三關，「詢諸夷種落，悉聞備御策；逐
胡兒騎射。」[290]二十六歲時，邊關告急，陽明究心於對兵法、陣列的
研究。二十八歲，上〈陳言邊務疏〉。四十五歲，在兵部尚書王瓊的
舉薦下，「升都察院左僉都禦史，巡撫南、贛、汀、漳等處」[291]，由
此開啟生命後期[292]的軍旅生涯。總之，王陽明是個實行派，針對學
術、軍事問題，他沒有止步在口耳講論中，而是孤勇地做個豪傑之
士，直面並解決時代問題。

　　除直面時代問題，王陽明也善於分析、因應時勢。弘治十二年
（1499），參加殿試的王陽明被賜進士出身第七人，觀政工部，後被
派往河南浚縣主持修建威寧伯王越之墓。事竣後返回京師，得知朝廷

---

287 王守仁：〈寄鄒謙之三〉，《王陽明全集》卷六，第227頁。
288 王守仁：〈寄鄒謙之〉，《王陽明全集》卷六，第224頁。
289 王守仁：〈書林司訓卷〉，《王陽明全集》卷八，第314頁。
290 錢德洪：〈年譜一〉，《王陽明全集》卷三十三，第1347頁。
291 錢德洪：〈年譜一〉，《王陽明全集》卷三十三，第1365頁。
292 根據王陽明的生平經歷，可以將其一生簡單地分為早、中、晚三個時期。從出生到
　　三十三歲為王陽明生命的早期，這一時期他一方面致力於科舉，另一方面經過詞
　　章、兵法、佛老等多方面探索，最終歸本儒學。從三十四歲到四十四歲為王陽明的
　　生命中期，這一階段陽明開始收徒講學，又經龍場悟道，是其思想的確立、發展
　　期，職務相對清閒期，講學隊伍日漸壯大。從四十五歲到五十七歲為王陽明的生
　　命晚期，這一時期是陽明思想的成熟期、嘔心瀝血的軍旅期以及講學的繁盛期。

正急議西北邊務，且已派大軍開赴西北。於是王陽明上〈陳言邊務疏〉發表自己的看法。其中提到「簡師以省費」，陽明在疏中說：「北地多寒，今炎暑漸熾，虜性不耐，我得其時，一也；虜恃弓矢，今大雨時行，斥膠解弛，二也；虜逐水草以為居，射生畜以為食，今已蜂屯兩月，邊草殆盡，野無所獵，三也。以臣料之，官軍甫至，虜跡遁矣。」[293]陽明從季節特點，對方的生理、生活習性和武器特性等內容分析明軍所處的時勢，認為大軍到達時，對方軍隊會避戰遁跡。所以，大軍所加不僅達不到既定目的反而會白白浪費大量軍費。既然軍隊已經奔赴邊境，聲名在外，可以利用這一聲勢，隱秘地調回三分之二的士兵，只留三分之一的精健將士前往西北邊境。這樣既保證了明軍的聲威所加，又省去了無數錢糧，正是兩便之法。由此可見，王陽明確實善於利用時勢應事。除了時勢，陽明也注意到時刻的重要：「古者賞不逾時，罰不後事。過時而賞，與無賞同；後事而罰，與不罰同。」[294]賞罰既要分明，也要及時。過時的賞罰已經失去應有的意義和作用。陽明還強調把握時機、時刻提升自己，「往年區區謫官貴州，橫逆之加，無月無有。迄今思之，最是動心忍性砥礪切磋之地。當時亦止搪塞排遣，竟成空過，甚可惜也。」[295]遭遇橫逆常被世人歸因於運氣欠佳，陽明指出這時正是砥礪切磋、提升自己德性和能力的好時機。他對自己沒有把握住在龍場生活的那段時間來砥礪德性而深感惋惜。對空過艱難歲月感到惋惜涉及到對年歲、時境的態度問題，這也屬於因「時」應「事」的範圍。

陽明主張人的精神意氣往往隨著年歲的增長而逐漸消減，世累對「本心」的影響則逐漸加深，所以要珍惜時間、好好利用時間：「人

---

293 王守仁：〈陳言邊務疏〉，《王陽明全集》卷九，第318-319頁。

294 王守仁：〈申明賞罰以勵人心疏〉，《王陽明全集》卷九，第344頁。

295 王守仁：〈寄希淵四〉，《王陽明全集》卷四，第179頁。

方少時，精神意氣既足鼓舞，而身家之累尚未切心，故用力頗易。迨
其漸長，世累日深，而精神意氣亦日漸以減，然能汲汲奮志於學，則
猶尚可有為。至於四十、五十，即如下山之日，漸以微滅，不復可挽
矣。」[296]年少時，精神意氣足，且沒有身家之累掛礙在心，所以容易
集中精神意氣從事於聖人之學；漸長，涉世日深，世累已切於心，精
神意氣漸衰，這時如果能夠奮志於學，也尚有可為；當年齡到四十五
十時，精神意氣如下山的落日，逐漸微滅，想用功也來不及了。因
此，必須珍惜年歲，奮志於學。奮志於學並不意味著火急火燎，相
反，面對艱難的時境，更需要安順從容的態度。「人皆以予自上國
往，將陋其地，弗能居也。而予處之旬月，安而樂之，求其所謂甚陋
者而莫得。」[297]對於落後、蠻荒的貴州龍場，陽明並未覺得其地鄙
陋，即便刻意察尋，也沒發現有什麼特別鄙陋的地方；對於龍場艱苦
的生活條件，陽明也未憂心忡忡、悶悶不樂。相反，陽明「安而樂
之」，不僅自學耕種，和當地居民打成一片，而且吸引不少學子前來
問學，生活充實，樂在其中。這顯示出陽明順應時境的從容態度。由
此可見，龍場時期並未像陽明自言的那樣「空過可惜」，陽明對自己
的一些評價有自謙的成分在。

（二）以「心」衡「事」

陽明認為「良知」之發見流行自有輕重厚薄分：「然其發見流行
處卻自有輕重厚薄，毫髮不容增減者，所謂天然自有之中也。……此
良知之妙用，所以無方體，無窮盡，『語大天下莫能載，語小天下莫
能破』者也。」[298]輕重厚薄不容私意增減，這是「良知」之妙用，範

296 王守仁：〈寄諸弟〉，《王陽明全集》卷四，第193頁。

297 王守仁：〈何陋軒記〉，《王陽明全集》卷二十三，第981頁。

298 王守仁：〈傳習錄中〉，《王陽明全集》卷二，第96頁。

圍無窮，涵蓋天地萬物。在此意義上，以「心」應「物」意指個人根據「良知」天然自有之中權衡「物」，使事情得到恰當的處理。

其一，朝政上的權衡。朝政固有多端，但非本章論述的主要對象，這裡僅選取「用人」一項展開論述。陽明曾上疏給明武宗建議他重視人才任用：「夫因才器使，朝廷之大政也；……伏願陛下念朝廷之大政不可輕，地方之重寄不可苟，體物情之有短長，憫凡愚之所不逮。」[299]官員任用上幹朝廷大政方針的落實，下繫平民百姓之福祉，不可不慎重。怎樣才能找到合適的人選呢？人才在能力、品德方面的賢愚之分正是篩選依據。因此，當政者需要謹慎地考察官員，因才器使，使得人盡其用，朝政得所。

其二，個體交際、生死問題上的權衡。「君子之所謹者，交接之道也。」[300]陽明非常重視交接之道，那麼依循哪些原則可以實現交接有「道」呢？依「義」交際。「喻及交際之難，此殆謬於私意。君子與人，惟義所在，厚薄輕重，已無所私焉，此所以為簡易之道。」[301]對人類這種社會性動物而言，交際是生命不可分割的一部分。雖然重要，但也常常令人頭疼。陽明認為所謂「交際之難」，完全是個體被私意誤導得到的錯誤看法。「義」是交際原則，輕重厚薄，惟義所在，無私意摻雜，就能以「簡易之道」處理交際關係。比如，與小人打交道。「君子與小人居，決無苟同之理，不幸勢窮理極而為彼所中傷，則安之而已。處之未盡於道，或過於疾惡，或傷於憤激，無益於事，而致彼之怨恨仇毒，則君子之過也。昔人有言：『事之無害於義者，從俗可也。』」[302]君子雖不能與小人同流合污，但也不可過於疾

---

299 王守仁：〈辭新任乞以舊職致仕疏〉，《王陽明全集》卷九，第329-330頁。
300 王守仁：〈君子慎其所以與人者〉，《王陽明全集》卷二十二，第939頁。
301 王守仁：〈答儲柴墟〉，《王陽明全集》卷二十一，第893頁。
302 王守仁：〈與胡伯忠〉，《王陽明全集》卷四，第180頁。

惡、憤激，被小人抓住理由中傷也要平靜處之，否則招致小人的怨恨仇毒後果更糟。總之，要以「義」為原則，只要於「義」無害，適度從俗也是可以的。

辭受問題也要遵「義」而行，「義即是良知，曉得良知是個頭腦，方無執著。且如受人饋送，也有今日當受的，他日不當受的；也有今日不當受的，他日當受的。」[303]「良知」、「義」是權衡當受不當受的頭腦，也被稱為「中」：「當辭而辭，當受而受，辭受之立乎中也。」[304]在陽明貶謫龍場期間，貴州宣慰司宣慰安貴榮派人先後給陽明送去食物、柴炭、金帛、鞍馬等物品。陽明認為收下柴炭、大米等生活必需品合乎「義」，而將金帛、鞍馬如數退還。合「義」則受，不合「義」而受則是取禍之道：「苟忠信禮義之不存，雖祿之萬鐘，爵以侯王之貴，君子猶謂之禍與害。」[305]

依「禮」交際。「君子之與人交接也，不有禮乎？而禮豈必玉帛之交錯？凡事得其序者皆是也，禮之得失，人之得失所由見，是禮在所當慎矣。」[306]「禮」也是交接原則，它不能僅被理解為物質性的禮品，作為原則，「禮」本質上指次序。先後、輕重恰當與否即「禮」之得失，「禮」之得失甚至影響人生的得失，所以交接時必須重視對「禮」的權衡。思州知府曾派人到龍場驛侮辱陽明，當地民眾出於義憤毆辱了該差人，知府惱怒之餘將此事言於當道，貴州按察司副使毛應奎寫信給王陽明要求他向知府行跪拜之禮以謝罪。陽明認為：「跪拜之禮，亦小官常分，不足以為辱，然亦不當無故而行之。」[307]差人

---

303 王守仁：〈傳習錄下〉，《王陽明全集》卷三，第116頁。

304 王守仁著，束景南、查明昊輯編：〈君子中立而不倚〉，《王陽明全集補編（增補本）》，上海：上海古籍出版社，2021年，第71頁。

305 王守仁：〈答毛憲副〉，《王陽明全集》卷二十一，第883頁。

306 王守仁：〈君子慎其所以與人者〉，《王陽明全集》卷二十二，第939頁。

307 王守仁：〈答毛憲副〉，《王陽明全集》卷二十一，第883頁。

之挾勢擅威非知府指使，苗民之毆辱差人亦非陽明指使，所以不當行跪拜之禮謝罪。陽明據「禮」而行，並未屈服於權力的淫威。平定寧王之亂後，王陽明被朝廷任命兼任江西巡撫，原本打算北上揚州面諫武宗回鑾罷師的他只好從杭州返回南昌，此時張忠、許泰等所率領的北軍作為武宗親征的先遣部隊已駐扎南昌。北軍見到返回南昌的陽明，「肆坐謾罵，或故沖導起釁，先生一不為動，務待以禮。」[308]陽明外出如果遇到北軍喪事，一定停車問明原因，贈予棺材，深表惋惜。久之，北軍皆被陽明的氣度和禮遇所折服。

依「善」交際。陽明曾尋找同志之士，以期共同講習、互相助益、倡明聖學。蔡希顏、朱守忠、徐曰仁既是王陽明的學生，也是他的同志之士。陽明認為三人分別具有自己所不及的品質：「希顏之深潛，守忠之明敏，曰仁之溫恭，皆予所不逮。」[309]在這種互相勸勉、取益的團體中，大家的聖人之志立而彌堅，成聖之功行而彌篤。除學習他人的良善品質之外，依「善」交際也包括婉言責善：「責善，朋友之道，然須忠告而善道之。悉其忠愛，致其婉曲，使彼聞之而可從，繹之而可改，有所感而無所怒，乃為善耳。」[310]朋友之間責善時要抱持忠愛之心，婉言勸導，使對方聞之不怒、樂於聽從。責善既可以婉言指出不足，也可以不吝讚美、鼓勵，比如陽明曾勉勵弟子黃誠甫共明成聖之學：「誠甫之足，自當一日千里，任重道遠，吾非誠甫誰望邪！」[311]

依「謙」交際。陽明說：「謙者眾善之基。」[312]謙虛的心態是成

308 錢德洪：〈年譜二〉，《王陽明全集》卷三十四，第1402頁。

309 王守仁：〈別三子序〉，《王陽明全集》卷七，第252頁。

310 王守仁：〈責善〉，《王陽明全集》卷二十六，第1074頁。

311 王守仁：〈與黃誠甫〉，《王陽明全集》卷四，第181頁。

312 王守仁：〈傳習錄下〉，《王陽明全集》卷三，第142頁。

就眾多善行與品德的基石。比如接引來學、講習討論就需要謙虛之心，陽明告誡黃宗賢說：「聞接引同志孜孜不怠，甚善甚善！但議論之際，必須謙虛簡明為佳。若自處過任而詞意重複，卻恐無益有損。」[313]接引來學的同志時態度謙虛、詞意簡明才能達到彼此都有進益的效果，如果自處過任則會引起來學之人的反感或退縮，這樣不僅無益反而有損。

生死問題也要依據「本心」加以權衡。「生死利害攪於吾前，吾惟權之於義，則從違可否自有一定之則。」[314]世人多將生命看作人生最重要的東西，所以一切都要為生命的延續服務，陽明並不同意這種看法。他說：「只為世上人都把生身命子看得來太重，不問當死不當死，定要宛轉委曲保全，以此把天理卻丟去了。忍心害理，何者不為？若違了天理，便與禽獸無異，便偷生在世上百千年，也不過做了千百年的禽獸。」[315]陽明認為人之為人就在於人有「良知」、「天理」、「本心」，這是生命的最高價值判準，生死固然事關重大，但也不能為了委曲保全生命而忍心害理。一旦忍心害理，就已淪落為沒有人性的禽獸，即便苟且偷生千百年，在價值意義上也只是做了千百年的禽獸。所以，面對寧王叛亂，王陽明將自身和家人的生死置之度外，毫不猶豫地舉起平叛的大旗：「往者寧藩之變，臣時欲歸省父疾。然宗社危急，呼吸之間，存亡攸系，故臣捐九族之誅，委身以死國難。」[316]陽明將君臣之義視為高於生命的價值判準，所以才能不顧自身和家族生命的安危，以勤國難。

其三，權衡中的經權關係。陽明認為面對變化，聖人能夠「知

---

313 王守仁：〈與黃宗賢〉，《王陽明全集》卷五，第222頁。

314 王守仁：〈田橫論〉，《王陽明全集補編（增補本）》，第93頁。

315 王陽明：〈傳習錄下〉，《王陽明全集》卷三，第117頁。

316 王陽明：〈四乞省葬疏〉，《王陽明全集》卷十三，第487頁。

幾」、「通變」:「聖人不貴前知。禍福之來,雖聖人有所不免。聖人只是知幾,遇變而通耳。」[317],「其(良知)萌動處就是幾」[318],「幾」不是外在事物變化的徵兆,而是「良知」感應之萌動,「知幾」即知「良知」之萌動處;「通變」即在「知幾」的前提下通權達變。寧王叛亂對王陽明來說是突發性事件,他說:「不意行至中途,遭值寧府反叛。此係國家大變,臣子之義不容捨之而去。又闔省撫巡方面等官,無一人見在者。天下事機間不容發,故復忍死暫留於此,為牽制攻討之圖。」[319]當時王陽明奉命前往福建勘處進貴等人的叛亂,行至豐城突然聽聞寧王起兵叛亂。基於「臣子之義」,陽明權衡輕重緩急,暫且將本職工作放在一邊,竭盡心思調兵遣將,牽制寧王軍隊北上,並伺機消除這場王朝危機。陽明雖是倡義,但實屬「冒其非任」[320]之舉,這體現了陽明的通權達變能力。除了自身的生活實踐,陽明也討論了一些歷史上的權變實踐。對於大舜「不告而娶」,武王「不葬而興師」的「反常」行為,陽明認為這是他們在無典可考、無人可問的情況下,「求諸其心一念之良知,權輕重之宜」[321]後不得已做出的權變行為。換言之,權變行為是「跡」,「良知」是「所以跡」,「心」、「良知」是制事之本。一些人捨本逐末,就變常之事而論事,陽明對此批評道:「後之人不務致其良知,以精察義理於此心感應酬酢之間,顧欲懸空討論此等變常之事,執之以為制事之本,以求臨事之無失,其亦遠矣!」[322]「事」由「本心」之義理感應而生,捨去「本心」而空談變常之事,刻板地模仿別人的權變舉措,以求臨事無失,

---

317 王陽明:〈傳習錄下〉,《王陽明全集》卷三,第124頁。
318 王陽明:〈傳習錄下〉,《王陽明全集》卷三,第124頁。
319 王陽明:〈乞便道省葬疏〉,《王陽明全集》卷十二,第437頁。
320 王陽明:〈乞便道省葬疏〉,《王陽明全集》卷十二,第437頁。
321 王陽明:〈傳習錄中〉,《王陽明全集》卷二,第57頁。
322 王陽明:〈傳習錄中〉,《王陽明全集》卷二,第57頁。

其人離真理將越來越遠。總之,「本心」才是權變的動力和源泉。

(三)「心」同「事」異

　　「心」是「制事之本」,當「心」與「事」呈現為目的與手段的關係時,目的雖同,實現目的的方式卻可能相異。比如王陽明和湛甘泉同以倡明聖學為志,但在具體的工夫路徑上則有所不同:陽明主張誠意、致良知,湛甘泉強調隨處體認天理。[323]王陽明用同歸殊途之喻來說明兩人的論學情況:「正以志向既同,如兩人同適京都,雖所由之途間有迂直,知其異日之歸終同耳。」[324]從陽明與弟子之間講學時「問同答異」來看。王艮和董澐曾分別在出遊而歸來後向陽明請教同一個問題:為什麼會感覺到滿街上的人都是聖人?陽明回答王艮說:「你看滿街人是聖人,滿街人到看你是聖人在。」[325]應對董澐則說:「此亦常事耳,何足為異?」[326]陽明作答皆是基於想讓弟子有所進益的動機,之所以「問同答異」,是因為陽明認為王艮圭角未融,需要「打壓」一下;董澐恍見有悟,需要進一步鼓勵。從聖賢為說不同看。有弟子向陽明請教:聖人「良知」相同,為什麼面對同一事物時卻有不同的角度和說法?比如對於《周易》,文王創作卦辭,周公繫爻辭,孔子有《易傳》。陽明解釋說:「聖人何能拘得死格?大要出於良知同,便各為說何害?且如一園竹,只要同此枝節,便是大同。若拘定枝枝節節,都要高下大小一樣,便非造化妙手矣。」[327]陽明認為

---

323 關於王陽明、湛甘泉兩人工夫論差異的具體內容,可參見童中平、粟紅英:〈「天理」與「良知」的緊張與磨合──湛若水與王陽明哲學思想比較〉,《求索》2010年第4期;何靜:〈王陽明與湛甘泉的學術論辯〉,《東岳論叢》2019年第2期。

324 王陽明:〈答甘泉〉,《王陽明全集》卷四,第195頁。

325 王陽明:〈傳習錄下〉,《王陽明全集》卷三,第132頁。

326 王陽明:〈傳習錄下〉,《王陽明全集》卷三,第132頁。

327 王陽明:〈傳習錄下〉,《王陽明全集》卷三,第127頁。

聖人為說各異,不害「良知」為同。相異之說正是相同的「良知」在不同生命中具體表現的結果。就像竹子雖同具枝節,但枝節的具體長度、粗細則並不相同,這是大自然神奇妙用的本色。總之,殊途同歸、問同答異、為說不同都說明了人們應事時「心」同「事」異的特點。

基於對孟子和王陽明處事應變實踐具體內容的梳理,我們可以進一步分析王陽明對孟子處事應變實踐思想的繼承與發展之情形。

王陽明從因「時」應「事」、以「心」衡「事」、「心」同「事」異等三個方面忠實繼承了孟子處事應變的思想。就因「時」應「事」而言,陽明繼承了孟子因應時代、時勢、時機、時境應事的觀點。兩人皆密切關注時代問題,比如扭轉學術不明現象皆被兩人視為義不容辭的責任。兩人都強調面對時境要採取清醒的態度,逆境需要堅忍與從容,同時善於借助逆境砥礪「本心」。就以「心」衡「事」而言,陽明同孟子一樣都把國事、個體交際、個體生死、經權關係視為討論對象。比如,陽明繼承了孟子以「禮」、「義」、「善」為交際原則的主張。對於辭受問題,陽明遵循孟子的思路,強調依「義」辭受;對於生死問題,陽明贊同孟子依據「本心」權衡生死的觀點,認為「本心」具有的價值原則是生命的最高判準。對於經權問題,陽明認同孟子經權交濟的觀點,倡導因時因地做出變通以應事的做法。就「心」同「事」異而言,陽明繼承了孟子「本心」、「良知」雖有普遍性,但應事方式、途徑卻有差異的觀點,且兩人都擅長利用古聖先賢的事例作論據。就陽明對《孟子》相關話題和原文的引用而言,舜「不告而娶」,「執中與執一」之辨,「與人為善」、「捨生取義」等話題和內容皆被王陽明從孟子那裡紹述過來。

除繼承之外,王陽明也對孟子依循「本心」處事應變的思想作出了發展,主要表現為問題討論的細緻化與思維方式的更新兩個方面。問題討論的細緻化指對問題的分析更加細緻入微。比如,孟子從時代、

時勢、時刻、時境等四個方面分析「因時」問題，王陽明則在這四個
方面之外，進一步指出「時」還包含對年時的珍惜：人的精神意氣往
往隨著年歲的增長而逐漸衰退，所以必須珍惜年時提升自己。對於交
際原則，除孟子注意到的「禮」、「義」、「善」之外，陽明還討論了以
「謙」交際，認為謙虛之心是彼此勸勉為善的基石；對於依「善」交
際，除孟子主張的善於學習別人的優秀品質之外，陽明還討論了「責
善」問題，提出對待別人的缺點要婉言相勸，對待優點則應不吝鼓勵
與讚美。思維方式的更新指以體用論思維論證經權關係。王陽明認為
「良知」、「本心」是經，是本體；權變則是權，是發用。變化是「良
知」的固有功能：「良知即是『易』，『其為道也屢遷，變動不居，周
流六虛，上下無常，剛柔相易，不可為典要，惟變所適。』」[328]作為
「道」的「良知」範圍天地萬物，永遠處在運動之中，惟變所適是其
無窮妙用之所在。因此，權是經之發用。陽明批評了「執中」、「執
一」的觀點。有弟子問陽明孟子所說的「執中無權猶執一」是什麼意
思，陽明回答說：「中只有天理，只是易。隨時變易，如何執得？須
是因時制宜，難預先定一個規矩在。如後世儒者，要將道理一一說得
無罅漏，立定個格式，此正是執一。」[329]王陽明用「良知」、「天理」
闡釋孟子所說的「中」，「天理」、「良知」之發用本就因時制宜、隨時
變易，無法執定，認為「中」可被執定，與掛一漏萬、不知變通的
「執一」沒有區別。相較孟子，陽明運用體用論的思維模式為經權關
係提供了更為清晰的理論說明。

---

328 王陽明：〈傳習錄下〉，《王陽明全集》卷三，第142頁。
329 王陽明：〈傳習錄上〉，《王陽明全集》卷一，第21-22頁。

第二章

「存養論」研究

　　「良知」、「本心」雖為人類普遍具有，但因常被欲望遮蔽，所以不能不間斷地範導人的現實生活。如何將「良知」、「本心」長久不息地豁顯、落實於現實生活，從而實現人格境界的提升是孟子工夫論的主題。為此孟子從寡欲、存心、集義、知行、必有事焉等方面論述了他的修養論，本章稱之為「存養論」。與孟子類似，王陽明則討論了去人欲、存天理、致良知、事上磨煉、知行合一等修養工夫。故而，本章結合相關文獻，擬從寡欲與存心、集義與致良知、真知與篤行等三個方面梳理王陽明對孟子修養工夫的繼承與發展情況。

第一節　寡欲與存心

　　「心」在孟子、王陽明的思想中具有多種含義，比如欲望、情感、道德、認知、志向、血肉等等。從工夫論的角度看，孟子和王陽明重點探討了志向、欲望、情感和道德之心。那麼，孟子和王陽明對這四種含義之「心」是如何從工夫論的角度加以論述的呢？王陽明又是如何繼承與發展孟子相關思想的呢？下面針對上述問題展開討論。

一　「寡欲」與「去人欲」

　　欲望的產生與表現。生存是生命的永恆主題，它在一定程度上表現為欲望的產生與滿足。孟子認為感官、軀體與「本心」是欲望產生

的根源：「口之於味也，有同耆焉；耳之於聲也，有同聽焉；目之於
色也，有同美焉。至於心，獨無所同然乎？心之所同然者何也？謂理
也，義也。」(《孟子・告子上》)「四肢之於安佚也。」(《孟子・盡心
下》) 眼睛具有視力的同時也產生看的欲望，同理，口、耳、鼻、
舌、身在具有特定功能的同時也產生一定的欲望。「本心」能夠分辨
善惡，同時也產生「悅理義」的欲望。因此，欲望是人身和「本心」
的固有屬性。但身體和「本心」產生欲望的方式並不相同：「耳目之
官不思，而蔽於物。物交物，則引之而已矣。心之官則思，思則得
之，不思則不得也。」(《孟子・告子上》) 耳目等感官和軀體沒有
「思」的功能，在和外物、外境接觸時容易被引誘而產生欲望；「本
心」具有「思」的能力，既能夠對外物、外境作出判斷以免於被引
誘，也能夠主動地生發道德原理。換言之，感官、身體的欲望容易流
於無節制，「本心」的欲望則是使人由凡入聖的動力所在。就這些欲
望的具體表現來看，既有食物、居所、生殖等動物性本能欲望，如
「使有菽粟如水火」(《孟子・盡心上》)；也有富貴、利祿等世俗性功
利欲望，如「欲貴者，人之同心也」(《孟子・告子上》)；還有認知、
道德等高級欲求，如「理義之悅我心」(《孟子・告子上》)，「天之高
也，星辰之遠也，苟求其故。」(《孟子・離婁下》)

　　「寡欲」的含義及方法。如上所述，既然欲望的產生是生存的基
本要求，也是身體、「本心」的固有屬性，那麼，孟子為什麼要提出
「寡欲」呢？這需要正確理解孟子所說的「寡欲」是什麼意思。孟子
認為食、色等生物本能欲望，財、位等世俗性功利欲望，知、德等人
文性高級欲求並非平等、並列、互不干擾的關係，而是有著層級的不
同和相互影響的關係。具體而言，從生存的角度看，食、色等生物本
能欲望最重要，它們是生命得以延續的基礎；從價值的角度看，知、
德等人文性高級欲求最重要，因為它們是人之為人的本質規定，沒有

這些欲望，人與動物沒有區別。因此，孟子主張人文性高級欲求是生物本能欲望和世俗功利欲望的範導力量。在實際生活中，由於感官、軀體沒有「思」的能力，它們產生的欲望往往容易趨向於過度發展，從而妨害他人和社會的利益，同時蔽昧自身道德欲求的生發與實現，比如過分追求高俸祿、美宮室就會「失其本心」（《孟子・告子上》）；過分熱衷開疆拓土就會「糜爛其民而戰之」（《孟子・盡心下》）；過分放縱聲色之欲就會造成不孝的後果，「以為父母戮」（《孟子・離婁下》），使父母蒙羞。所以，「寡欲」之「欲」指的不是知、德等高級欲望，而是指過度發展的生物本能欲望和世俗功利欲望，也即「私欲」[1]。為了將生物本能欲望和世俗功利欲望節制在合理範圍內，也為了以道德為主的高級欲望的正常顯發，必須寡除「私欲」。如何「寡欲」呢？既然所寡的對象是「私欲」，所以「寡欲」要從「私欲」的產生、識別上著手。前文已述，孟子指出耳、目等感官沒有「思」之能力，「心之官則思」，故而，對「私欲」的識別需要求助於「本心」之「思」的能力。產生可分為將要產生與已經產生，將要產生的欲望要在「本心」道德原則的範導下產生，已經產生的「私欲」也要逐漸被「馴服」在「本心」道德原則的範導之下而被滿足。欲仕則由道、捨生而取義、君子不可以貨取、大禹絕旨酒[2]等等表現的都是以上道理。至於範導的實現也要依賴「本心」之「思」的能力。孟

---

1 徐朝旭、蔡春良將歷代學者對「寡欲」之「欲」內涵的解釋綜括為中性說、善惡混說和私欲說三種含義，通過將三種含義分別代入「養心莫善於寡欲」命題加以話語分析，得出只有私欲說才與孟子的整個思想體系以及生活實踐相符合的結論。本文認同「私欲說」這一觀點，並指出所謂「私欲」即過度的生物本能欲望和世俗功利欲望。參見徐朝旭、蔡春良：〈話語分析視角下孟子「寡欲」之「欲」的辨析〉，《廈門大學學報（哲學社會科學版）》2020年第6期。

2 「昔者帝女令儀狄作酒而美，進之禹，禹飲而甘之，遂疏儀狄，絕旨酒，曰：『後世必有以酒亡其國者。』」見《戰國策・魏策二》，何建章注釋，北京：中華書局，1990年，第882頁。

子認為感官、軀體與「本心」存在密切關聯:「仁義禮智根於心,其
生色也睟然,見於面,盎於背,施於四體」(《孟子・盡心上》),「胸
中正,則眸子瞭焉」(《孟子・離婁上》)。眼睛是心靈的窗戶,心中正
氣充盈時眼睛有神且明亮,心不正時,眼睛無神且暗淡。仁、義、
禮、智必須彰著於個體的儀容舉止、生命活動,「它清和潤澤地(粹
然)著見於己身當前之面容(見於面),復清和潤澤地充盈於己身後
面之脊背(盎於背),並亦清和潤澤地展布於四肢百體之動作」[3]。感
官、軀體是「本心」彰著的載體,這是「本心」之「思」範導生物性
本能欲望和世俗性功利欲望的基礎。所以,「寡欲」的方法可分為兩
部分:第一部分,針對已發的「私欲」,要在「本心」之「思」的識
別與「馴服」下,克「私」為「常」;第二部分,針對未發的欲望,
使其在「本心」之「思」的範導下生發。

　　以上對孟子關於「寡欲」工夫的思想作了闡釋,王陽明與之相
關的主張是「去人欲」說,下面展開對王陽明「去人欲」工夫思想的
論述。

　　欲望的產生及其表現。與孟子一樣,王陽明也認為欲望的產生源
於人有感官、軀體和「本心」。他曾在解釋《論語》「學而時習之,不
亦說乎」中的「說」字時說:「『說』是『理義之說我心』之『說』,
人心本自說理義,如目本說色,耳本說聲,惟為人欲所蔽所累,始有
不說。」[4]眼睛喜歡好看的東西,耳朵愛聽美妙的聲音,「本心」喜愛
理、義等道德原則。換言之,感官、軀體和「本心」具有的功能也是
它們的欲望所在。具體而言,這些欲望包括食、居等生物本能欲望,
如陽明在貴州龍場時不僅自建居所,且為之取了「何陋軒」、「君子

3　牟宗三:《圓善論》,長春:吉林出版公司,2010年,第121頁。
4　王守仁:〈傳習錄上〉,《王陽明全集》卷一,第36-37頁。

亭」等雅名，同時也教當地少數民族群眾「範土架木以居」[5]。為應對糧食匱乏問題，陽明向當地民眾學習火耕之法，親自耕田種糧：「夷俗多火耕，仿習亦頗便」[6]。他還將自己的耕作經驗記錄在〈觀稼〉一詩中：「下田既宜稌，高田亦宜稷。種蔬須土疏，種薥須土濕。寒多不實秀，暑多有螟螣。」[7]陽明簡要分析了地勢、土質、濕度、節氣、蟲害等條件與耕種農作物的關係。除生物本能欲望，也包括功名利祿等世俗功利欲望，如「臚仕顯官，臣心豈獨不願？」[8]無論王陽明的真實想法如何，高官厚祿無疑是一種世俗功利欲望。「世之人從其名之好也……從其利之好也」[9]，名利也屬於世俗功利欲望。還包括知、善等人文性高級欲望，如「天下事物，如名物度數、草木鳥獸之類……亦何緣能盡知得？」[10]天下萬事萬物可從求知的角度加以認識。「吾今奉命巡撫是方，惟欲爾等小民安居樂業，共享太平。」[11]為政一方，使得百姓安居樂業是求善的欲望。

「去人欲」的含義和方法。王陽明明確指出他要「去」的是「人欲」而非欲望。那麼，何謂「人欲」？陽明說：「心一也，未雜於人謂之道心，雜以人偽謂之人心。人心之得其正者即道心，道心之失其正者即人心，初非有二心也。程子謂『人心即人欲，道心即天理』，語若分析而意實得之。」[12]由此可知，「人欲」即人心，即「道心」失其正者。季德明曾說：「人欲，吾之所本無。」[13]王陽明對此觀點表示贊

5　錢德洪：〈年譜一〉，《王陽明全集》卷三十三，第1354頁。

6　王守仁：〈謫居絕糧請學於農將田南山永言寄懷〉，《王陽明全集》卷十九，第769頁。

7　王守仁：〈觀稼〉，《王陽明全集》卷十九，第769頁。

8　王守仁：〈辭新任乞以舊職致仕疏〉，《王陽明全集》卷九，第329頁。

9　王守仁：〈從吾道人記〉，《王陽明全集》卷七，第278頁。

10　王守仁：〈傳習錄下〉，《王陽明全集》卷三，第110頁。

11　王守仁：〈告諭新民〉，《王陽明全集》卷十六，第598頁。

12　王守仁：〈傳習錄上〉，《王陽明全集》卷一，第8頁。

13　王守仁：〈答季德明〉，《王陽明全集》卷六，第238頁。

同。所以，道心是永恆、完滿的存在，而「人欲」則是後天緣起的產物，「非本體性的存在」[14]，具有生滅的變化，可由後天生成，亦可由後天工夫去除。「人欲」由後天生成即道心摻雜了人偽，那麼，人偽從何而來？前文已述，欲望產生的重要基礎是感官、軀體、「本心」的存在，這些皆屬於活動的主體一邊，活動主體可以自發產生道德欲望，也可以在活動對象的刺激下產生感性或功利欲望，所以，人偽是感官、軀體、「本心」及活動對象相交會的產物，「人欲」也由此而生。有情感之欲：「七情有著，俱謂之欲，俱為良知之蔽」[15]；有好色、好名、閑思雜慮之欲：「（閑思雜慮）畢竟從好色、好利、好名等根上起，自尋根便見」[16]；有不良心態之欲：妒心、怠心、傲心、懆心等等。「人欲」蔽昧「本心」的清明，並由之產生一系列嚴重的現實問題，如道德淪喪：「至有視其父子兄弟如仇仇者」[17]；聖學不明：「不務去天理上著工夫，徒弊精竭力，從冊子上鑽研，名物上考索，形跡上比擬」[18]；知行二分：「此已被私欲隔斷，不是知行的本體了」[19]，等等。

因此，去除「人欲」刻不容緩，王陽明提出了若干「去人欲」的方法。第一，「思」是非邪正。「『思曰睿，睿作聖』。『心之官則思，思則得之』。思其可少乎？……蓋思之是非邪正，良知無有不自知者。」[20]「思」是「本心」、「良知」的自然發用，能夠判斷欲望之是非邪正，將不合理的欲望範導在「良知」、「本心」的道德原則之下。

---

14 龔曉康：〈「惡」之緣起、明覺與去除──以王陽明「四句教」為中心的考察〉，《哲學研究》2019年第7期。

15 王守仁：〈傳習錄下〉，《王陽明全集》卷三，第126頁。

16 王守仁：〈傳習錄上〉，《王陽明全集》卷一，第25頁。

17 王守仁：〈傳習錄中〉，《王陽明全集》卷二，第61頁。

18 王守仁：〈傳習錄上〉，《王陽明全集》卷一，第32頁。

19 王守仁：〈傳習錄上〉，《王陽明全集》卷一，第4頁。

20 王守仁：〈傳習錄中〉，《王陽明全集》卷二，第81頁。

「思」之所以有此能力有賴於「本心」對身體的主宰作用：「心好夫采色，則目必安夫采色；心好夫聲音，則耳必安夫聲音；心而好夫逸樂，則四肢亦惟逸樂之是安矣。……心者身之主，心好於內，而體從於外。」[21]王陽明認為目好彩色、耳喜妙音、四肢好安佚的根源在於「本心」的喜好作用，「本心」是身體的主宰，「本心」有所發用，身體則隨之而動。因此，「本心」之主宰作用是「思」範導感性和功利欲望的基礎。第二，靜坐與省察克治。「初學時心猿意馬，拴縛不定，其所思慮多是人欲一邊，故且教之靜坐、息思慮。久之，俟其心意稍定，只懸空靜守，如槁木死灰，亦無用，須教他省察克治。省察克治之功，則無時而可間。」[22]「去人欲」的工夫有個由易到難的過程，初始階段閑思雜慮不斷，可以通過靜坐來減少。心意稍定之後，為防止懸空靜守，需要下省察克治的工夫。通過靜坐工夫，一些閑思雜慮暫時被息止了，但只是治標尚未治本，閑思雜慮從好名、好利等病根上生起，這時需要用省察克治工夫將病根「掃除廓清」。第三，未萌、方萌處都要用功。「必欲此心純乎天理，而無一毫人欲之私，非防於未萌之先，而克於方萌之際不能也。」[23]「人欲」未萌時要用心防檢，方萌時則要立即克倒，不能讓其進一步滋長，甚或發展為現實活動。為此，無論動靜，「去人欲」的念頭不能停息：「靜時念念去人欲、存天理，動時念念去人欲、存天理。」[24]

基於上述對孟子和王陽明關於欲望的產生和如何對治欲望思想的梳理，我們可以進一步分析王陽明對孟子「寡欲」工夫思想的繼承與發展之情形。

---

21 王守仁：〈山東鄉試錄・禮記〉，《王陽明全集》卷二十二，第940頁。
22 王守仁：〈傳習錄上〉，《王陽明全集》卷一，第18頁。
23 王守仁：〈傳習錄中〉，《王陽明全集》卷二，第74-75頁。
24 王守仁：〈傳習錄上〉，《王陽明全集》卷一，第15頁。

　　王陽明在欲望的產生與表現、「寡欲」的含義及方法上繼承了孟
子的「寡欲」工夫思想。就欲望的產生與表現而言，陽明繼承了孟子
感官、軀體、「本心」等活動主體與活動對象相交會產生欲望，欲望
可分為生物本能欲望、世俗功利欲望和人文高級欲望的觀點。兩人都
從價值的角度將人文高級欲望視為人的本質規定，主張生物本能欲望
和世俗功利欲望必須處於它的範導之下。兩人也都肯定合理的生物性
本能欲望和世俗性功利欲望的必要性和普遍性，沒有禁欲思想的色
彩。就人文性高級欲望而言，兩人都尤其注重道德欲求的開發與踐
行，而疏於對知識欲求的探索與闡釋。就「寡欲」的含義及方法而
言，陽明繼承了孟子寡去「私欲」，認為「私欲」是正常欲求的過度
狀態，「私欲」會蔽昧「本心」之清明並造成現實問題，「本心」之
「思」是對治「私欲」的法寶，既可識別又可節制「私欲」，身、
「心」的密切聯繫是「本心」之「思」範導能力發揮作用的基礎的觀
點。從表達上看，王陽明延用了若干孟子提出的概念、命題，如「寡
欲」、「心之官則思」、「理義悅心」、「口之於味，同於易牙」等等。

　　除了繼承，通過明晰、完善、補白等三種方式，王陽明也對孟子
的「寡欲」工夫思想作了發展。明晰指將孟子「寡欲」工夫思想中暗
含的內容明白地分析出來。如對「寡欲」之「欲」的界定問題。孟子
提出「寡欲」，所寡的對象當然是過度的欲望，但孟子對此並未明確
加以說明。陽明則將之明晰化：「欲也者，非必聲色貨利外誘也，有
心之私皆欲也。」[25] 還說：「天理、人欲不並立。」[26] 陽明從內外兩方
面對「人欲」作了界定：聲色貨利等外誘與內心的私念，並用「人
欲」、「私欲」、「人心」、「人偽」等概念稱謂過度的欲望。又如如何針
對「私欲」的發萌做工夫的問題。孟子「寡欲」工夫思想中暗含著對

---

25 王守仁：〈答倫彥式〉，《王陽明全集》卷五，第204頁。
26 王守仁：〈傳習錄上〉，《王陽明全集》卷一，第8頁。

「私欲」的已發、未發之處理方法問題，但並未明確加以闡述，陽明則提出防於未萌，克於方萌的方法論述。完善指對孟子已經論述的「寡欲」工夫內容加以充實、豐富。如關於過度欲望的表現和特點問題。孟子提出不辨禮義而接受萬鐘、不由道而出仕、男子逾墻與女子私會等好利、好色「私欲」，陽明不僅承認好利、好名、好色等欲望為「私欲」，而且進一步指出基於這些欲望產生的閑思雜慮也是「私欲」。除此之外，情感、心態如處理不當也會產生「私欲」。「私欲」具有後天形成的特點，孟子「物交物」的論述已涉及到這一問題，陽明進一步提出「本心」、「良知」中本無「私欲」，後天形成的「私欲」不具實體性的觀點。又如關於身、「心」密切聯繫的問題。孟子主張身體是「本心」發用的載體，陽明進一步指出這種載體關係是主宰關係。補白指對孟子「寡欲」工夫相關內容的全新論述與說明。如陽明除孟子提出的「本心」之「思」外，還闡述了靜坐、省察克治、念念去人欲等工夫方法。由靜坐到省察克治揭示了「寡欲」工夫由表及裡、由易到難的過程性，念念不斷則強調了對工夫的不息要求。

　　概言之，王陽明和孟子皆正視欲望對於生存的重要性，二者反對的是過度的欲望。為此，兩人都探討了「私欲」的表現和對治方法問題。相較孟子，王陽明對「寡欲」工夫的論述更為細緻與全面，在孟子「寡欲」工夫思想的基礎上，作出了更具啟發意義的探索與論述。

二　「存心」與「存天理」

　　孟子認為，為使「本心」之清明得到彰顯，既可以通過寡去蔽昧「本心」之欲的「寡欲」工夫，也可以通過豁顯「本心」之德的「存心」工夫。對於「存心」，孟子既解釋了是什麼、為什麼，也說明了怎麼辦。下面展開具體介紹。

（一）「存心」的含義和必要性

「存心」之「心」指「四端之心」、「本心」、「良心」、「良知」、「良貴」，也即先驗地具足「仁義禮智」等道德原理之心。「存心」即存養、擴充這一人人同具的「本心」。孟子指出萬事萬物的存在、發展都需要條件的支撐，「故苟得其養，無物不長；苟失其養，無物不消。」（《孟子‧告子上》），「本心」、「良心」、「四端之心」也是這樣。雖然每個人都固有「良心」、「本心」，但如果不勤於存養，「良心」、「本心」就會被「私欲」遮蔽。孟子曾用茅草塞路比喻「本心」失去存養的後果：「山徑之蹊，間介然用之而成路；為間不用，則茅塞之矣。今茅塞子之心矣。」（《孟子‧盡心下》）山坡上的小蹊徑，如果經常被人走就會逐漸變成一條小路，短時間內沒人走，又會被茅草堵塞。「本心」如果不停地被存養，就會達致仁義不可勝用的境地，反之，就會像茅草塞路那樣被「私欲」蒙蔽、隱而不發。與之相應，主體的人格境界也呈現出不同的形態。常存養「本心」的是大人、君子，不知存養的則是小人甚或淪為人性尊嚴虛無的禽獸。所以，為了清明「本心」，為了擁有人性尊嚴，也為了實現理想人格，必須存養「本心」。

（二）「放失本心」的原因與「存養本心」的方法

「本心」具有兩種存在狀態：「放失」與「存養」。孟子曾說：「仁，人心也；義，人路也。舍其路而弗由，放其心而不知求，哀哉！人有雞犬放，則知求之；有放心，而不知求。」（《孟子‧告子上》）所謂「放心」，即未將「本心」之「仁義禮智」等道德原理落實到自己的日常生活。人們對於丟失的雞犬知道焦急地尋找，對於放失的「本心」卻無動於衷，孟子認為這是可悲的事。我們認為知曉「放心」的原因，能為尋找存養「本心」的方法提供一些線索，那麼，哪

些因素導致了「本心」的放失呢？一是受生物本能欲望與世俗功利欲望的影響。這種影響有時偏重個體條件，有時則偏重客觀條件。前文已言，欲望是感官、軀體、「本心」與外物、外境相交會緣起的產物，這些條件裡既有個體條件，也有客觀條件。「惰其四支，不顧父母之養」（《孟子・離婁下》），即個體四肢懶惰、好安佚造成「孝心」的放失。「富歲，子弟多賴；凶歲，子弟多暴」（《孟子・告子上》），則是「本心」受外在客觀年景的影響多一些。無論個體條件還是客觀條件，最終落腳點都是欲望的多寡。對普通大眾來說，無論多還是寡都易造成「本心」的放失，比如齊國那個在墓地乞求祭品而食並欺騙妻妾的人就是因欲望過多而放失「本心」之禮義廉恥；如果不重視大眾基本欲望的滿足也比較危險，「若民，則無恆產，因無恆心」（《孟子・梁惠王上》），民眾對道德原則、社會規範的遵循常以基本欲望的滿足為條件。基本欲求得不到滿足，也容易放失「本心」，從而做出違法亂紀之事。二是受思想學說的影響。墨家學派的夷之主張「愛無差等，施由親始」（《孟子・滕文公上》），孟子認為儒家「愛有差等」才是對的，有差等是「一本」，無差等是「二本」。「天生萬物，各由一本而出。今夷子以他人之親，與己親等，是為二本。」[27]萬物皆由一對父母所生，所以「愛有差等」，由雙親向外擴展，是「一本」；「愛無差等」將別人的父母等同自己的父母，親疏不分，是「二本」。「二本」則戕害了「本心」之「孝」。告子主張「生之謂性」（《孟子・告子上》），「以人性為仁義」（《孟子・告子上》）。換言之，告子認為人性是生而具有的中性材質，無善也無惡，仁義是對中性材質之人性進行後天加工的結果，就像杯棬是對杞柳進行加工的結果一樣。在孟子看來，「仁義禮智」不是「外鑠」而來，告子體認不到

---

27 焦循著，沈文倬點校：《孟子正義》，北京：中華書局，1987年，第404頁。

「性善」之人性情實，將仁義視為「外鑠」，這是「禍仁義」的行
為。夷之、告子等人的言論蠱惑人心，使大眾體認不到「本心」之實
有，從而造成「本心」之放失。三受社會倫理環境和風氣的影響。孟
子曾與宋國大夫戴不勝探討如何使君主向善的問題。孟子以學習語言
為例說明環境影響的重要性。楚國人學習齊國語言，如果他在楚國學
習，身邊只有一個教齊語的語言老師，周圍全是說楚語的人，「一齊
眾楚」，事倍功半；如果他在齊國學習齊語，數年之間就能講出流
利、地道的齊語，即使用鞭打的方式強迫他說楚語也難以做到。所
以，如果想讓宋王向善，應該使他身邊的人不論年齡大小、身份貴賤
都是像薛居州那樣的好人。因此，如果社會的倫理環境和風氣是向善
的，那麼民眾就不容易放失「本心」。概言之，欲望的多寡與滿足程
度、思想學說以及社會倫理環境是影響「本心」放失的重要因素。

　　從個體工夫修養的角度看，對於欲望，主體要能從價值上區分出
高低之別，也即道德欲求高於世俗功利和生物本能欲求；對於思想學
說，主體要能區別邪正，以成聖之道為學問追求；對於社會倫理環境
因素，要能常與善人，親善遠惡。三者的實施皆面臨動機、動力或志
向問題。因此，存養「本心」的根本方法是「立志」，主要包括「立
志」的重要性、「立乎其大」、「志至氣次」、「專心致志」等內容。首
先，需要明白「立志」的重要性。孟子指出「立志」是在各行業有所
成就的根基。射箭雖是小技藝，也需要「立志」：「羿之教人射，必志
於彀。」（《孟子・告子上》）「學者亦必志於彀」（《孟子・告子上》），
這當然是類比性說明，即強調學習聖人之道也要「立志」。對於士來
說，也要重視「立志」：齊王之子墊向孟子請教士的事業是什麼，孟
子答以「尚志」（《孟子・盡心上》）。「尚志」即貴志、高尚志向，也
包含「立志」之義。雖然「立志」的具體內容不同，但在堅定意志上
各行業具有共同點，都需要認識到「立志」的重要性。

其次，「立乎其大」。就提升個體道德品質而言，「立志」的內容是「先立乎其大者」（《孟子・告子上》）。由於生物本能欲望是生存的基本條件，世俗功利欲望能給人帶來可觀的利益，所以世人常常認為人生最重要的追求莫過於對兩者的實現。既然兩者是人生最重要的追求，那麼為實現兩者的最大化無所不用其極似乎也具有了某種合法性。孟子將這種對耳目之欲和世俗之欲的熱切追求稱之為「從其小體」（《孟子・告子上》）。「所欲有甚於生者，所惡有甚於死者。非獨賢者有是心也，人皆有之，賢者能勿喪耳。」（《孟子・告子上》）生死是人生的重大利益，但在賢者的價值觀中，有比求生更值得追求的東西──存養「本心」，也有比死亡更可惡的存在──放失「本心」，賢者能夠存養、擴充「本心」，一般人則否。孟子將這種對「本心」的人文性高級欲望的追求稱之為「從其大體」（《孟子・告子上》）。因此，明乎「大體」、「小體」之分才能「立乎其大」。「體有貴賤，有小大。無以小害大，無以賤害貴。」（《孟子・告子上》）小大、貴賤之別普遍存在，如就身體而言，一根手指相對肩背來說為小、為賤，肩背相對一根手指為大、為貴。如果只知重視、保養一指卻忽視肩背，就是以小害大，以賤害貴。又如「口腹有饑渴之害」（《孟子・盡心上》），「人心亦皆有害」（《孟子・盡心上》），口腹之害為小、為賤，人心之害為大、為貴。再如有人無名指彎曲不能伸直，即使不痛不癢不妨礙做事，如果知道有醫者能夠醫治它，秦、楚之遠的路程也不能使他放棄求醫的意願。手指不如人為小、為賤，「本心」不如人為大、為貴。孟子將輕重不分，迷於小大之辨的人稱為「不知類」（《孟子・告子上》）。綜合以上三個例子可知，孟子所說的「小體」指身體以及隨之而來的生理、世俗欲望，「大體」指「本心」以及隨之而來的理義欲求，簡言之，「賤而小者，口腹也；貴而大者，心志也。」[28]

---

28 朱熹：《四書章句集注》，北京：中華書局，1983年，第334頁。

因此，「立乎其大」就是明白「本心」是生命最重要、最珍貴的部分，對「本心」的存養高於其他任何追求，要將存養「本心」立為最堅定的志向。

再次，「志」至「氣」次。在「立志」問題上還要注意「志」與「氣」的相互關係問題。「夫志，氣之帥也；氣，體之充也。夫志至焉，氣次焉；故曰：『持其志，無暴其氣。』」（《孟子·公孫丑上》）這裡的「氣」有學者將之解釋為「構成生命肉體的物質材料」[29]，也有學者理解為「自然生理的『血氣』」[30]，總之，該「氣」不具有道德意涵，是感性之氣。心志是感性之氣的主宰，感性之氣則是構成身體的質料。孟子主張在「持志」的同時謹防「暴氣」，因為雖然「志」為「氣」帥，但「氣」也並非完全處於被動地位，「志壹則動氣，氣壹則動志也。今夫蹶者趨者，是氣也，而反動其心。」（《孟子·公孫丑上》）朱熹對此的解釋為：「志之所向專一，則氣固從之；然氣之所在專一，則志亦反為之動。如人顛躓趨走，則氣專在是而反動其心焉。」[31]心志專一時，「氣」會相從而動；「氣」動專一時，「志」也會受到擾動。人在快速奔跑時需要集中運「氣」，如果突然撲倒，「心」也會受到驚嚇，這就是「氣」反動其「心」。正如俞樾所說：「蓋人之疾趨而行，氣使之也，而至於顛蹶，則無不動心矣。」[32]因此，「立志」時也要注意「心」對「氣」的導正以及「氣」對「心」的影響問題。

最後，專心致志。孟子指出「存心」要達到專心致志的程度。下棋雖是小技藝，若不專心致志也無法學有所得，更不要說「存心」這種提升生命品質的修養工夫了。

29　李存山：《中國氣論探源與發微》，北京：中國社會科學出版社，1990年，第108頁。
30　黃俊傑：《孟子》，北京：生活·讀書·新知三聯書店，2013年，第52頁。
31　朱熹：《四書章句集注》，北京：中華書局，1983年，第231頁。
32　俞樾：《古書疑義舉例》，上海：上海古籍出版社，2007年，第12頁。

在「立志」的基礎上，主體就能在面對「私欲」時不被引誘而陷溺，在面對偏頗之說時不被蠱惑而信從，在面對不好的外在社會風氣時不被染污而同化。「立志」是根基，為「存心」提供充足的動力。除「立志」外，「存心」工夫還需要注意兩對結合：漸進與持續相結合以及改過與知恥相結合。

漸進與持續相結合指「存心」工夫需要循序漸進、鍥而不捨。公孫丑曾向孟子提出自己的疑問：「道則高矣，美矣，宜若登天然，似不可及也；何不使彼為可幾及而日孳孳也？」（《孟子‧盡心上》）聖人之道雖然高明、美好，卻像登天一樣遙不可及，為什麼不把大道變得易於學習從而使人每天努力追求呢？孟子說：「大匠不為拙工改廢繩墨，羿不為拙射變其彀率。君子引而不發，躍如也。中道而立，能者從之。」（《孟子‧盡心上》）高明的工匠不會為笨拙的學徒改廢繩墨，後羿不為新手拙射者改變對彀率的要求。教法可以變通，標準不能降低。大道和小技都有其固有的標準和要求，小技尚且不能降低要求，更何況成聖的「存心」工夫？！因此，學者必須有努力做工夫的自覺。孟子用泉水、掘井等象喻和「熟仁」說來闡釋「存心」工夫的循序漸進與鍥而不捨。「源泉混混，不舍晝夜，盈科而後進，放乎四海。」（《孟子‧離婁下》）有源的泉水滾滾流淌，晝夜不息、盈坎而進，直至匯入大海。盈坎而進即循序漸進，晝夜不息即鍥而不捨。「有為者辟若掘井，掘井九軔而不及泉，猶為棄井也。」（《孟子‧盡心上》）掘井需要一尺一尺地挖，此為循序漸進；沒出泉水之前，挖得再深都相當於一口棄井，此告誡學者做工夫必須鍥而不捨，不能半途而廢。「夫仁，亦在乎熟之而已矣。」「仁」是「本心」的道德原則，「熟仁」[33]即以「仁」存養「本心」至不可勝用的境地。為達此境，當

---

33 關於「熟仁」說具體內涵的探討，可參見楊建祥：〈孟子「熟仁」之考辨〉，《孔子研究》2009年第6期。

然需要循序漸進、鍥而不捨，正如尹氏所說：「日新而不已則熟。」[34]

改過與知恥相結合指「存心」工夫需要聞過則改、見賢思齊。孟子認為應該以積極的心態面對過錯，「子路，人告之以有過，則喜。」（《孟子·公孫丑上》）改過需要先意識到過錯，要麼自己發現，要麼被別人告知。子路聞過則喜表明在「存心」過程中需要對自己的過錯抱持開放的心態，既不掩飾，也不逃避，而是直面過錯，然後加以改正。「人恆過，然後能改」（《孟子·告子下》），對於普通人來說，改過是一個過程，往往在多次犯錯之後才能真正改正錯誤。在這種反復的過程中，既不能因為屢次犯錯而喪失信心、放任自流，也不能過於急躁、要求過高。子路能夠聞過則喜，普通人常常聞過則氣，之所以有這樣的反差，原因在於修養層次有異。榜樣自帶感召力：「聞伯夷之風者，頑夫廉，懦夫有立志。」（《孟子·萬章下》）伯夷是「聖之清者」（《孟子·萬章下》），他的風度、氣節能使貪者趨廉，懦者生勇。故而，普通人需要見賢思齊，借助榜樣的力量。見賢思齊以知恥之心為前提。孟子說：「恥之於人大矣……不恥不若人，何若人有？」（《孟子·盡心上》）羞恥心對個體的進步具有重要價值，不對不如人感到羞恥，怎能見賢思齊？羞恥心的最高境界是「終身之憂」：「舜，人也；我，亦人也。舜為法於天下，可傳於後世，我由未免為鄉人也，是則可憂也。憂之如何？如舜而已矣。」（《孟子·離婁下》）同樣是人，大舜是天下人的榜樣，名聲傳於後世，「我」尚為普通人，這是值得終身憂慮的事。解決憂慮的最好辦法就是竭盡全力向大舜學習。

以上從「存心」的含義和必要性，「放心」的原因和「存心」的方法等四個方面介紹了孟子的「存心」工夫論。「天理」一詞「始用於《莊子》和〈樂記〉，但使它成為哲學上重要觀念的，是宋儒，尤

---

34 朱熹：《四書章句集注》，北京：中華書局，1983年，第337頁。

以朱熹發揮最多」[35]。《莊子》中的「天理」是道家強調的「自然」義，沒有道德意味。《禮記・樂記》首先在道德層面使用「天理」，並將之與「人欲」成對使用，以凸顯理、欲之辨。這一思想被宋儒繼承，張載、二程、朱熹等人皆對此有所討論。王陽明延續了宋儒的話題，將孟子的「存心」說繼承並發展為「存天理」說，陽明認為「心即理」，所以「存心」即「存天理」。下面對王陽明的「存天理」工夫論展開論述。

（一）「存天理」的含義與必要性

王陽明認為：「心即理也。此心無私欲之蔽，即是天理⋯⋯以此純乎天理之心，發之事父便是孝，發之事君便是忠，發之交友治民便是信與仁。」[36]「天理」即「本心」無私欲遮蔽的狀態，它具足眾理，應事而發，如事父時發為孝理，交友時發為信理，治民時發為仁理。「存天理」即使「本心」之發純乎「天理」，沒有私欲間雜，從而使事事物物皆符合道德原則和規範。為什麼要「存天理」呢？首先，「天理」是人禽之分的根據：「忍心害理，何者不為？若違了天理，便與禽獸無異。」[37]遵循「天理」、「存天理」才是為人處事之道，違背「天理」、傷害「天理」則墮入禽獸之道。其次，「存天理」是提升人格形態與境界的方法：「學者學聖人，不過是去人欲而存天理耳。」[38]所謂成就聖賢人格和境界，就是「存天理」而已。再次，保持「本心」清明的需要。理、欲統一於「心」，「心」正是「道心」，不正則是「人心」。換言之，「人欲肆而天理亡」[39]，不「存天理」，「心」馬上就會

---

35 韋政通：《中國哲學辭典》，長春：吉林出版公司，2009年，第107頁。

36 王守仁：〈傳習錄上〉，《王陽明全集》卷一，第3頁。

37 王守仁：〈傳習錄下〉，《王陽明全集》卷三，第117頁。

38 王守仁：〈傳習錄上〉，《王陽明全集》卷一，第32頁。

39 王守仁：〈親民堂記〉，《王陽明全集》卷七，第280頁。

被私欲遮蔽。因此，為了人性的顯發，為了「本心」的清明，為了人格形態與境界的提升，必須「存天理」。

（二）「蔽昧天理」的因素與「存養天理」的方法

「存天理」從字面意思上理解即存養「天理」，似乎沒有什麼高深、奇妙的方法。正面如果不好突破的話，還是採取迂迴策略，從反面尋求幫助——探究造成「天理」蔽昧的因素。在此之前，先簡要澄清一些概念，陽明說：「程子所謂腔子，亦只是天理而已。雖終日應酬而不出天理，即是在腔子裡。若出天理，斯謂之放，斯謂之亡。」[40]按照陽明的說法，終日遵循「天理」應酬世事可稱之為「存天理」，反之，如果違反或者沒有完全依循「天理」，則可稱之為「放天理」、「亡天理」。可以看出，這種命名方式明顯繼承自孟子的「存心」、「放心」概念。下文相關部分的討論將進一步指出，陽明在思想上對孟子「存心」工夫論的繼承與發展。這裡接續上文，繼續討論「亡天理」的因素。其一是欲望的量度。欲望要符合「天理」之分限，過與不及都會使「天理」不得其正。情感是欲求之一，陽明強調「大抵七情所感，多只是過，少不及者。才過便非心之本體，必須調停適中始得。」[41]比如喪禮上的悲傷之情，悲傷至量厥是失去本性的表現，在喪禮上談笑自若則是孝心不足的表現。「善惡皆天理。謂之惡者本非惡，但於本性上過與不及之間耳」[42]。過與不及皆會使「天理」失其正。從聲色貨利等欲望上看，「聲色之私有以眩吾中，貨利之私有以撼吾中。」[43]「中」即「天理」，「私」指欲望的過度。總之，欲望的

---

40 王守仁：〈傳習錄上〉，《王陽明全集》卷一，第20頁。
41 王守仁：〈傳習錄上〉，《王陽明全集》卷一，第19頁。
42 王守仁：〈傳習錄下〉，《王陽明全集》卷三，第110頁。
43 王守仁：〈君子中立而不倚〉，《王陽明全集補編（增補本）》，第71頁。

量度是影響「天理」顯發的因素之一。

其二，學術不明也會蔽昧「天理」。陽明所處的時代，儒、釋、道三家皆在社會上擁有一定的學者群體。儒家學派的主流是朱子學，朱子強調「格物窮理」，陽明認為這種為學進路「不務去天理上著工夫，徒弊精竭力，從冊子上鑽研，名物上考索，形跡上比擬，知識愈廣而人欲愈滋，才力愈多而天理愈蔽。」[44]朱子的「格物」說於探究知識不無裨益，但「天理」不是知識，「天理」也不產生於書冊、名物、形跡中。朱子的「格物」說不僅無助於「天理」的清明，反使儒家學者群體形成知識、才力等同「天理」的錯誤認識，從而造成「天理」的蔽昧。佛、道兩家的學說也對「天理」、「心之本體」有蔽礙：「仙家說虛，從養生上來；佛氏說無，從出離生死苦海上來：卻於本體上加卻這些子意思在，便不是他虛無的本色了，便於本體有障礙。」[45]「天理」作為「心之本體」具有虛、無的本色，佛家從離苦得樂上談「無」，道家從養生上說「虛」，皆為「天理」的虛、無本色添了障礙，使人無法體認「天理」的本真情態。因此，不明之學術也是障蔽「天理」的因素。

其三，社會風氣和團體學術環境也會對「天理」之隱顯產生影響。正德四年（1509）十二月，王陽明奉旨離開龍場前往江西擔任廬陵知縣，到任之後，陽明發現廬陵人民健訟成風，且孝悌觀念澆薄。有人為了蠅頭小利、一己小忿，「憑空架捏」訟詞，既無誠信之念也無寬忍之德。面對災疫流行，有些民眾由於害怕被傳染，甚至出現骨肉至親不相顧療，病人饑餓而死的局面。生活在這樣的社會風氣中當然不利於「天理」的豁顯。故陽明說：「今日風俗益偷，人心日以淪

---

44 王守仁：〈傳習錄上〉，《王陽明全集》卷一，第32頁。
45 王守仁：〈傳習錄下〉，《王陽明全集》卷三，第121頁。

溺。」[46]社會風氣是大環境,作為小環境的團體學術氛圍也不可忽視。王陽明認為自己在與友朋的切磋中受益良多:「吾平生氣質極下,幸未至於大壞極敗,自謂得於扶持之力為多。古人蓬麻之喻,不誣也。……最可因石川以求直諒多聞之友,相與講習討論,惟日孜孜於此,而不暇及於其他,正所謂置之莊岳之間,雖求其楚,不可得矣。」[47]在以親身經歷證明蓬麻之喻真理性的同時,陽明鼓勵諸弟多交接「直諒多聞」之友相與講習,他指出處在良好的學術環境中,就像讓楚人生活在齊國學習齊語,必將事半功倍。因此,學術團體的講習氛圍也是影響「天理」的因素。

為使欲望保持在合理區間,需要「天理」掌控欲望的生發,掌控意味著儒者需要強大的意志力;為了不被偏頗之說帶入歧途,儒家學者需要投身於真正的成聖之學,抱有專一與堅定的志向;對於不良社會風氣與團體學術氛圍,儒者若想潔身自好、反身向善也需要堅韌的意志力。換言之,「立志」是對治「蔽昧天理」三因素的方法,也是「存養天理」的前提條件。正如王陽明所說:「世間無志之人,既已見驅於聲利詞章之習,間有知得自己性分當求者,又被一種似是而非之學兜絆羈縻,終身不得出頭。……是以雖在豪傑之士,而任重道遠,志稍不力,即且安頓其中者多矣。」[48]所以,「存天理」的根本方法在於「立志」。

首先,主體需要認識到「立志」的重要性。第一,「志」為學本。王陽明指出「立志」是百工技藝之本:「志不立,天下無可成之事,雖百工技藝,未有不本於志者。」[49]具體來看,「天下之人,志輪

---

46 王守仁:〈書顧惟賢卷〉,《王陽明全集》卷八,第306頁。

47 王守仁:〈與弟書〉,《王陽明全集補編(增補本)》,第142頁。

48 王守仁:〈寄鄒謙之〉,《王陽明全集》卷六,第224頁。

49 王守仁:〈教條示龍場諸生〉,《王陽明全集》卷二十六,第1073頁。

而輪焉，志裘而裘焉，志巫醫而巫醫焉，志其事而弗成者，吾未之見也。」[50]衣、食、住、行、健康等各行從業人員皆因「立志」而學有所成。所以，「夫學，莫先於立志。志之不立，猶不種其根而徒事培擁灌溉，勞苦無成矣。」[51]「志」是事業之根，志不立而從事於學就像不種根而徒然培土、澆水，勞而無功。從事聖人之學必定先「立志」，「立志而聖，則聖矣；立志而賢，則賢矣。」[52]從正面看，「立志」是為學的起點和根基；從反面看，「立志」能使人超拔於偏學而歸本正學。陽明認為當時的俗儒熱衷於章句、訓詁之學，他們熟習此道而胸有自信，條目井然又足以自安，「此其所以誑己誑人，終身沒溺而不悟焉耳！……非誠有求為聖人之志而從事於惟精惟一之學者，莫能得其受病之源而發其神奸之所由伏也。」似是而非的自信與自安使俗儒自以為從事於聖人之學，實際卻是誑己誑人，沒溺終身而無由醒悟。陽明慨嘆自己幸而誠立求聖之志，得悟受病之源，超脫於偏學之溺而從事於正學。第二，「質」需「志」成。陽明指出人雖有「美質」，但如果沒有成聖之志，也不能成就聖賢人格。「今時友朋，美質不無，而有志者絕少。謂聖賢不復可冀，所視以為準的者，不過建功名，炫耀一時，以駭愚夫俗子之觀聽。」[53]由於沒有成聖之志，故而將「美質」用於追求功名利祿，顯耀一時，成為愚夫俗子之偶像。張儀、蘇秦就是這樣的人：「蘇秦、張儀之智也，是聖人之資。……儀、秦亦是窺見得良知妙用處，但用之於不善爾。」[54]蘇秦、張儀之智力本是成聖的資具，但因二人未立成聖之志，所以將智力用來揣摩人情，只成就了霸者的學問。

---

50 王守仁：〈贈林以吉歸省序〉，《王陽明全集》卷七，第253-254頁。

51 王守仁：〈示弟立志說〉，《王陽明全集》卷七，第289頁。

52 王守仁：〈教條示龍場諸生〉，《王陽明全集》卷二十六，第1073頁。

53 王守仁：〈寄張世文〉，《王陽明全集》卷二十七，第1103頁。

54 王守仁：〈傳習錄下〉，《王陽明全集》卷三，第130頁。

其次，「從真克私」。立成聖之志是為學之本已確然無疑，那麼作為心之所之的「志」，其內容是什麼呢？陽明說：「只要念念存天理，即是立志。」[55]換言之，「天理」是「志」的內容。為了加以強調，陽明又用「真我」、「真吾」、「真己」稱謂「天理」。在這裡，孟子提出的「立乎其大」命題以「從真克私」的新面目再次展現出來。「世之人從其名之好也，而競以相高；從其利之好也，而貪以相取；從其心意耳目之好也，而詐以相欺；亦皆自以為從吾所好矣。而豈知吾之所謂真吾者乎！夫吾之所謂真吾者，良知之謂也。……名利物欲之好，私吾之好也，天下之所惡也；良知之好，真吾之好也，天下之所同好也。是故從私吾之好，則天下之人皆惡之矣，將心勞日拙而憂苦終身，是之謂物之役。」[56]「立志」即從吾所好，但需要明白真私之辨。「真吾」是「良知」、「天理」，「私吾」是耳目、軀體。父慈子孝等道德原則為「真吾」之好，食色名利等物欲為「私吾」之好。從吾所好是從「良知」、「天理」之好，而非耳目、軀體之好。「真吾」之好是天下之同好，極度追求「私吾」之好則會招來天下人的厭惡，因此，必須「從真克私」。

「真我」又叫「真己」，「私吾」又稱「軀殼的己」：「這心之本體，原只是個天理，原無非禮，這個便是汝之真己。這個真己，是軀殼的主宰。若無真己，便無軀殼，真是有之即生，無之即死。」[57]「真己」是「軀殼的己」的主宰，所謂主宰，主要體現在「能」上：「所謂汝心，卻是那能視聽言動的，這個便是性，便是天理。」[58]「軀殼的己」之視聽言動和欲求之動力源泉在「真己」、「天理」，所

---

55 王守仁：〈傳習錄上〉，《王陽明全集》卷一，第13頁。

56 王守仁：〈從吾道人記〉，《王陽明全集》卷七，第278-279頁。

57 王守仁：〈傳習錄上〉，《王陽明全集》卷一，第41頁。

58 王守仁：〈傳習錄上〉，《王陽明全集》卷一，第41頁。

以陽明說有「真己」才有「軀殼的己」之活動。在此意義上，養德、養身具有統一性：「大抵養德養身，只是一事。原靜所云『真我』者，果能戒謹不睹，恐懼不聞，而專志於是，則神住氣住精住，而仙家所謂長生久視之說，亦在其中矣。」[59]如果「私己」之視聽言動皆遵循「真己」之範導，就不會有閑思雜慮以及不適宜的欲望，精氣神就不會被無故損耗，從而達到養生的效果。總之，「從真克私」意味著「真己」、「天理」是志向所在，真、私的本然關係是「真己」主宰「私己」，如果能落實為現實工夫，則會達到養德、養身相統一的效果。

再次，專心致志。「立志」的內容就是「存天理」，但在實際生活中，人的興趣往往是多方面的，也容易被新奇、有趣的東西吸引，這就出現志向的多樣化表達。陽明認為需要理性對待志向的多樣化，必須分清主次、專心致志。其一，「立志」貴專一。「樹初生時，便抽繁枝，亦須刊落，然後根幹能大。初學時亦然，故立志貴專一。」[60]樹苗剛抽枝發芽時，需要將生發的繁枝修剪掉，這樣才能枝粗身直，長成可用的大樹。為學也一樣，「立志」之初需要立定專一成聖之志，才能獲得全情投入。故陽明告誡玄默說：「玄默志於道矣，而猶有詩文之好，何耶？弈，小技也，不專心致志則不得，況君子之求道，而可分情於他好乎？」[61]同孟子一樣，陽明也認為既然學習圍棋這種小技藝都需要專心致志，求道更不可分心於他好。

值得注意的是，王陽明並非主張禁止學習琴、棋、書、畫等生活技藝，而是強調分清主次、本末關係。「存天理」之志是主、是本，其他技藝是次、是末。比如就辭章與進德的關係而言，「德，猶根也，言，猶枝葉也。根之不植，而徒以枝葉為者，吾未見其能生

---

59 王守仁：〈與陸原靜〉，《王陽明全集》卷五，第208-209頁。

60 王守仁：〈傳習錄上〉，《王陽明全集》卷一，第37頁。

61 王守仁：〈書玄默卷〉，《王陽明全集》卷八，第304-305頁。

也。」[62]「德」是言之根本，言是「德」之派生物，「德」盛則言自生。又如就《論語》「志於道」一章而言。陽明解釋說就像蓋房子，「志於道」是立定擇地選材、營造區宅的念頭，「據於德」是完成設計、建造，「依於仁」是常住在內，「游於藝」是買些字畫美化、裝點房間。「藝者，義也，理之所宜者也，如誦詩、讀書、彈琴、習射之類，皆所以調習此心，使之熟於道也。苟不『志道』而『游藝』，卻如無狀小子；不先去置造區宅，只管要去買畫掛做門面，不知將掛在何處？」[63]誦詩、讀書、彈琴、習射等技藝就像買來裝飾門面的字畫，「存天理」之志就如置造院宅，沒有院宅，字畫無落腳之地，不以「存天理」之志為主志，其他志向達不到調習「本心」的效果。

其二，「立志」貴熟。如上所言，琴棋書畫等技藝的作用在於調習「本心」，使主體「熟於道」，換言之，「立志」貴熟。陽明以播種作喻：「夫志猶種也，學問思辯而篤行之，是耕耨灌溉以求於有秋也。志之弗端，是稂莠也。志端矣，而功之弗繼，是五穀之弗熟，弗如稂莠也。」[64]志向如種，不端正之志如稂莠之種，端正之志如五穀之種。播在土裡的種子需要耕耨、灌溉，立定的志向需要學、問、思、辨、篤行之功加以實現。端正之志不加「熟志」之功就像不為播下的五穀種子鋤草、施肥、灌溉，這樣五穀的種子就不會抽穗結實，而不結穗的五穀種子比不上經過耕耨灌溉之功後結穗之稂莠種子。怎樣通過學、問、思、辨等工夫「熟志」呢？陽明說：「使在我果無功利之心，雖錢穀兵甲，搬柴運水，何往而非實學？何事而非天理？況子、史、詩、文之類乎？使在我尚存功利之心，則雖日談道德仁義，

62　王守仁：〈書玄默卷〉，《王陽明全集》卷八，第305頁。

63　王守仁：〈傳習錄下〉，《王陽明全集》卷三，第113頁。

64　王守仁：〈贈郭善甫歸省序〉，《王陽明全集》卷七，第265頁。

亦只是功利之事，況子、史、詩、文之類乎？」[65]無功利之心即「存天理」，將「存天理」運用到錢谷、兵甲、搬柴、運水、子、史、詩、文等日常事為中就是「熟志」工夫。因此，「熟志」並非什麼高深莫測的學問，而是踏踏實實將「存天理」落實到時時處處的樸素實學。

最後，「志」至「氣」次。和孟子一樣，王陽明也討論了「志」、「氣」關係。他認為「志」為「氣」之帥：「夫志，氣之帥也，人之命也，木之根也，水之源也。源不濬則流息，根不植則木枯，命不續則人死，志不立則氣昏。」[66]「志」對於「氣」就像根之於樹，源之於流，是「氣」的主宰，所以「志」立則「氣」清，「志」弱則「氣」昏。故「講論道德，涵泳義理，以培養本原，開發志意。則耳目日以聰明，血氣日以和暢」[67]。講論道德即開發志意，志意日明則血氣日漸和暢。「氣」對「志」也有影響。這裡的「氣」指感性質料之氣，陽明認為五穀、禽獸能給人提供營養，藥石能夠治療疾病，原因在於天地萬物皆稟同一種質料之氣生成：「只為同此一氣，故能相通耳。」[68]「氣」有清濁，清濁不同，障蔽也不同。障蔽厚者，需要比別人下更多的工夫來「立志」，「故凡學者為習所移，氣所勝，則惟務痛懲其志。久則志亦漸立。志立而習氣漸消」[69]。被習氣所左右時，需要痛下「立志」工夫，時久之後，志向逐漸確立，習氣也漸漸消散。「氣」的突發動盪也容易擾動「志」之本然狀態，「顛躓於倉卒不備之際，向之所謂中者，不旋踵而已失之矣」[70]。普通人在倉促之間顛躓、撲倒時常不免「氣」亂「心」驚，「心」驚即陽明所說的

65 王守仁：〈與陸原靜〉，《王陽明全集》卷四，第186頁。
66 王守仁：〈示弟立志說〉，《王陽明全集》卷七，第290頁。
67 王守仁：〈自劾不職以明聖治事疏〉，《王陽明全集》卷二十八，第1119頁。
68 王守仁：〈傳習錄下〉，《王陽明全集》卷三，第122頁。
69 王守仁：〈與克彰太叔〉，《王陽明全集》卷二十六，第1083頁。
70 王守仁：〈君子中立而不倚〉，《王陽明全集補編（增補本）》，第71頁。

「失中」，也即心志被驚擾。因此，陽明主張，「『持其志』則養氣在其中，『無暴其氣』則亦持其志矣」[71]。

「志」被王陽明理解為「本心」、「天理」之所向，在此意義上，「立志」就是「存天理」，只不過是從「志向」的角度闡釋如何「存天理」。跳出「志向」的角度，在「立志」之功之外，「存天理」還需要注意處理漸進與持續、改過與知恥兩對關係。

「存天理」的目標是成聖成賢，那麼為了吸引來學者，聖人之道可不可以「降而自卑」，賢人之言能不能「引而自高」呢？[72]王陽明認為這種出於良好動機的權變行為看似合理實際卻是作偽：「聖人如天，無往而非天，三光之上天也，九地之下亦天也，天何嘗有降而自卑？此所謂『大而化之』也。賢人如山岳，守其高而已。然百仞者不能引而為千仞，千仞者不能引而為萬仞。是賢人未嘗引而自高也，引而自高則偽矣。」[73]聖人已達同天之境，蒼天無所不覆，日月星之上，九地之下都在天的覆蓋範圍內，所以聖人不需「降而自卑」。賢人之境如山岳，如實表現自己的高度就可以，就像百仞之山不可能偽裝成千仞，千仞之山也不能引為萬仞。賢人如果「引而自高」，很容易被人發現作偽。這段話表明「存天理」的工夫境界自有其客觀軌轍，既不能被人為拔高，也不能被刻意降低。這要求學者在「存天理」時必須老實本分、循序漸進、鍥而不捨，也即將漸進與持續相結合。陽明說：「各人著自己力量精神，只在此心純天理上用功」[74]，「於此天理之精微日見一日」[75]。循序漸進「存天理」即就著自己的主觀條件──力量、精神用功，在日用常行中對天理之精微體驗日

---

71 王守仁：〈傳習錄上〉，《王陽明全集》卷一，第25頁。

72 王守仁：〈傳習錄上〉，《王陽明全集》卷一，第26頁。

73 王守仁：〈傳習錄上〉，《王陽明全集》卷一，第26頁。

74 王守仁：〈傳習錄上〉，《王陽明全集》卷一，第35-36頁。

75 王守仁：〈傳習錄上〉，《王陽明全集》卷一，第23頁。

深。循序漸進不能一曝十寒，必須鍥而不捨、久久為功：「此天理之念常存，馴至於美大聖神。」[76]鍥而不捨「存天理」即保持「存養天理」的念頭不間斷，直至美、大、聖、神之境為止。總之，「勿以其有所未至者為聖賢之諱，而以其常懷不滿者為聖賢之心」[77]，不要因為「存天理」之功有未至處就避諱、作偽，而要在「存天理」的過程中常懷不自滿的成賢作聖之心。

「存天理」的過程中難免會遇到犯錯和迷茫的問題，這時該怎麼辦呢？王陽明認為過錯普遍存在，人不貴無過，貴在改過。聖賢之所以為聖賢不在於不犯錯，而在於能及時改過，改過是聖賢之學的重要內容：「勿以無過為聖賢之高，而以改過為聖賢之學。」[78]以被後世視為聖人的歷史人物為例，「成湯、孔子，大聖也，亦惟曰『改過不吝，可以無大過』而已」[79]，成湯、孔子也只以不吝改過而無大過為追求。至於俗語所說的「人非堯舜，孰能無過」，王陽明指出這句話是對堯、舜之為聖賢的誤解。堯、舜十六字心傳已經指出「人心惟危」，「危」即過的意思，他們也承認自己會犯錯，但他們能通過「惟精惟一」、「存天理」的工夫改過。堯、舜之「過」心與凡人同，其「本心」也與世人同：「本心之明，皎如白日，無有有過而不自知者，但患不能改耳。一念改過，當時即得本心。」[80]「本心」固有明覺之知，有過即知，只怕憚於改過，一念改過，「本心」立得，「天理」立存。所以，「無過」不是指不犯過錯，而是指能時時改過。「存天理」過程中也會有迷茫的時候，既然改過可以向堯、舜看齊，因而迷茫也可以向堯、

76 王守仁：〈傳習錄上〉，《王陽明全集》卷一，第13頁。
77 王守仁：〈語錄〉，《王陽明全集補編（增補本）》，第474頁。
78 王守仁：〈語錄〉，《王陽明全集補編（增補本）》，第474頁。
79 王守仁：〈寄諸弟〉，《王陽明全集》卷四，第193頁。
80 王守仁：〈寄諸弟〉，《王陽明全集》卷四，第193頁。

舜等榜樣看齊，也即知恥。「顏淵曰：『舜何？人也；予何？人也。有
為者亦若是。』夫為夫子之鄉人，苟未能如昔人焉，而不恥不若，又
不知所以自勉，是自暴自棄也，其名曰不肖。」[81]顏淵在千年之前發
出向大舜看齊的慨嘆，王陽明在千年之後發出不能自暴自棄的警告。
自暴自棄是不恥不若、固步自封、不知自勉的表現，可稱之為「不
肖」。安處「不肖」之地實在是一種悲哀：「此身可以為堯、舜，參天
地，而自期若此，不亦可哀也乎？」[82]因此，若要破除迷茫和停滯狀
態，必須以古聖先賢為榜樣自我激勵。所以陽明說：「嗚呼小子，曾
不知警！堯詎未聖，猶日兢兢。」[83]

　　如上從「存天理」的含義和必要性，「亡天理」的原因和「存天
理」的方法等方面介紹了王陽明的「存天理」工夫論思想。那麼，王
陽明的「存天理」說對孟子的「存心」說作出了怎樣的繼承與發展呢？

　　王陽明的「存天理」說在必要性、影響「本心」的因素、「立
志」工夫、漸進與持續工夫、知恥與改過工夫等方面繼承了孟子的
「存心」說。就必要性而言，陽明同孟子一樣認為保持「本心」之清
明、維護人性之尊嚴、提升人格之境界與形態是存養工夫的必要性所
在。如兩人皆主張「本心」本自悅理義，以理義存養「本心」就像以
飲食滋養身體，存養工夫使「本心」保持清明、作主；又如人禽之別
在於人性具有道德內容，存養工夫能使人成就為人；再如人性實踐表
現在人格方面具有形態與境界的不同，存養工夫能夠提升人格形態與
境界。就影響「本心」的因素而言，陽明同孟子一樣，將之歸結為欲
望之過與不及、學術之不明、社會倫理環境等三方面因素。他認為
「本心」或「天理」的放亡與欲望的滿足程度密切相關，過度與不及

81　王守仁：〈山東鄉試錄序〉，《王陽明全集》卷二十二，第925頁。
82　王守仁：〈寄張世文〉，《王陽明全集》卷二十七，第1103頁。
83　王守仁：〈書四箴贈別白貞夫〉，《王陽明全集補編（增補本）》，第146頁。

都將產生不良影響；學術之不明常使人體認不到「本心」或「天理」之實存，更遑論實踐於日用常行；社會倫理環境對人具有潛移默化的影響，良好的環境有利於「本心」或「天理」的豁顯，反之，則有阻礙效果。就「立志」工夫而言，陽明延續了孟子從「立志」之重要性、「專心致志」、「志至氣次」、「貴賤之別」等方面闡釋「立志」工夫的思路，並在內容上與孟子的思想高度重合。如「立志」之重要性表現在它是成就百工技藝之本，所以存養「本心」以成聖的工夫也需要立志。又如「專心致志」。孟、王皆用學習圍棋需要專心致志來類比論證專心致志對存養工夫的不可或缺。再如「志至氣次」。孟、王皆認為「志」為「氣」之主宰，同時「氣」對「志」存在反作用，所以「持志」的同時須謹防「暴氣」。最後，「貴賤之別」。「貴賤之別」是兩人共議的話題，用的概念雖有所不同，但觀點一致。孟子提出大體、小體之辨，並主張「先立乎其大」。陽明對此表示贊同，並提出真己、私己之辨，主張「從真吾之所好」。就「存天理」過程中的漸進與持續結合而言，孟、王都認為大道存在固有的標準和高度，所以需要漸進與持續用功，皆運用了水流「盈科而進」的比喻加以論證。就「存天理」過程中的改過與知恥而言，兩者皆主張聞過則喜，直面過錯並勇於改過，同時提出，應該以舜等古聖人為榜樣，以不若古聖為恥，從而激勵自己踐行存養工夫。就王陽明對《孟子》的引用而言，王陽明在論述相關問題時引用了不少《孟子》原文，如「盈科而進」、「先立乎其大者，而小者不能奪」、「弈之為數，小數也」、「專心致志」、「志至氣次」、「美、大、聖、神」、「一日暴之，十日寒之」、「五穀荑稗」、「君子之過，如日月之食」「一齊眾楚」、「子路聞過而喜」等等。

王陽明對孟子的「存心」工夫的繼承多於發展。其發展主要表現為表述上的更新與一些細節上的補充。馮友蘭先生在討論較新的哲學

可能出現的理由時說：「往往有相同，或大致相同底道理，而各時代之哲學家，各以其時代之言語說之，即成為其時代之新底哲學系統。」[84]表述上的更新即馮友蘭先生所說的「以時代之言語說之」。比如從「存心」到「存天理」。孟子所存之「心」是「四端之心」，「四端之心」是仁義禮智的根源。王陽明所說的「天理」從字面義來理解即天生的義理，「天」點出來源──天命，「理」表明內容──仁、義、禮、智等道德原則。因此，「天理」是王陽明用自己時代常用的概念把孟子所說的「四端之心」進行了等義替換。當然，「天理」也傳達了「本心」、「四端之心」、「良心」等概念表現不出的意涵。比如，「天」可以理解為「天命」，也可以理解為自然之天，自然之天無所不覆，所以「天理」無所不在，無窮無盡，故而陽明說：「義理無定在，無窮盡。吾與子言，不可以少有所得而遂謂止此也。」[85]這表明「存天理」工夫之所以需要循序漸進與鍥而不捨，根源在於作為本體的「天理」自身。由此可見，「天理」雖是時代語言，但寄托了王陽明獨特的洞見，並非只是簡單地把「四端之心」換種說法。又如從「大體小體」到「真己私己」。孟子指出「立志」需要明辨大小而「立乎其大」，陽明則將上述思想用「真己」「真吾」、「私己」、「軀殼的己」、「從真吾之好」等概念、命題加以表述。「真己」與「軀殼的己」既有貴賤之別，又有工夫上的統一性即「養德」、「養身」是一事。再如由「熟仁」到「熟志」。「仁」是作為「志」的「天理」的一端。「熟仁」指將「仁」存養、擴充至時時事事，有以點帶面的意味，也即「義」、「禮」、「智」之「熟」也包含在內，只不過孟子沒有明說。「熟志」和「熟仁」的工夫模式一樣，但是「志」則將「本

---

84 馮友蘭：《新理學》，《三松堂全集》（第4卷），鄭州：河南人民出版社，2000年，第16頁。

85 王守仁：〈傳習錄上〉，《王陽明全集》卷一，第14頁。

心」所具的道德原理全部囊括。綜上，由「存心」到「存天理」，由「大體小體」到「真己私己」，由「熟仁」到「熟志」可視為王陽明以更新表述的方式對孟子相關思想作出發展。

細節上的補充主要表現在：第一，在「立志」的必要性方面補充對以「志」成「質」的論述。在孟子提出的百工技藝皆須「立志」以成學之外，陽明還指出「美質難得而易壞」[86]，人天生的「材質」也需要志向加以鍛造、成就。沒有正確且堅定的志向，「美質」也難以發揮其最大的價值，甚至可能被白白浪費。第二，「立志」貴專一。王陽明在孟子對「專心致志」已有的闡釋的基礎上，又從「立志」貴專一的角度豐富了「專心致志」的工夫內容。「專一」並不是禁絕其他志趣，而是要求將「存天理」、「存心」之志放在中心地位，將其他志趣視為成就中心之志的資源。這實際涉及「德」、「才」關係問題。「存心」、「存天理」之志的目的在於成德、成聖，其他志趣的目的在於成才，「才」需以「德」為基礎，否則即使才華橫溢也只是「器」的境界，遠不及「君子不器」。故陽明說：「如夔之樂，稷之種……皆從天理上發來，然後謂之才。到得純乎天理處，亦能『不器』。」[87]第三，對「改過」說的進一步闡釋。孟子提出喜於聞過，勇於改過。陽明認為知過的主體是「本心」，所以人人都能知過。聖人是能夠知過即改過的人，聖賢之可貴在於改過而非無過。換言之，王陽明補充了知過的主體和聖凡在改過上的區別之內容。第四，循序漸進以防作偽。對於循序漸進的原因，孟子提出「道」的固有標準問題。王陽明進一步指出循序漸進也是誠實無偽品質的必然要求。各人都有自己的力量、精神，從此出發做工夫，真實無偽。第五，對學術團體環境的

---

86 王守仁：〈寄聞人邦英邦正〉，《王陽明全集》卷四，第189頁。
87 王守仁：〈傳習錄上〉，《王陽明全集》卷一，第24頁。

論述。同志之間互相切磋砥礪目的在於更好地體認「天理」，所以學術團體環境也是影響「天理」的因素。這一點孟子並未涉及。陽明說：「趣向既端，又須日有朋友砥礪切磋，乃能熏陶漸染，以底於成。」[88]志向確立之後，還需要經常與朋友討論切磋，在不知不覺中受到熏陶漸染，然後才能學有所成。故而，主動向具有良好風氣的學術團體靠攏也是「存天理」的有益方法。總之，王陽明從「立志」之具體要求、「改過」說、「循序漸進」說、團體學術環境的影響等細節方面進一步發展了孟子的「存心」工夫思想。

概言之，王陽明的「存天理」工夫忠實繼承了孟子的「存心」工夫，並在表述和若干細節方面對孟子的「存心」工夫作了發展。對「寡欲」、「存養」工夫的介紹暫告一段落。除「存養」工夫，孟子還提到「集義」工夫，王陽明思想中與「集義」工夫關係密切的是「致良知」工夫。下面對此展開論述。

第二節　集義與致良知

以「存心」說為標誌的存養工夫無疑是孟子修養工夫論的特色所在，但這並不意味著孟子的工夫修養思想僅此而已。與突出「仁」的「熟仁」說類似，孟子還曾以「義」為核心提出「集義」工夫思想。與名稱顯示的單一情狀不同，「集義」工夫是一個集合，裡面還包含「夜氣」、「浩然之氣」、「不動心」等內容。這是用一節內容討論「集義」工夫的「合法性」所在，更重要的是王陽明認為孟子的「集義」工夫與「致良知」工夫聯繫密切。由此，「致良知」工夫對「集義」工夫的繼承與發展就理所當然的成為本節的探討對象。

---

88 王守仁：〈與弟書〉，《王陽明全集補編（增補本）》，第142頁。

一 「集義」與「致良知」

「集義」一詞在《孟子》文本中僅出現一次，結合上下文和與之有聯繫的其他文本內容，下面擬從「集義」的含義、「集義」與「浩然之氣」、「集義」與「夜氣」、「平旦之氣」、「集義」與「不動心」等四個方面進行介紹。

（一）「集義」的含義

孟子說：「是集義所生者，非義襲而取之也。」（《孟子・公孫丑上》）這句話裡出現兩個關鍵詞：「集義」與「義襲而取」，並且從文義可知孟子對兩者的態度一正一反。在正面信息不明朗的情況下，可以採取從反面突破的方法。「義襲而取」是孟子對告子「義外」思想的批評：「我故曰，告子未嘗知義，以其外之也。」（《孟子・公孫丑上》）告子對「義外」的解釋是：「彼長而我長之，非有長於我也；猶彼白而我白之，從其白於外也，故謂之外也。」（《孟子・告子上》）換言之，告子認為「義」就像人的年齡、物體的顏色一樣是自在物固有的屬性，是在主體之外需要主體通過認識能力加以把握的對象。因此，「行義」就是人們基於對外在對象屬性之「義」的認識，遵循相應的社會規範而進行的倫理活動。這樣，「義」在外，對「義」的踐行意味著對外在規範的被動遵守，也即孟子所說的「義襲而取」。由孟子對此的批評態度可知，「集義」正好與之相反，也就是說，「集義」指將「本心」內在之「義」落實到日常生活的修養工夫。「本心」是「義」的根源也是發動「義」的主體，所以孟子說「由仁義行，非行仁義也」（《孟子・離婁下》）。「由仁義行」是基於「仁義」內在的自律修養工夫，「行仁義」則是將「仁義」視為外在對象，主體被動遵循的他律修養工夫。根據第一章對「四端之心」的介紹可

知，「四端之心」具有無限的顯發能力，也即時時處處都在發用，只不過有時被欲望戕害、遮蔽。「義」屬於「四端」之一，所以「義」也無時無處不在顯發狀態中。因此，綜合起來看，「集義」工夫既指有事時把「義」落實到具體事為中，也指無事時存養「義」的發露。

(二)「集義」與「浩然之氣」的關係

孟子指出隨著「集義」工夫的日積月累，個體將會逐漸培養出「浩然之氣」的精神狀態：「其為氣也，至大至剛，以直養而無害，則塞於天地之間。其為氣也，配義與道；無是，餒也。是集義所生者。」(《孟子・公孫丑上》)「浩然之氣」與上文「志至氣次」中的「氣」並非同一種「氣」，前者是道德之氣，後者是感性之氣。[89]「浩然之氣」具有剛大之性，在不斷存養、擴充而未受傷害的過程中，這種剛大之氣將彌綸天地之間，遍及萬事萬物。個體只有在「集義」、「行道」的過程中才能生發「浩然之氣」，如果既不「踐義」也不「行道」，甚至行違背道義之事，浩然之氣就會疲軟。孟子對「浩然之氣」的描述似乎有些深奧難解，這也與孟子自己的體驗相符合：「難言也。」(《孟子・公孫丑上》) 但我們還是要嘗試儘量清晰地理解。

上文已言，「集義」主要指將「本心」之「義」存養、擴充到具體的事為、念頭之中，換言之，「集義」修養工夫有個逐步擴展的過程，所以孟子說：「人皆有所不為，達之於其所為，義也……人能充其無穿逾之心，而義不可勝用也。」(《孟子・離婁上》) 將「義」由「所不為」推擴到「所為」，由「無穿逾」之念擴充到發動的所有的

---

89 一些學者認為先秦時期的「氣」具有「精氣」、「血氣」、「情氣」、「德氣」等多種含義，「浩然之氣」作為道德之氣屬於「德氣」。參見梁濤：《孟子解讀》，北京：中國人民大學出版社，2010年，第96-97頁；彭國翔：〈「盡心」與「養氣」：孟子身心修煉的功夫論〉，《學術月刊》2018年第4期。

念頭，達到「不可勝用」的境地。「不可勝用」就是「義」遍及天地萬事萬物，也就是「浩然之氣」「塞於天地之間」的意思。由此可知，「配義與道」就是「浩然之氣」伴隨著「集義」工夫而生的意思。總之，「浩然之氣」主要指個體在將「義」擴展至時時處處的念頭、行為乃至自我生活世界中的天地萬物的過程中伴隨產生的特殊精神狀態，同時也指「義」純粹自我發露時所產生的精神狀態。「浩然之氣」既是個體實踐「集義」工夫的結果，又是助力個體「集義」工夫進一步深化的精神資源。

（三）「集義」與「夜氣」、「平旦之氣」

「夜氣」，顧名思義，應該指夜深人靜時，感官、軀體、「本心」從白天與外物打交道的狀態中抽離一段時間後生發的道德之氣。什麼是「平旦之氣」？「平旦」是十二時辰之一，對應凌晨三點到五點的兩個小時。所以，「平旦之氣」指「本心」在凌晨時生發的道德之氣。「夜氣」、「平旦之氣」與「浩然之氣」相比，共同點在於都是道德之氣；不同點在於「浩然之氣」主要是「集義」工夫實踐的產物，「夜氣」、「平旦之氣」則是「本心」、「良心」自覺發露的結果，不是工夫實踐的結果。徐復觀先生認為「夜氣」、「平旦之氣」生發的時刻「是人的善端最易顯露的時候，也是當一個人的生理處於完全休息狀態，欲望因尚未與物相接而未被引起的時候；此時的心，也是擺脫了欲望的裏脅而成為心的直接獨立的活動，這才真正是心自己的活動；這在孟子便謂之『本心』。」[90]也就是說，「本心」、「良心」固有不停歇地自我發露的能力，白天與物相接的時候，軀體、物、「本心」處於交會狀態，「本心」、「良心」的顯發與物欲混雜甚至被物欲遮蔽。

---

90 徐復觀：《中國人性論史・先秦篇》，上海：上海三聯書店，2001年，第151頁。

深夜和淩晨則不同，此時段軀體處於休息狀態，「良心」、「本心」也未與物相接，所以更多的是「本心」自己「直接獨立的活動」，較少甚或沒有欲望裏挾。孟子將此時段「本心」、「良心」顯發活動的積累稱為「夜氣」、「平旦之氣」。與上述「集義」工夫的第二種狀態相應，「夜氣」、「平旦之氣」是「義」獨立發露時產生的道德之氣。

（四）「集義」與「不動心」

公孫丑向孟子請教：如果孟子在齊國居於卿相之職，並能夠推行自己主張的王道，使齊國百姓沐浴在仁政的治理之下，會不會動心？孟子回答說，他在四十歲的時候就有「不動心」的修養了。對於「不動心」的修養方法，孟子並未上來就加以闡釋，而是從一些他認為「不正宗」的方式開始介紹。北宮黝的「養勇」方式是依靠對外來刺激的強硬回應：肌膚被刺不退縮，「惡聲至，必反之。」（《孟子‧公孫丑上》）所以這種方式不考慮後果，全是逞血氣之勇，著力點是外在對象而非己身，在長期的回擊中養成匹夫之勇，靠這種勇氣保證「不動心」，是「氣」上用功。孟施捨比北宮黝前進一些，他在領兵打仗時無論能不能打勝仗都做到「無懼」，這已經開始回向自己的「心」上用功，只不過不是道德心而是情意心，情意心屬於感性範疇，仍是「氣」上用功。曾子比孟施捨更進一步，因為曾子「守約」、「自反」，這是反求諸道德之心，是在「本心」上用功。守道德心或求諸道德心屬於「集義」的修養工夫。

孟子還提到告子先他做到「不動心」，告子的「不動心」是什麼意思呢？李明輝先生的觀點可資參考：「根據告子道德實在論的觀點，道德之價值與是非有其外在的客觀標準，心之作用在於衡量並判斷各種思想或主張是否合於此客觀標準：只要相合，便可奉之為原則，而信守不疑。在這種情況下，由於心有所守，自然可以不受其他

外在因素之影響，而得以不動。」[91]告子的「不動心」也強調從「道德心」上用功，但由於他認「義」為外，也就是將道德等同於外在客觀知識，所以他主張的道德，實際上是一種外在的客觀標準而非發自「本心」的道德原則。既然有客觀標準可以信守，也能在一定程度上做到不受外在事物影響而「不動心」。所以，這與孟子「集義」做到的「不動心」有質的差異。

　　以上從「集義」的含義，「集義」與「不動心」、「浩然之氣」、「夜氣」、「平旦之氣」的關係方面論析了孟子的「集義」工夫思想。王陽明曾說：「集義只是致良知。」[92]換言之，王陽明的「致良知」思想繼承與發展了孟子的「集義」思想。那麼陽明的「致良知」思想是怎樣的呢？其對「集義」工夫思想繼承與發展的具體情狀又是如何？這兩個問題是本節內容的重點。雖然陽明提出「致良知」工夫思想，但他並未放棄使用上面論述到的孟子的「集義」工夫概念系統。所以在討論陽明的「致良知」工夫思想之前，須先考察王陽明如何理解孟子提出的「集義」工夫概念系統。

（一）「集義」的含義

　　陽明說：「君子之學終身只是『集義』一事。義者宜也。心得其宜之謂義。」[93]陽明認為「義」是適宜、恰到好處，並且所謂的適宜不是符合外在的某種標準，而是遵循「本心」的道德原則。「義」是「本心」具有的道德原則之一，標舉「集義」既有實踐、積累「義」行之意，也有以「義」為道德原理的代表，實踐所有道德原理的意味。所以陽明說：「心之本體即是性，性即是理，性元不動，理元不

---

91 李明輝：《孟子重探》，臺北：聯經出版事業公司，2001年，第23頁。
92 王守仁：〈答董澐蘿石〉，《王陽明全集》卷五，第221頁。
93 王守仁：〈傳習錄中〉，《王陽明全集》卷二，第82頁。

動。集義是復其心之本體。」[94]「心之本體」指「本心」的本然狀態，陽明稱之為「性」、「理」，也即眾多道德原理純粹無駁雜的狀態。「集義」是通過修養工夫復歸「本心」的本然狀態，也就是在日常生活中全面踐行「本心」所具有的道德原理。「人欲」是「天理」的失調，所以也可以從「人欲」的角度理解「集義」：「故循理焉，雖酬酢萬變，皆靜也。濂溪所謂『主靜』，無欲之謂也，是謂集義者也。」[95]主體在酬酢萬變時都能依循「天理」就做到了周敦頤所說的「主靜」工夫，時時處處皆能遵循「天理」沒有「人欲」摻雜就是「集義」。因此，「復心之本體」和「循理無欲」就是「集義」的含義。

除此之外，從王陽明對「義襲而取」的批評也可以進一步瞭解陽明思想中的「集義」工夫。陽明指出所謂「義襲而取」就是認為「義」在「心外」，「義」由外鑠。當時流行的「體認天理」「格物致知」、「通於文辭」、「口耳講論」等思想理論和為學風氣都是「義襲而取」的具體表現。湛甘泉在總結王陽明對「體認天理」的看法時說：「體認天理，乃謂義襲。」[96]主張「體認天理」、「格物致知」的朱子後學是「謂事事物物皆有定理而求之於外者」[97]，「求之於外」即沉湎於經書、辭章、訓詁之學，將「義理」停留在口耳講論之中。所以陽明說：「夫謂學於古訓者，非謂其通於文辭，講說於口耳之間，義襲而取諸其外也。獲也者，得之於心之謂，非外鑠也。」[98]「通文辭」、「講於口」都是把「義」等道德原則知識化，認為它們是外在事物的屬性，重知忽行，這是「外鑠」的錯誤路徑。實際上，「集義」是要「得之於心」、「誠諸其身」，踏踏實實在日常生活、學習、工作中

---

94 王守仁：〈傳習錄上〉，《王陽明全集》卷一，第28頁。

95 王守仁：〈答倫彥式〉，《王陽明全集》卷五，第204頁。

96 湛甘泉：〈奠王陽明先生文〉，《王陽明全集》卷四十，第1683頁。

97 王守仁：〈寄鄒謙之五〉，《王陽明全集》卷六，第230頁。

98 王守仁：〈與唐虞佐侍禦〉，《王陽明全集》卷五，第204頁。

「循天理」、「去人欲」：「今只管講天理來頓放著不循；講人欲來頓放著不去；豈格物致知之學？後世之學，其極至，只做得個義襲而取的工夫。」[99]概言之，「集義」還需要認識到「義」等道德原則具足於「本心」，不需外求，「集義」工夫就是將之真切地落實為道德活動。

（二）「集義」與「三氣」

「三氣」指孟子提到的「浩然之氣」、「夜氣」和「平旦之氣」，由於《王陽明全集》中與之相關的資料並不多，所以合在一起論述。「浩然之氣」僅兩見，王陽明忠實繼承了孟子的論述與思想。「若平日能集義，則浩然之氣至大至公，充塞天地」[100]，「孟子『集義』工夫，自是養得充滿，並無餒歉；自是縱橫自在，活潑潑地：此便是浩然之氣」[101]。由此可知，王陽明也認為「浩然之氣」是一種至大至公的道德之氣，伴隨著「集義」工夫的精進而不斷得到充養，直至充塞天地之間。如果「集義」工夫有間斷，該氣將會餒歉，便做不到活潑自在。由此可以看出，王陽明對「浩然之氣」的闡釋完全承襲自孟子。

就「夜氣」與「平旦之氣」而言，陽明重點強調了兩氣所具有的「清明」特點與原因。陽明說：「夜氣清明時，無視無聽，無思無作，淡然平懷……平旦時，神清氣朗。」[102]兩氣作為道德之氣具有「清明」、「清朗」的特點，之所以如此，在於深夜與平旦時，「本心」「未與物接」[103]，「無視無聽」、「無思無作」。由於尚未與引誘「本心」的外物接觸，所以人的視、聽、思、作皆能依循於「天理」，故

---

99 王守仁：〈傳習錄上〉，《王陽明全集》卷一，第28頁。

100 王守仁：〈答董澐蘿石〉，《王陽明全集》卷五，第221頁。

101 王守仁：〈傳習錄下〉，《王陽明全集》卷三，第121頁。

102 王守仁：〈傳習錄下〉，《王陽明全集》卷三，第131頁。

103 王守仁：〈傳習錄上〉，《王陽明全集》卷一，第25頁。

而沒有受物欲影響的非禮性視聽和妄思妄作。由「本心」所生發的
「夜氣」、「平旦之氣」具有生機性，如果得到呵護、存養，就會不斷
生長，如果受到戕害，則會逐漸消亡。因此，王陽明說：「夜氣之
息，由於旦晝所養，苟梏亡之反復，則亦不足以存矣。」[104]「不足以
存」是就「夜氣」生發的積聚工夫而言，工夫的熟練、持續程度反映
出人格境界的不同：「『夜氣』，是就常人說。學者能用功，則日間有
事無事，皆是此氣翕聚發生處。聖人則不消說夜氣。」[105]陽明認為
「夜氣」說是教化普通人的權法，因為「夜氣」無時無刻不在顯發，
只不過在「未與物接」時更容易被普通人感受到而已。聖人則不需要
依賴「夜氣」說。

　　「孟子說『夜氣』，亦只是為失其良心之人指出個良心萌動處，
使他從此培養將去。今已知得良知明白，常用致知之功，即已不消說
『夜氣』；卻是得兔後不知守兔，而仍去守株，兔將復失之矣。」[106]
王陽明指出孟子的「夜氣」說並不究竟，沒有將學問的工夫、本體透
闢闡發。「夜氣」是「良知」、「良心」的萌動，也即仁、義、禮、智
等道德原則念頭的發動，所以「良知」、「良心」是「夜氣」的根源。
「夜氣」和孝悌之念一樣是普通人「良知」真切萌發的地方，從此處
提點是為了照顧普通人的接受能力。「夜氣」是普通人覺知自我「良
知」的工具。「夜氣」如樹椿，「良知」像兔子，得到兔子是最終的目
的，樹椿是得兔的工具，不能得到兔子後不看守兔子卻依然守著樹
椿。同樣，明白「良知」是道德價值的根源之後應該直接在「良知」
上做工夫，不應仍舊依循不究竟的「夜氣」做工夫。總之，「浩然之
氣」、「夜氣」、「平旦之氣」都是「集義」工夫的派生物，只不過前者

---

104 王守仁：〈夜氣說〉，《王陽明全集》卷七，第295頁。
105 王守仁：〈傳習錄上〉，《王陽明全集》卷一，第20頁。
106 王守仁：〈傳習錄中〉，《王陽明全集》卷二，第75-76頁。

在「本心」「接物」時的「集義」工夫產生，後兩者則在「本心」「未
與物接」時的「集義」工夫生發。

(三)「集義」與「不動心」

王陽明接續了孟子、告子對於「不動心」的討論，他認為：「告
子是硬把捉著此心，要他不動；孟子卻是集義到自然不動。」[107]硬把
捉此心雖能達致「不動心」的效果，卻對「本心」的應事能力有妨
礙：「告子只要此心不動，便是把捉此心，將他生生不息之根反阻撓
了。此非徒無益，而又害之。」[108]「生生不息之根」指「本心」固有
的發用、應事能力，當人將全幅精力用於強制、把捉自己的某些心理
活動時，必然無法顧及對「本心」的充養，從而造成阻撓、戕害「本
心」的不良後果。薛尚謙詢問陽明：履險不懼的人能夠行軍打仗嗎？
陽明說：「人之性氣剛者，亦能履險不懼，但其心必待強持而後能。
既強持，便是本體之蔽，便不能宰割庶事，孟施捨之所謂守氣者
也。」[109]性情氣質偏向剛強之人可以通過強持念頭、心氣做到臨險不
懼，但強持之念本身就是「本心」的障蔽，所以這種人無法「宰割」
千變萬化的戰局，無法隨機做出恰當的判斷與行動。比如王陽明和寧
王在鄱陽湖決戰時，遇「南風轉急，面命某某為火攻之具。是時前軍
正挫卻，某某對立矍視，三四申告，耳如弗聞。此輩皆有大名於時
者，平時智術豈有不足？臨時忙失若此，智術將安所施？」[110]此人在
平時素有賢名，但在臨陣履險之時對於王陽明的命令聽而不聞，原因
在於他的「本心」已被恐懼蔽昧，即便強持鎮定，也只是做到「氣

---

107 王守仁：〈傳習錄上〉，《王陽明全集》卷一，第28頁。
108 王守仁：〈傳習錄下〉，《王陽明全集》卷三，第121頁。
109 王守仁：〈語錄〉，《王陽明全集補編（增補本）》，第463頁。
110 王守仁：〈語錄〉，《王陽明全集補編（增補本）》，第463頁。

定」。所以王陽明認為「守氣」無法真正做到「不動心」。孟子「集
義」到自然不動才是正確的「制動之方」。「心之本體原是不動的，只
為所行有不合義，便動了。孟子不論心之動與不動，只是『集義』，
所行無不是義，此心自然無可動處。」[111]「本心」的本然狀態至善無
惡，沒有絲毫人欲摻雜，所以「原是不動的」，一旦出現不合義的行
為、念頭，人欲摻雜，「本心」便動了。「不動心」的根本方法就是使
「本心」之發用純乎天理，「所行無不是義」，這樣人欲沒有可乘之
機，「本心」就能應萬事。

王陽明根據自己的生命體驗對孟子「集義」工夫思想作了獨特的
闡發，其中雖有對孟子「集義」工夫思想的讚賞之處，但王陽明認為
「集義」說並不是究竟的工夫論，「致良知」論則可以彌補「集義」
說的缺憾。

（四）王陽明對「致良知」與「集義」關係的直接論述

其一，兩者作為成聖工夫具有一致性。陽明認為：「聖賢論學，
多是隨時就事，雖言若人殊，而要其工夫頭腦若合符節。緣天地之
間，原只有此性，只有此理，只有此良知，只有此一件事耳。」[112]成
聖的根據是「良知」、「性」、「理」，這是所有人都具有的公共主體，
但聖賢在論學時常常隨時就事而發，所以會有說法上的不同，但其根
本的工夫頭腦都是相符的。「凡致知者，致其本然之良知而已。《大
學》謂之『致知格物』，在《書》謂之『精一』，在《中庸》謂之『慎
獨』，在《孟子》謂之『集義』，其工夫一也。」[113]「致良知」工夫與
《大學》之「致知格物」、《中庸》之「慎獨」、《尚書》之「精一」、

---

111 王守仁：〈傳習錄下〉，《王陽明全集》卷三，第121頁。

112 王守仁：〈傳習錄中〉，《王陽明全集》卷二，第95頁。

113 王守仁：〈與陸清伯書〉，《王陽明全集》卷二十七，第1113頁。

《孟子》之「集義」在本質上都是一致的。

其二，「致良知」比「集義」更加透徹。本質一致並不代表完全一致，王陽明指出「集義」與「致良知」相比仍有一定的差距：「『集義』只是『致良知』。說『集義』則一時未見頭腦，說『致良知』即當下便有實地步可用功。故區區專說致良知。」[114]從工夫實踐的角度看，「集義」工夫就是「致良知」工夫，但從教法的角度看，「集義」並未將工夫頭腦揭示出來，「致良知」不僅揭櫫出工夫頭腦，而且說明了具體的工夫方法，使人當下便可實地用功。所以，王陽明認為「集義」只是孟子「因病立方」的方便說法：「孟子『集義』、『養氣』之說，固大有功於後學，然亦是因病立方，說得大段。」[115]孟子「集義」說把成聖工夫說了個大概，並不究竟。王陽明對「集義」說有如此定位，一方面依賴於他不盲目崇信權威的獨立精神，另一方面可能與他對教法的探索經歷有關。陽明曾說：「吾良知二字，自龍場以後，便已不出此意。只是點此二字不出。於學者言，費卻多少辭說。」[116]陳來認為陽明晚年的這一總結真實反映了他在龍場悟道後的心路探索歷程：「陽明晚年說他的基本思想在龍場時已經確立，確實如此。但在龍場後的十幾年中，陽明一直沒有找到一個既能概括其基本思想，又適於引導常人從事為己之學的簡易恰當的表述形式。在這個意義上，龍場以後的知行合一、心外無理、心外無物、立誠、格其非心等思想都可以看作這一探索歷程的不同階段。」[117]陽明龍場時已悟到「良知」，但一直找不到恰當的概念將其表述出來，「知行合一」

---

114 王守仁：〈傳習錄中〉，《王陽明全集》卷二，第94頁。

115 王守仁：〈傳習錄中〉，《王陽明全集》卷二，第95頁。

116 王守仁：〈傳習錄拾遺〉，《王陽明全集》卷三十二，第1290頁。

117 陳來：《有無之境──王陽明哲學的精神》，北京：生活‧讀書‧新知三聯書店，2009年，第181頁。

等命題的點出，都在為提出「致良知」說做鋪墊。基於「集義」在表述上並未點出「良知」頭腦，再結合自己的探索經歷，所以陽明將「集義」定位為「因病立方」。

其三，「集義」、「致良知」不存在相互補充、配合關係。陽明指出「良知」是成聖的根據，千事萬事都圍繞「良知」而來，「故凡就古人論學處說工夫，更不必攙和兼搭而說，自然無不吻合貫通者。才須攙和兼搭而說，即是自己工夫未明徹也。近時有謂『集義』之功，必須兼搭個致良知而後備者，則是『集義』之功尚未了徹也。『集義』之功尚未了徹，適足以為致良知之累而已矣。」[118]古人對工夫的揭示，重實行不重知解，從實行的角度看，「集義」、「致良知」都是在「良知」上用功，兩者既吻合又貫通。如果有學者認為「集義」需要兼搭「致良知」才算完備，則表明他對「集義」、「致良知」工夫尚未了徹，由實行「良知」轉向知解「良知」，在文義上解釋牽附，不在自己的實際工夫中體驗，言愈詳，「理」愈蔽。

以上是陽明對「集義」與「致良知」關係的直接論述，為全面考察兩者之間的關係，這裡再詳細介紹「致良知」的具體內容，為下文探討「致良知」對「集義」的繼承與發展議題提供更為堅實的材料基礎。

(五)「致良知」是「為學第一義」

陽明極其重視把握為學宗旨和為學頭腦，他認為「致良知是聖門教人第一義」[119]。其一，「良知」是「天下之大本」。「一，天下之大本也；精，天下之大用也。知天地之化育，而況於文詞技能之末乎？」[120]「一」即「良知」，「良知」作為「天下之大本」，妙用無

---

118 王守仁：〈傳習錄中〉，《王陽明全集》卷二，第95頁。
119 錢德洪：〈年譜三〉，《王陽明全集》卷三十五，第1435頁。
120 王守仁：〈送宗伯喬白岩序〉，《王陽明全集》卷七，第255頁。

窮，天地之化育皆從此出，更不要說文詞等末技。

其二，「致良知」是有根本的學問。「吾教人致良知，在格物上用功，卻是有根本的學問。日長進一日，愈久愈覺精明。世儒教人事事物物上去尋討，卻是無根本的學問。方其壯時，雖暫能外面修飾，不見有過，老則精神衰邁，終須放倒。譬如無根之樹，移栽水邊，雖暫時鮮好，終久要憔悴。」[121]王陽明認為當時主流儒者主張的在事物上求理的修養工夫是無根的學問，人在壯年時氣力、精神足，能夠暫時保證外求之法的規模和效用，老年時精神衰邁，就會支撐不住。就像移栽在水邊的無根之樹，鮮好只是暫時的景象，乾枯才是必然的結果。「天理」不在事物而在「良知」，「良知」是「天下之大本」，將「良知」具足的先天的理性原則「致」出來，自然能夠使萬事萬物呈現出價值與秩序，自然能夠成賢成聖，所以「致良知」才是有根本的學問。以種樹譬喻：「致良知者，是培其根本之生意而達之枝葉者也。」[122]「良知」如樹根，「良知」之妙用如枝葉，培養、灌溉根部，根的生意自然生發枝葉，「致良知」自然能夠因應萬變，立德、立言、立功。

其三，「致良知」之外無學問。「聖人之學，惟是致此良知而已。自然而致之者，聖人也；勉然而致之者，賢人也；自蔽自昧而不肯致之者，愚不肖者也。愚不肖者，雖其蔽昧之極，良知又未嘗不存也。苟能致之，即與聖人無異矣。……是故致良知之外無學矣。」[123]聖人之學只是「致良知」，人格境界的差異由「致良知」工夫的層次所決定：愚不肖者甘願蔽昧「良知」，不肯做「致良知」工夫；賢者勉然「致良知」；聖人則將「致良知」工夫做到不勉而中、自然而然的程

---

121 王守仁：〈傳習錄下〉，《王陽明全集》卷三，第113頁。
122 王守仁：〈與毛古庵憲副〉，《王陽明全集》卷六，第243頁。
123 王守仁：〈書魏師孟卷〉，《王陽明全集》卷八，第312頁。

度。但愚不肖者依然具有「良知」，如果能夠「改邪歸正」，依然可以
成聖。由此可知，在「成聖」的領域內，無論聖愚，惟有「致良知」
一條路徑，所以，就「成聖」而言，「致良知」之外沒有其他學問。

其四，「致良知」簡易明白。「聖賢論學，無不可用之功，只是致
良知三字，尤簡易明白，有實下手處，更無走失。」[124]「致良知」三
字已將成聖的方法一語道盡，只須實下工夫去做。首先，「良知」人
人自有，不用求人、問人：「爾身各各自天真，不用求人更問人。」[125]
其次，「致良知」就在日用常行中：「饑來吃飯倦來眠，只此修行玄更
玄。說與世人渾不信，卻從身外覓神仙。」[126]「致良知」並不神秘，
需要世人從身邊事點滴做起，吃飯、睡覺都是「致良知」。再次，「致
良知」範圍天下萬事萬變。有弟子對「致良知」工夫能囊括古今事變
有懷疑，陽明回答說：「不知古今事變從何處出？若從良知流出，致
知焉盡之矣。」[127]「良知」是古今事變形成的根源，所以「致良知」
自能應對萬事萬變。自修身至齊家、理國皆從「致良知」而來：「好
善惡惡之意誠，推其極，家國天下可坐而理矣。」[128]總之，「致良
知」即將「天下之大本」的「良知」的無窮妙用落實到人生的各個方
面，是「為學第一義」，所以陽明說：「吾平生講學，只是『致良知』
三字。」[129]

（六）「致良知」工夫的原則

王陽明不僅強調了「致良知」工夫的重要地位，也揭示了「致良

---

124 王守仁：〈與陳惟濬〉，《王陽明全集》卷六，第247頁。
125 王守仁：〈示諸生三首〉，《王陽明全集》卷二十，第870頁。
126 王守仁：〈答人問道〉，《王陽明全集》卷二十，第871頁。
127 王守仁：〈傳習錄拾遺〉，《王陽明全集》卷三十二，第1297頁。
128 李春芳：〈重修陽明王先生祠記〉，《王陽明全集》卷三十九，第1644頁。
129 王守仁：〈寄正憲男手墨二卷〉，《王陽明全集》卷二十六，第1091頁。

知」工夫的實踐原則。第一，實行與至極。「致良知」的「致」具有實行與至極兩重含義。[130]陽明說：「『致知』之必在於行，而不行之不可以為『致知』也明矣。」[131]「致良知」必然要落實為實際行動，牽滯於文義，轉說於語言都不是「致良知」。因此，對「致良知」之功的真切體驗只能來自實行，言語無法講明：「既知致良知，又何可講明？……此亦須你自家求，我亦無別法可道。」[132]至極既指「良知」的成色，又指「致良知」的範圍。「良知」的成色即使「良知」純乎天理，無一毫私欲夾雜；範圍即將「良知」致於天地萬物。這由「良知」的無限性所決定：「天地萬物，俱在我良知的發用流行中。」[133]個體「生活世界」中的天地萬物皆由「良知」感應而來，所以「致良知」工夫需要覆蓋「良知」發用流行中的一切。

第二，誠一與不息。陽明指出如果個體在「致良知」時感到有所牽絆，根源在於「致良知」的動機不足：「所疑拘於體面，格於事勢等患，皆是致良知之心未能誠切專一。若能誠切專一，自無此也。」[134]如果「致良知」工夫在體面、事勢等主客觀條件上有所扞格不入，那一定是主體「致良知」之心未能做到「誠切專一」。體面、事勢皆是「良知」妙用的發見處，兩者並不在「致良知」工夫之外，離了體面、事勢，「致良知」工夫也無著落。所以，主體需要立起「誠切專一」之心。「誠切專一」之心即「致良知」之主宰，「誠切專一」之心得立時，「致良知」的主宰自能不息：「任他功夫有進有退，我只是這

130 參見陳來：《有無之境——王陽明哲學的精神》，北京：生活・讀書・新知三聯書店，2009年，第201-206頁；楊國榮：《心學之思——王陽明哲學的闡釋》，北京：中國人民大學出版社，2009年，第125頁。

131 王守仁：〈傳習錄中〉，《王陽明全集》卷二，第56頁。

132 王守仁：〈傳習錄下〉，《王陽明全集》卷三，第123-124頁。

133 王守仁：〈傳習錄下〉，《王陽明全集》卷三，第121頁。

134 王守仁：〈答魏師說〉，《王陽明全集》卷六，第242頁。

致良知的主宰不息，久久自然有得力處。」「致良知」的主宰不息，
「致良知」的工夫才能與天地的運轉一般，永無間斷：「須要時時用
致良知的功夫，方才活潑潑地，方才與他川水一般。若須臾間斷，便
與天地不相似。」[135]「致良知」主宰與工夫的不息並不是要求人枉顧
自身能力一味地狂飆突進，而是在現實「良知」力量所及的範圍內，
逐漸將「致良知」工夫做到純熟。陽明說：「故『君子素其位而行』，
『思不出其位』，凡謀其力之所不及而強其知之所不能者，皆不得為
致良知；而凡『勞其筋骨，餓其體膚，空乏其身，行拂亂其所為，動
心忍性以增益其所不能』者，皆所以致其良知也。」[136]具體時空條件
下的主體具有特定的身份、地位、能力、資源、目標、任務等現實要
素，「致良知」工夫必須在這些現實要素的基礎上進行，「素位而
行」、「思不出其位」都強調安於本分，在此前提下的「勞其筋骨」、
「餓其體膚」才算得上是對「良知」的砥礪，也即「致良知」。謀求
力不能及或「良知」分限以外的事則不是「致良知」。不息也不意味
「致良知」工夫只進不退，而是有進有退，陽明說：「諦視數過，其
間雖亦有一二未瑩徹處，卻是致良知之功尚未純熟。到純熟時，自無
此矣。」[137]工夫之進退指工夫的進益和懈怠。當工夫懈怠時，常會產
生過錯，陽明認為這是「致良知」工夫尚未純熟的緣故。因此，「致
良知」工夫的不息以純熟為目標。

在對孟子的「集義」工夫、王陽明對「集義」的理解和王陽明的
「致良知」工夫思想作了詳細的梳理之後，我們對「集義」與「致良
知」工夫之間的聯繫和區別掌握了充分的資料，下面具體分析王陽明
對孟子「集義」工夫思想的繼承與發展情況。

---

135 王守仁：〈傳習錄下〉，《王陽明全集》卷三，第117頁。
136 王守仁：〈傳習錄中〉，《王陽明全集》卷二，第82頁。
137 王守仁：〈傳習錄中〉，《王陽明全集》卷二，第93頁。

王陽明在「集義」的含義、「集義」與「浩然之氣」的關係、「集義」與「夜氣」、「平旦之氣」的關係、「集義」與「不動心」的關係等方面繼承了孟子的「集義」工夫思想。就「集義」的含義而言，王陽明繼承了孟子對「集義」含義的雙重界定：第一，「集義」指實踐、積累「義」行；第二，「集義」指無事時存養「義」之發露。「義」內在於「本心」，「集義」即「由仁義行」，兩人都反對將道德知識化的「義襲而取」行為。就「集義」與「浩然之氣」的關係而言，王陽明繼承了孟子關於「浩然之氣」之產生與特點的思想。「浩然之氣」主要由「集義」的第一種狀態——實踐、積累「義」行而產生，具有生機性。隨著個體不斷將「本心」之「義」落實到念頭、行為乃至生活世界中的天地萬物，「浩然之氣」也隨之充塞天地，如果所行不合於「義」，該氣將會洩餒。

就「集義」與「夜氣」、「平旦之氣」的關係而言，王陽明同孟子一樣，主張「夜氣」、「平旦之氣」是「集義」工夫的第二種狀態——「本心」、「良心」未與物接時顯發的道德之氣，存養之則有助於個體道德品質的提升，白天的不道德行為則會戕害個體對「夜氣」、「平旦之氣」的存養。就「集義」與「不動心」的關係而言，陽明繼承了孟子對「守氣」、「守約」兩種實現「不動心」方法的區分，兩人皆認為「守約」才是達致「不動心」境地的真正法門。對於「不動心」的含義，兩人皆指出「不動心」指道德本心不受欲望（本能、功利）的干擾，能夠保持純粹的道德本色。就陽明對《孟子》相關概念、命題、語句的引用而言，「集義」、「浩然之氣」、「不動心」、「夜氣」、「平旦之氣」、「自反而縮，雖千萬人吾往」、「浩然之氣至大至公」、「富貴不能淫」、「非由外鑠」、「義襲而取」等等，皆被陽明用來論述相關問題。

王陽明對孟子「集義」工夫思想的發展可分為兩部分內容：一是對「集義」工夫的直接闡釋、評論；二是「致良知」工夫思想對「集

義」工夫的發展。將兩部分內容綜而觀之，可以發現陽明通過明晰式、豐富式、補白式三種方式對「集義」工夫思想作了發展。明晰式發展即揭示孟子「集義」說中隱含的思想，使之明晰化。如關於「夜氣」、「平旦之氣」的產生與特點。「夜」、「平旦」所表明的時間段既暗含了「良知」、「本心」與外物的暫時隔離關係，也隱含了「夜氣」、「平旦之氣」無私欲摻雜的特點。王陽明將以上兩點都明晰化，他以「未與物接」闡釋二氣產生的時間條件，以「清朗」、「清明」揭示二氣的特點。

　　豐富式發展即對孟子「集義」說已有的論述展開進一步的豐富、充實。如關於「不動心」，孟子提出「守約」、「集義」是實現「不動心」的方法，陽明進一步指出「不動」是「心之本體」的本來面目，「心之本體」純「理」無「欲」，「動」與「不動」的界限不在是否應事而在於「心之本體」是否失調，從欲為「動」，循理為「不動」。這樣，陽明就從本體論支撐和含義界定兩個方面充實、豐富了孟子的「不動心」思想。除此之外，陽明還闡釋了「守氣」、「守約」兩種「制動之方」的區別。他認為「制動」只是手段，應變才是目的。「守氣」工夫既要強持「本心」以「制動」，又要感應外物以應變，但強持之念就是「本體之蔽」，它將「本心」宰割萬事的能力暫時戕害了，在做到「氣不動」的同時也阻撓了「本心」的應變能力。「守約」即「集義」，「義」是「理」之一種，所以「集義」就是「循理」，「循理」則「心不動」。「循理」即將「理」賦予意所在之物，因此，「守約」、「集義」將「不動心」與「處事接物」統一起來，兩者是同一過程的兩個方面。所以陽明說告子是硬把捉此心不動，孟子則是「集義」到自然不動。又如關於「義襲而取」。孟子闡述了「義襲而取」的含義，陽明進一步充實了「義襲而取」的表現。他認為沉湎於經書、訓詁、辭章、口耳講論、在事物上求理等行為都是「義襲而

取」的現實表現。

補白式發展即對孟子「集義」說相關問題的全新闡釋。這主要體現在陽明對「致良知」說與「集義」工夫關係的討論中。首先，陽明認為「集義」和「致良知」是同一種修養工夫，但作為教法，「致良知」比「集義」更為完善。「集義」和「致良知」都是將「本心」具有的道德原理落實到具體的生活情境，所以從實踐的角度看，兩者具有同一性。因此，主張其中之一有不足之處需要另一種來配合的觀點只是在文義、知解上牽附，而非著實用功後得出的結論。從教法的角度看，由於陽明主張本體、工夫相即不離，所以他認為教法應該將工夫、本體一齊具現，就此而論，「集義」只點出工夫而於本體闕然。「致良知」則將工夫、頭腦說得清楚明白，讓人當下即可實地用功。其次，陽明將「致良知」視為「為學第一義」，實際上表明他對孟子擴充心性一路修養工夫的高度認同，既維護了自己心學思想的儒學正統地位，也有力反擊了朱門後學對自己的懷疑、抵制。「為學第一義」即將「集義」工夫視為成聖的惟一完備工夫，相較孟子，王陽明對「集義」工夫的重要性作出了高度的強調。再次，陽明對「致良知」工夫實踐原則的揭櫫，為「集義」工夫增添了更多的操作性。陽明以「致」釋「集」，為「集」賦予了「實行」「至極」的內涵。「義」屬於「良知」之一種，以「良知」取代「義」，在對道德本心的指稱上更加合理。「誠切專一」原則奠定了「集義」工夫的動機基礎，「不息」原則則從工夫的進退、分限、純熟等三個方面闡發了「集義」工夫的具體過程。

一般認為王陽明的「致良知」思想是對《大學》「致知」，《孟子》「良知」思想的綜合，如王陽明的再傳弟子李春芳說：「夫致知之學發自孔門，而孟子良知之說則又發所未發。陽明先生合而言之曰『致

良知』。」[138]又如現代學者陳來先生認為：「致知的概念源於《大學》，良知的概念出自《孟子》……平濠之後提出的『致良知』，表明陽明真正找到了結合《孟子》與《大學》思想的形式。」[139]還有學者從發生學的視角，動態地探討《孟子》、《大學》在陽明心學建立過程中發揮的作用：「陽明心學經歷了一個顯著的發生或演生的過程，其中既包含了對《孟子》和《大學》的綜合，也包含了對《孟子》和《大學》的批判。鑒於陽明的成聖之學是由朱子學入手，則陽明心學可說是由朱子《大學》改本的揚棄而契入《孟子》，再由《孟子》的修正而上溯到《大學》古本，並最終以此作為其經學的奠基與歸宿。」[140]揚棄朱子《大學》改本契入《孟子》指由朱子主張的「格物致知」說歸本孟子強調的擴充心性的工夫，也即由「義襲而取」歸本「集義」；由修正《孟子》上溯古本《大學》指陽明發現「集義」說的不究竟處從而轉將「良知」與「致知」結合提出「致良知」說。前半部分轉變側重對《孟子》心性本體思想的繼承，後半部分轉變側重對古本《大學》「致知」工夫的融攝。[141]

本文贊同上述發生學的觀點分析。「致良知」對「集義」的繼承源自對朱子「格物」說實踐的失敗，以及龍場對「吾性自足」的契悟，堅持了「仁義內在」的「性善」主張；「致良知」對「集義」的發展主要表現在用《大學》的「格、致、誠、正」充實「集」之工夫，使「集義」工夫具有更強的操作性。在具體的論述中，王陽明並

---

138 李春芳：〈重修陽明王先生祠記〉，《王陽明全集》卷三十九，第1644頁。

139 陳來：《有無之境──王陽明哲學的精神》，北京：生活・讀書・新知三聯書店，2009年，第180頁。

140 毛朝輝：〈《孟子》《大學》與陽明心學的經學奠基──基於發生學視角的分析〉，《中州學刊》2022年第10期。

141 參見毛朝輝：〈《孟子》《大學》與陽明心學的經學奠基──基於發生學視角的分析〉，《中州學刊》2022年第10期。

未拋棄孟子「集義」說的相關概念、命題、話題，而是一方面加以移用，一方面用「致良知」對「集義」加以進一步地闡釋，使「集義」工夫在教法、實踐原則、地位等方面的信息更加完備，更具系統性和說服力。

　　無論「集義」還是「致良知」都強調實地用功，孟子稱之為「必有事焉」，王陽明稱之為「事上磨練」。下面展開對這一對命題的分析。

二　「必有事焉」與「事上磨練」

　　孟子指出「集義」工夫需要做到：「必有事焉，而勿正，心勿忘，勿助長也。」（《孟子·公孫丑上》）對於「正」字，朱熹解釋為「預期」[142]，焦循理解為「止」[143]。「必有事焉」即「集義」必須在具體事為中進行，既不能預先責效，也不可中止、間斷。「勿忘勿助」似乎是對「勿正」的進一步展開。「勿忘」即「勿中止」，可以理解為保持「四端之心」的清明與存養工夫的不間斷。「助長」即一心責效時做出的急切行為，「勿助長」即不因責效而過於追求工夫的速度。就如種植禾苗，捨之不耘是「忘」，揠之助長是「助」，兩種做法對禾苗的正常生長來說都不適宜。就工夫表現而言，孟子對「忘」之問題有若干提示和批評，對「四端之心」的不自信、不擴充為「自賊者」：「有是四端而自謂不能者，自賊者也。」（《孟子·公孫丑上》）言行舉止不符合仁、義、禮為「自暴自棄者」：「言非禮義，謂之自暴也；吾身不能居仁由義，謂之自棄也。」（《孟子·離婁上》）「自賊」、「自暴自棄」都是對「集義」工夫的忘、斷。總體上看，孟子對「必有事焉」的解釋已經形成心性、工夫相統一的解釋框架，但又具

---

142 朱熹：《四書章句集注》，北京：中華書局，1983年，第232頁。
143 焦循：《孟子正義》，北京：中華書局，1987年，第203頁。

有一定程度的模糊性，這為王陽明的闡釋提供了操作空間。

與孟子對「事」的重視一脈相承，陽明提出「事上磨煉」說。他認為「人須在事上磨煉做功夫乃有益，若只好靜，遇事便亂，終無長進」[144]。陽明弟子普遍遭遇的一個問題是靜坐或不經事時能保持「本心」之清明，一旦遇事，便將「良知」、「本心」與事情分成兩橛。王陽明指出「好靜」不是真正的修養工夫，一味「好靜」有陷入「枯靜」不能應事之嫌，長此以往，難有長進。只有在事上磨煉才能真正將「良知」融於生活，將「集義」工夫落實到人倫日常。「事上磨煉」說的概念系統承襲自孟子提出的「必有事焉」思想，那麼，「必有事焉」的具體內容是怎樣的呢？

「必有事焉」的含義。第一，從「事」的產生來看，人無往不在「事」中。由第一章第二節對心、物關係的探討可知，王陽明認為「物即事」、「意之所在為物」、「良知感應為物」。換言之，「事」由「意」之涉著或「良知」感應而來。「意」指「心」發出的意念，「心」的活動永無止境，意念也沒有停息之時，「實無無念時」[145]。「良知者，心之本體，即前所謂恆照者也」[146]，「良知」作為心之本體，無起無不起，恆照、恆明、恆在，其感應不息。既然作為「事」之源頭的「意」（「心」）與「良知」活動不息，所以「事」也不息，也即人無往而不在「事」中，這是「必有事焉」的第一層含義。

第二，從「成聖」作為人生最高目的來看。人無往而不在「事」中，這個「事」具有特定的範圍和宗旨。作為「事」之源頭的「本心」、「良知」是成聖的根據，所以，「必有事焉」之「事」指的是成聖之事。這是「事」的範圍和宗旨。所以陽明說：「凡人為學，終身

---

144 王守仁：〈傳習錄下〉，《王陽明全集》卷三，第104頁。

145 王守仁：〈傳習錄下〉，《王陽明全集》卷三，第103頁。

146 王守仁：〈傳習錄中〉，《王陽明全集》卷二，第69頁。

只為這一事，自少至老，自朝至暮，不論有事無事，只是做得這一件，所謂『必有事焉』者也。」[147]「必有事焉」指「成聖」是人生最根本的一件事，自少至老，終身只有此事。所有事情皆以成聖為最高目的，皆是成聖之事。故而陽明說：「下至閭井、田野，農、工、商、賈之賤，莫不皆有是學，而惟以成其德行為務。」[148]不論地域、職業，人們皆以「成德」、「成聖」為第一要務，在自己的生活、天賦、職業中做「成聖」的修養工夫。

第三，從本體、工夫相即不離看。「心不可以動靜為體用。動靜，時也。即體而言，用在體，即用而言，體在用。」[149]本體必須體現在工夫中，工夫必須以本體為根據。「心之本體」超越動靜，動靜是「本心」發用時的狀態。也就是說，「必有事焉」貫穿動靜：「孟子謂『必有事焉』，是動靜皆有事。」[150]「必有事焉」也超越內外之分：「功夫不離本體，本體原無內外。只為後來做功夫的分了內外，失其本體了。」[151]普通觀點認為反觀內省是向內的工夫，講習討論是向外的工夫，陽明指出「本體」無內外之限制，講習討論是「本心」明覺支配下的講習討論，反觀內省是具體事為中的反觀內省。「必有事焉」不分內外工夫。

第四，從「心」、「欲」關係看。「不論食息語默，有事無事，此心常自炯然不昧，不令一毫私欲干涉，便是必有事焉，便是慎獨，便是集義，便是致中和。」[152]「必有事焉」在於去「欲」存「心」，不論行住坐臥還是動息語默，皆保持「本心」炯然不昧，不使一毫私欲

147 王守仁：〈傳習錄中〉，《王陽明全集》卷二，第67頁。
148 王守仁：〈傳習錄中〉，《王陽明全集》卷二，第61頁。
149 王守仁：〈傳習錄上〉，《王陽明全集》卷一，第36頁。
150 王守仁：〈傳習錄上〉，《王陽明全集》卷一，第28-29頁。
151 王守仁：〈傳習錄下〉，《王陽明全集》卷三，第104頁。
152 王守仁：〈語錄〉，《王陽明全集補編（增補本）》，第487頁。

干涉。總之,「必有事焉」表明道德實踐是人的存在方式,本體、工夫相即不離,無內外、動靜之別。「必有事焉」之「事」指在經驗生活的各種事為中豁顯「本心」。

「必有事焉」與「勿忘」、「勿助」的關係。王陽明認為「勿忘」、「勿助」從屬於「必有事焉」工夫,是對「必有事焉」的提撕:「我此間講學,卻只說個『必有事焉』,不說『勿忘勿助』。『必有事焉』者,只是時時去『集義』。若時時去用『必有事』的工夫,而或有時間斷,此便是忘了,即須『勿忘』。時時去用『必有事』的工夫,而或有時欲速求效,此便是助了,即須『勿助』。其工夫全在『必有事焉』上用,『勿忘勿助』只就其間提撕警覺而已。」[153]「勿忘」、「勿助」不具獨立性,不能懸空去做。工夫只是時時「必有事焉」,「必有事焉」間斷時是「忘」,便須「勿忘」;欲速求效時是「助」,便須「勿助」。「勿忘勿助」是對「必有事焉」的輔助,起提撕、警覺作用,離了「必有事焉」工夫懸空去「勿忘勿助」,是沉空守寂之學,遇事便牽滯紛擾,不能經綸宰制,自如應付。

「必有事焉」和「忘」、「助」的現實表現。「必有事焉」的含義之一即「成聖」是終身第一等事,所有事情皆以「成聖」為依歸。這些事情有「病事」:「疾病之來,雖聖賢亦有所不免……然在今日,卻須加倍將養,日充日茂,庶見學問之力果與尋常不同。」[154]把應付疾病視為「成聖」修養工夫的一個環節,加倍用功,可能有比尋常用功時不一樣的體悟。有「學書之事」:「既非要字好,又何學也?乃知古人隨時隨事只在心上學,此心精明,字好亦在其中矣。」[155]臨摹字帖不是要字好,其目的是什麼呢?陽明認為臨字帖是為了使「本心」精

---

153 王守仁:〈傳習錄中〉,《王陽明全集》卷二,第93-94頁。

154 王守仁:〈與弟伯顯札一〉,《王陽明全集補編(增補本)》,第143頁。

155 王守仁:〈示學者〉,《王陽明全集補編(增補本)》,第163頁。

明，換言之，練字也是成聖的修養工夫。有「仰事俯育之事」：「今時同志中，往往多以仰事俯育為進道之累，此亦只是進道之志不專一，不勇猛耳。若是進道之志果能勇猛專一，則仰事俯育之事莫非進道之資。」[156]陽明的弟子多有將仰事俯育視為成聖工夫之阻累者，陽明指出仰事俯育正是「進道之資」，成聖工夫不離仰事俯育。有「交際之事」：「一日寓寺中，有郡守見過，張燕行酒，在侍諸友弗肅。酒罷，先生曰：『諸友不用功，麻木可懼也。』」[157]一次接見郡守的宴席結束後，陽明告誡在座的的眾弟子注意不要麻木大意，中斷修養工夫。因為他發現太守行酒時，眾弟子態度並不恭肅，但眾人並不自知。所以，日常宴飲也是用功之地。有「公職之事」：「我何嘗教爾離了簿書訟獄，懸空去講學？爾既有官司之事，便從官司的事上為學。」有一屬官認為簿書訟獄繁多，抽不出時間從事成聖工夫，陽明告誡他成聖工夫不離本職工作，他可以在官司的事上為學。有「橫逆之事」：「橫逆之來自謗訕怨詈，以至於不道之甚，無非是我實受用得力處，初不見其可憎，所謂山河大地盡是黃金，滿世界皆藥物者也。」[158]橫逆之加常使人感到痛苦、苦悶，陽明認為不論是謗訕怨詈這種小橫逆還是「不道之甚」的極端橫逆事件都是成聖工夫的實受用得力處。主體需要以積極的心態來看待橫逆之事，這樣的話，山河大地遍是黃金，滿世界都是醫治病痛的藥物。橫逆之事是成就聖賢人格的契機而非單純痛苦的根源。可見，陽明對「事」的關注與舉例是非常細膩的，生活的一切遭遇、事為都在「必有事焉」的範圍之內。

　　「助長」主要表現為「求速」，如在修養工夫上責效、欲速：「諸君功夫最不可助長。上智絕少，學者無超入聖人之理。一起一伏，一

---

156 王守仁：〈與周道通書五〉，《王陽明全集補編（增補本）》，第200頁。

157 王守仁：〈語錄〉，《王陽明全集補編（增補本）》，第481頁。

158 王守仁：〈語錄〉，《王陽明全集補編（增補本）》，第483頁。

進一退，自是功夫節次。不可以我前日用得功夫了，今卻不濟，便要矯強，做出一個沒破綻的模樣，這便是助長。」能夠超入聖賢人格的上智之人絕少，大部分人必須按照工夫節次不懈努力。工夫過程的起伏、進退都是工夫節次的正常表現，因責效、求速之故，掩飾工夫過程出現的伏、退現象，矯強做出沒破綻的模樣就犯了「助長」的毛病。又如急於注經立說。「所問《大學》、《中庸》注，向嘗略具草稿，自以所養未純，未免務外欲速之病，尋已焚毀。」[159]陽明原本寫了《大學》、《中庸》注解的草稿，後來明白對「大道」的體悟仍有不足，汲汲於注經立說正落入務外欲速的窠臼，所以立即將書稿焚毀。可見，「助長」在現實生活中集中表現為「欲速」、「責效」。

　　「必有事焉」工夫中斷為「忘」，「必有事焉」工夫包括「立志」、「為善去惡」等內容。「立志不真」為「忘」：「大抵吾人為學緊要大頭腦，只是立志，所謂困忘之病，亦只是志欠真切。」[160]「立志不真」導致的「忘本逐末」也為「忘」。「忘本逐末」即將誦習經史、立言垂訓、詩文外好等末用作為根本目標來追求而把「成聖」放在次要位置甚至放棄「成聖」志向。「忘」還表現在「為善去惡」工夫的中斷：「凡處得有善有未善，及有困頓失次之患者，皆是牽於毀譽得喪，不能實致其良知耳。若能實致其良知，然後見得平日所謂善者未必是善，所謂未善者卻恐正是牽於毀譽得喪，自賊其良知者也。」[161]日常生活中主體有時從善有時從欲，乃至困頓失次等問題，皆源於不能實致良知，被毀譽得喪牽絆，中止了「致良知」工夫，「自賊」良知。除「自賊」，還有「自暴自棄」：「夫為夫子之鄉人，苟未能如昔

---

159 王守仁：〈與陸原靜〉，《王陽明全集》卷四，第186頁。

160 王守仁：〈傳習錄中〉，《王陽明全集》卷二，第65頁。

161 王守仁：〈傳習錄中〉，《王陽明全集》卷二，第67頁。

人焉，而不恥不若，又不知所以自勉，是自暴自棄也。」[162]見賢不能思齊，懈怠於工夫修養而不知自勉是為「自暴自棄」。總之，「忘」表現為「志向不堅」、「立志不真」、「忘本逐末」、「自暴自棄」等問題。

質言之，王陽明主張的「事上磨煉」即從本體、工夫合一的角度在「意之所在」和「良知之感應」處不斷清明和落實「良知」、「本心」。

以上從「必有事焉」的含義，「必有事焉」與「勿忘」、「勿助」的關係，「必有事焉」和「忘」、「助」的現實表現等三個方面討論了王陽明的「事上磨煉」思想，下面展開「事上磨煉」對「必有事焉」繼承與發展情形的論述。

王陽明「事上磨煉」的概念系統完全承襲自孟子的「必有事焉」思想，包括對「事」、「忘」、「助」等概念含義、現實表現以及「必有事焉」工夫路徑的繼承。就「事」而言，王陽明繼承了孟子對「事」的雙重規定：一是對「良知」、「本心」的確信，二是將「良知」、「本心」落實到經驗生活的種種事為中。就「忘」而言，王陽明繼承了孟子用「中斷」、「止息」界定「忘」的觀點。就「助」而言，王陽明繼承了孟子對「助」的如下解釋：欲速、求效。就「忘」的現實表現而言，王陽明繼承了孟子對「自暴」、「自棄」、「自賊」的討論。就「必有事焉」的工夫路徑而言，王陽明繼承了孟子反求、擴充內在心性的工夫進路，要求心性必須表現在具體事為之中，事為一定要在心性的範導下進行。就王陽明所使用的概念、命題等表述而言，「必有事焉」、「自暴」、「自賊」、「自棄」、「勿忘」、「勿助」等皆來源於《孟子》。

「事上磨煉」對「必有事焉」的發展主要表現為豐富式發展，也即對孟子「必有事焉」相關闡釋的進一步充實、豐富。如王陽明對

---

162 王守仁：〈山東鄉試錄序〉，《王陽明全集》卷二十二，第925頁。

「必有事焉」與「勿忘」、「勿助」關係的探討。根據孟子的論述可知，「勿忘」、「勿助」從屬於「必有事焉」。王陽明進一步指出「勿忘」、「勿助」是對「必有事焉」工夫的提撕、警覺，離了「必有事焉」談論「勿忘」、「勿助」是空疏之論。又如「必有事焉」的含義。孟子界定了「必有事焉」的基本含義，陽明則從多個角度進一步作了闡釋：從「事」之產生看，「必有事焉」指人無往不在「事」中；從「成聖」是人生最高目的看，經驗生活中的所有事情皆是成聖之事；從本體、工夫相即不離看，「必有事焉」無動靜、內外之別；從「心」、「欲」關係看，「必有事焉」在於保持「本心」炯然不昧，無私欲干涉。再如「必有事焉」和「忘」、「助」的現實表現。孟子提出「五倫」關係，「必有事焉」必定要在五倫關係的事為中進行。王陽明在講習、教學中談到了不少更為具體的事例。如學書之事、司獄之事、橫逆之事、疾病之事、仰事俯育之事、行酒交際之事等等。這些生活中的現實事例生動、具體，更易讓人感受到「必有事焉」工夫的生活化特點。對於「勿忘」、「勿助」孟子提到「自暴自棄」、「揠苗助長」等行為活動。王陽明則列舉了矯強掩飾工夫的起伏、進退，汲汲於注經立說，立志不真、忘本逐末、為善去惡不篤等現實行為表現，使人們有了更多的參照事例。

　　質言之，「事上磨煉」是陽明為了對治求靜之蔽而提出的實踐工夫，其絕大部分主張來自孟子的「必有事焉」工夫。實際上，「事上磨煉」屬於「致良知」的一部分。換言之，「致良知」吸收了「必有事焉」工夫。王陽明說：「『必有事焉而勿忘勿助』，事物之來，但盡吾心之良知以應之。」[163]所傳達的意思即「致良知」融攝了「必有事焉」。錢德洪也說：「揭『必有事焉』即『致良知』功夫，明白簡切，

---

163 王守仁：〈傳習錄中〉，《王陽明全集》卷二，第67頁。

使人言下即得入手。」[164]錢德洪認為「致良知」即「必有事焉」工夫，但在教法上更為明白簡切，使人聽聞之後即得工夫入手處。王陽明主張工夫實踐的頭腦、宗旨是一定的，但教法則多種多樣，他一直在尋求明白簡切的「口號」，「致良知」是最合適的命題，既包含頭腦，也點明了工夫。為了檢驗「致良知」的「優越性」，與往聖先賢的主張相印證、比較是最為妥當的方法。在此過程中，王陽明發現「致良知」與往聖先賢的基本主張無不吻合。「必有事焉」是被「致良知」融攝的孟子的又一重要命題。這顯示了「致良知」說的「生命力」和「優越性」，也表現了王陽明重工夫不重知解的學術品質。

第三節　真知與篤行

　　孟子很少直接討論知行工夫，但由上節對「必有事焉」的考察可知，事為的終始常常涉及知行問題。換言之，知行工夫在孟子思想中占有一定的比重，是其工夫思想的重要組成部分，只不過需要經過仔細的挖掘工作才能有所瞭解。與孟子不同，王陽明對知行工夫有許多深刻且直接的論述。龍場悟道後王陽明首揭「知行合一」說，細考兩者的相關文獻可知，王陽明對孟子的知行工夫思想也作了繼承與發展。下面在分別論析孟子、王陽明二人知行工夫思想的基礎上，對這一議題展開具體介紹。

一　「反身而誠」與「知行合一」

　　孟子對知行問題的討論散落在其他議題之內，這裡結合相關文

---

164 錢德洪：〈傳習錄中序〉，《王陽明全集》卷二，第45頁。

獻，努力為孟子的知行工夫提供一個較為系統的理論說明。

知行工夫原則。知行工夫原則指知行工夫的宗旨、頭腦。孟子知行工夫的原則是「反身而誠」：「悅親有道，反身不誠，不悅於親矣。誠身有道，不明乎善，不誠其身矣。是故誠者，天之道也；思誠者，人之道也。至誠而不動者，未之有也；不誠，未有能動者也。」（《孟子・離婁上》）一般情況下，五倫關係中的親子之倫是新生命成長過程中最先接觸到的社會關係，親子之情也常常是「良知」萌發最真切篤實處，所以於此處說「反身而誠」。天對自身之「誠」自知自行。以真實無妄，剛健不已為內容的「誠體」並非超驗的實體，它必須主動通過自然事象的變化過程來呈現自己，所謂「天不言，以行與事示之而已矣。」（《孟子・萬章上》）風霜雨露、日月輪轉、寒暑交替等等自然事象就是天之行與事。換言之，作為「天之道」的「誠體」將對自身的知行統一於自然現象的無窮運轉之中，「誠體」即知即行，所以「至誠則動」。「誠體」下貫於人為「善」，為「良知」，為「人性」。人效法「天之道」即「思誠」，「思誠」的具體內容是「明善誠身」。「明善」屬「知」，「誠身」屬「行」。「明善」之「知」是「良知」自知，也即「反身」；「誠身」之「行」是「良知」自行，也即「而誠」。如同「誠體」在自然事象中呈現自己一樣，「明善」需要在「誠身」之行中得以展開，離開「誠身」的現實道德實踐，無法真正做到「明善」；同時，「誠身」也需要在「明善」之知中切實篤行，離開「明善」，「誠身」將淪為「義襲而取」。總之，「反身而誠」表明孟子認為知行由「良知」自知自行，知行相輔相成。

知行工夫的類型。知行工夫作為「良知」主體的活動，因行動載體的不同而表現為不同的類型。第一，身行。「身」指眼、耳、鼻、口、四肢等組成的物質性生理組織。身行即「心志」活動外現於身體。孟子說：「仁義禮智根於心，其生色也睟然，見於面，盎於背，

施於四體。」(《孟子・盡心上》)「四端之心」之知——仁義禮智等道德原理會通過臉色、肩背、四肢的活動表現出來。比如,「胸中正,則眸子瞭焉;胸中不正,則眸子眊焉。」(《孟子・離婁上》)「本心」、「良心」不受欲望干擾,則眼睛明亮,否則,眼睛渾濁。又如,「夫泚也,非為人泚,中心達於面目。」(《孟子・滕文公上》)上古不土葬父母的人,見到狐狸、蒼蠅、蚊子圍繞著屍身,額頭會不由自主地流出汗水。這是羞恥之心通過面目上的汗水表現出來。第二,德行。德行即「良心」、「本心」通過父子、夫婦、朋友、兄弟等倫常關係表現出來。孩提之童漸長之後的「親親」行為是在「踐仁」,「敬長」行為是在「行義」,「良心」的「仁義」之知通過「親親」、「敬長」得到落實。第三,政行。政行指將「本心」之知通過政治權力、組織、制度等政治載體加以實行。孟子說:「以不忍人之心,行不忍人之政,治天下可運於掌上。」(《孟子・公孫丑上》)治理天下的根本是「不忍人之心」之知,將此知通過仁政、先王之法實施出來,即可實現天下大治。第四,學行。學行指將「本心」之「知」通過為學與講學的過程加以實行。孟子通過「本心」之「仁」,而懷疑《尚書・武成》對周武王伐紂的記載,就是將「本心」之「知」實踐於讀書。孟子對梁惠王宣講仁義,為時為士子的滕文公「道性善」,則是將「本心」之「知」實踐於講學。因此,孟子主要從身行、德行、政行、學行等四個方面對知行工夫類型作了說明。

　　知行工夫特點。知行工夫貫穿經驗生活的方方面面,根據《孟子》中相關材料,可將其特點歸納為以下三點:第一,知一行多。從類型上看,行至少有身行、德行、政行、學行四種類型,但這四種行之知皆是人人同具的「良知」。從知行工夫的對象看,父母、兄弟、朋友等皆是知行工夫的對象,但知仍然是同一個「良知」。所以,「知一

行多」指同一個「良知」展現為多樣的實踐活動。第二，知行相適[165]。知與行，你中有我，我中有你。雙方的展開需要對方為條件，展開的好壞也需要以對方為參照，從而產生知行互相調適的特點。孟子說：「愛人不親，反其仁；治人不治，反其智；禮人不答，反其敬。」（《孟子・離婁上》）道德、政治之行沒有得到相應的結果，應該立即反省「良知」之知。所以關愛別人，別人卻不親近自己時要反省「良知」之「仁」；以禮待人，別人卻不回應時要反省「良知」之「敬」；按法規、政策開展政務，百姓卻不滿意時要反省「良知」之「智」。以上三例是以「行」為參照來調適「知」。孩提之童皆能愛其親，但其愛僅表現為看到父母時的興奮、呀呀、求抱。這些行為與其當下的「良知」相適應，要求他通過為父母洗衣、做飯等行為來表達「親愛」之知顯然是不可能的。這是以「知」為參照來調適「行」。因此，知行工夫是動態的互相調適的過程。第三，知行無窮。知行工夫貫穿生命的始終即無窮性。從知一行多、知行相適兩個特點就可知知行工夫貫穿於生活的方方面面、時時處處，所以具有無窮性。從工夫的層次來看，有「性之」者，有「反之」者：「堯舜，性者也；湯武，反之也。」（《孟子・盡心下》）朱熹認為：「性者，得全於天，無所污壞，不假修為，聖之至也。反之者，修為以復其性，而至於聖人也。」[166]「性者」的知行工夫無私欲摻雜，不假修為；「反者」的知行工夫需要通過後天努力去除私欲的遮蔽，恢復本性。因此，知行工夫具有「反之」、「性之」之層次上的差異，由「反之」到「性之」的

---

165 李承貴教授認為王陽明思想中的「知」、「行」不是靜止、抽象的合一，而是動態、具體的合一，因此「知行合一」的最佳模式是「知行相適」。這裡借用這一概念，意在強調「知」、「行」二者互為條件、互為參照、互相調適的特點。參見李承貴：〈王陽明「知行合一」說之特質〉，《江海學刊》2022年第2期。
166 朱熹：《四書章句集注》，北京：中華書局，1983年，第373頁。

提升，需要無窮的工夫實踐。總之，知一行多表明知行工夫貫穿人生的方方面面，知行相適表明知行工夫需要動態調整以達致最佳狀態，知行無窮表明知行工夫具有難易、境界、層次上的區別。

我們結合相關文獻，從知行工夫原則、知行工夫類型以及知行工夫特點等三個方面梳理出孟子的知行工夫思想。相較孟子，王陽明對知行工夫有著更為詳細、直接且豐富的論述，下面對王陽明的知行工夫思想展開介紹。

（一）知行工夫原則

王陽明認為知行工夫的宗旨、頭腦、原則是「知行合一」。其一，揭櫫「知行合一」說的目的在於「明先聖之學」。《年譜》記載，陽明三十八歲時在貴陽首論「知行合一」工夫原則。爾後，又不斷對其內容做出闡釋。陽明認為知行從實踐角度而言「元來只是一個工夫」[167]，從教法的角度而言古人既說知又說行「是古人不得已補偏救弊的說話」[168]，因為對於冥行妄作，不解思維省察的人提點「知」是為了讓他們「行的是」，對於懸空思索，不肯著實躬行者提點「行」是為了讓他們「知得真」。世人誤解這種方便教法而把知行分作兩件工夫去做，沉迷於功利、辭章之學，將成聖的知行工夫拋在一邊，「故遂終身不行，亦遂終身不知」[169]。與世人的誤解相反，聖賢教人做知行工夫是為了復知行本體：「未有知而不行者。知而不行，只是未知。聖賢教人知行，正是要復那本體。」[170]知行本體即知行工夫的本然規定——知者必行，「知行合一」。因此，「知行合一」說決非標

---

167 王守仁：〈答友人問〉，《王陽明全集》卷六，第232頁。
168 王守仁：〈傳習錄上〉，《王陽明全集》卷一，第5頁。
169 王守仁：〈傳習錄上〉，《王陽明全集》卷一，第5頁。
170 王守仁：〈傳習錄上〉，《王陽明全集》卷一，第4頁。

新立異、鑿空杜撰，其提出蘊藏著「明先聖之學」的良苦用心：「揭知行合一之說……思有以正人心，息邪說，以求明先聖之學。」[171]

其二，「知行合一」原則的具體內容。第一，「知是行的主意，行是知的功夫；知是行之始，行是知之成。」[172]王陽明認為道德原理是道德實踐的主意、頭腦，道德實踐是道德原理現實化的必要手段、方式。道德原理貫穿整個實踐過程且是過程的開端，道德實踐則是對道德原理的逐步落實和完成。知行交養互發，具體地看，「知之真切篤實處，便是行；行之明覺精察處，便是知。」[173]所謂「知為主意」，即「知」具有「明覺精察」的能力，使「行」免於冥昧妄作；所謂「行為完成」，即「行」具有「真切篤實」的能力，使「知」免於懸空妄想。所以知行「合一並進」[174]，本不可離。第二，「真知即所以為行，不行不足謂之知。」[175]道德原理與一般的理論知識不同：理論知識重在「求真」，要求符合邏輯推演，能夠解釋經驗現實，是思維的舞蹈；道德原理重在「求善」，要求不離日用常行，能夠圓融現實生活，是行為的樂章。理論知識不必然要求實踐，道德知識天然關聯實踐。所以陽明說：「就如稱某人知孝、知弟，必是其人已曾行孝行弟，方可稱他知孝知弟，不成只是曉得說些孝弟的話，便可稱為知孝弟？」[176]倫理實踐領域對「知」的評價以實行為前提，稱某人知孝悌一定基於該人已有實際的孝悌行為，沒有實踐的口耳講論「不足謂之知」。更進一步，「真知」除包含「必能行」外，還對動機提出了真切要求：「若只是那些儀節求得是當，便謂至善，即如今扮戲子，扮得

---

171 王守仁：〈書林司訓卷〉，《王陽明全集》卷八，第314頁。
172 王守仁：〈傳習錄上〉，《王陽明全集》卷一，第5頁。
173 王守仁：〈傳習錄中〉，《王陽明全集》卷二，第47頁。
174 王守仁：〈傳習錄中〉，《王陽明全集》卷二，第48頁。
175 王守仁：〈傳習錄中〉，《王陽明全集》卷二，第48頁。
176 王守仁：〈傳習錄上〉，《王陽明全集》卷一，第4頁。

許多溫凊奉養的儀節是當，亦可謂之至善矣。」[177]道德實踐包括道德意志、道德情感、道德觀念、禮儀節文等要素，其中道德意志是判斷道德實踐是否符合「至善」的惟一標準。儀節是當的行動是出於道德意志還是出於利己的意圖有著質的差別，戲子的行為動機出於「盈利」，而非「孝敬」，這種行為沒有任何道德價值。「真知」一定既合乎禮儀節文又出於道德意志，正如康德所說：「對於什麼才應該是道德上善的，僅僅是合乎德性法則是不夠的，而必須也是為了德性法則而發生；否則，那種符合就只是非常偶然的和形形色色的，因為有時不道德的根據固然也會產生出合乎道德法則的行動，但更多時候是產生違背道德法則的行動。」[178]「真知」一定產生道德行為，而且行為普遍必然地符合道德法則，而非有時偶然合乎道德法則。

其三，「知行合一」由「良知」自知自行。王陽明曾說：「吾良知二字，自龍場以後，便已不出此意。」[179]也就是說，陽明三十七歲龍場所悟在思想邏輯上就是「良知」，只不過一時沒想到「良知」概念來表出之。三十八歲與席書的討論中揭示的「知行合一」說正是對「良知」的闡發。在將「良知」作為學說的重心之後，陽明指出「良知」的自知能力：「凡意念之發，吾心之良知無有不自知者。其善歟，惟吾心之良知自知之；其不善歟，亦惟吾心之良知自知之。」[180]無論停留在頭腦中的意念還是作為行為開端的意念，其善惡皆由「良知」自知，自知的同時，「良知」亦會自行：「是的還他是，非的還他非。」[181]如果將自行視為「良能」的話，「良知」、「良能」的交養互

---

177 王守仁：〈傳習錄上〉，《王陽明全集》卷一，第4頁。

178 〔德〕康德著，楊雲飛譯，鄧曉芒校：《道德形而上學奠基》，北京：人民出版社，2013年，第5-6頁。

179 王守仁：〈傳習錄拾遺〉，《王陽明全集》卷三十二，第1290頁。

180 王守仁：〈大學問〉，《王陽明全集》卷二十六，第1070頁。

181 王守仁：〈傳習錄下〉，《王陽明全集》卷三，第120頁。

動就是「知行合一」的本旨:「知良能,是良知;能良知,是良能。此知行合一之本旨也。」[182]因此,「知行合一」是「良知說」的必然命題:「良知存在也不是孤懸於人倫日常之外的概念假設,而必然落在人倫日用之內,自己意識到自己,並自己呈現自己,由此可以說,知行合一乃是陽明良知學的必然命題。」[183]

其四,「知行合一」的天道根源。儒家講求「天人合德」,「知行合一」命題也不例外。陽明說:「夫天地之道,誠焉而已耳;聖人之學,誠焉而已耳。」[184]天地之運轉規律是「誠」,聖人之修養工夫也是「誠」。具體來看,「草木生焉,禽獸居焉,寶藏興焉;四時之推欱,寒暑晦明⋯⋯是何也?誠之無所與也,誠之不容已也,誠之不可掩也。君子之學亦何以異於是!⋯⋯是故蘊之為德行矣,措之為事業矣,發之為文章矣⋯⋯一誠字所發,而非可以聲音笑貌而幸而致之也。故曰:『誠者,天之道也;思誠者,人之道也。』」[185]南岡草木的繁茂枯槁,動物的繁衍生息,四時之更替,寒暑晦明之往來皆是天地之「誠體」不容已的流行發用,此為天之道。人效法天之道為「思誠」,「思誠」即將「誠」落實於人倫日用而非停留於聲音笑貌,「誠」可蘊為德行、措為事業、發為文章,總之,對「誠體」的知與行造就了人生的方方面面。天地之道在《中庸》被描述為「誠」,在《周易》被闡述為「乾坤之道」,陽明弟子薛侃說:「知行即是乾坤萬物之生,得氣於天,成形於地,豈有先後?知屬乾,行屬坤,故曰『知崇禮卑,崇效天,卑法地』,又曰『乾以易知,坤以簡能。乾知

---

182 王守仁:〈語錄〉,《王陽明全集補編(增補本)》,第496頁。

183 吳震:〈王陽明的良知學系統建構〉,《學術月刊》2021年第1期。

184 王守仁:〈南岡說〉,《王陽明全集》卷二十四,第1000頁。

185 王守仁:〈南岡說〉,《王陽明全集》卷二十四,第1001頁。

大始，坤作成物』。」[186]萬物之生得氣於天，成形於地，是天地共同
作用的結果。知為乾，行為坤，萬事之終始是知行共同作用的結果。
所以，「知行合一」是對「誠體」和「乾坤之道」的效法。

（二）知行工夫的類型

知行工夫之「行」具有多種表現方式，從而使知行工夫形成若干
類型。

第一，身行，即「知」由眼、口、面目、四肢等身體組織加以表
現。陽明說：「蕩於其心者其視浮，歉於其心者其氣餒，忽於其心者
其貌惰，傲於其心者其色矜。」[187]「本心」之「知」無論是否摻雜人
欲都能夠通過身體表現出來，心蕩者眼神飄忽不定，心忽者形貌懶
惰，心傲者神色驕矜。如果言語沒有條理，可知「本心」之「知」已
被私欲擾亂：「語言無序，亦足以見心之不存。」[188]

第二，德行，即「本心」之仁、孝、悌等道德法則通過父子、兄
弟、夫婦、朋友等人倫關係表現出來。如「見父自然知孝，見兄自然
知弟，見孺子入井自然知惻隱」[189]。所謂「知孝」、「知悌」、「知惻
隱」，即將「孝」、「悌」、「惻隱」等「良知」落實到與父、兄、孺子
的關係中。

第三，政行，即將「本心」之「知」通過政治途徑落實到百姓的
生活，實現天下之治的目標。陽明說：「聖人之求盡其心也，以天地
萬物為一體也……故於是有紀綱政事之設焉，有禮樂教化之施焉，凡

---

186 薛侃著，陳椰編校：〈雲門錄〉，《薛侃集》卷一，上海：上海古籍出版社，2014
　　年，第21頁。
187 王守仁：〈觀德亭記〉，《王陽明全集》卷七，第274頁。
188 王守仁：〈語錄〉，《王陽明全集補編（增補本）》，第480頁。
189 王守仁：〈傳習錄上〉，《王陽明全集》卷一，第7頁。

以裁成輔相、成己成物，而求盡吾心焉耳。心盡而家以齊，國以治，天下以平。」[190]古聖先賢為實現「良知」、「萬物一體之念」，於是設置紀綱政事，實施禮樂教化，使得家齊、國治、天下平。

第四，學行，即在誦經讀書時踐行「良知」，在講學中啟發弟子的「良知」。陽明說：「且如讀書時，良知知得強記之心不是，即克去之。」[191]「良知」能夠覺知讀書過程中產生的強記、欲速、炫耀、貪多等不良念頭，並將之克倒，也就是把「良知」落實到為學的過程中。除自己為學，陽明也通過講學使弟子明白工夫切要在「良知」：「我這個良知就是設法的塵尾，捨了這個，有何可提得？」[192]陽明指出「良知」簡切明白，就如禪師設法的塵尾，除此之外，無它可講。各弟子「致」自家「良知」即可。這是把「良知」實行於講學過程中。由此可知，王陽明認為知行工夫根據表現方式的不同主要可分為身行、德行、政行、學行等四種類型。

（三）知行工夫的特點

知行工夫以「知行合一」為指導原則，表現在身行、德行、政行、學行等領域，那麼，知行工夫具有怎樣的特點呢？第一，知一行多。就身行、德行、政行的主體而言，「良知」無疑是三者共同的主體。換言之，公共同一的「良知」被實踐於不同領域、不同對象、不同事件，所以知行工夫具有知一行多的特點。第二，知行相適。知行工夫合一並進的過程是兩者動態調適的過程。「知」之明覺精察需在「行」中調適。如「良知」之「智」、「仁」、「禮」等「知」在軍旅之事中調適：「此是對刀殺人事，豈能竟想可得？必須身習其事，斯節制

---

190 王守仁：〈重修山陰縣學記〉，《王陽明全集》卷七，第286-287頁。

191 王守仁：〈傳習錄下〉，《王陽明全集》卷三，第114頁。

192 王守仁：〈傳習錄下〉，《王陽明全集》卷三，第124頁。

漸明，智慧漸周，方可信行天下。未有不履其事而能造其理者。」[193]
戰爭是對刀殺人之事，「仁」、「智」等道德良知如何應對這殘忍、血
腥的場面只有在戰場上實際經歷才能取得相應經驗。對軍隊的節制、
調動，對戰術的調整、實施皆需根據戰局的變化即時做出判斷，這需
要「良知」在當時特定情境中不受恐懼、焦急等情緒的干擾流暢應
對。必須身習軍旅之事，才能做到「節制漸明，智慧漸周」。思慮再
多，也只是紙上談兵，不能實造其理。因此，先驗之「知」只有在與
經驗之「行」的互動中才能成為現實化的明覺之「知」。「行」之真切
篤實需在「知」中調適。如冬溫、夏清之行需要在「孝」中調適：
「就如講求冬溫，也只是要盡此心之孝，恐怕有一毫人欲間雜；講求
夏清，也只是要盡此心之孝，恐怕有一毫人欲間雜。」[194]冬溫、夏清
不是形式化的儀節與虛偽的表演，而是「孝心」發出來的具體事為，
冬溫、夏清之行需要在「孝」之「知」的範導下做到真切篤實。總
之，知行工夫是在相互作用中逐漸調適的過程。第三，知行無窮。就
「良知」是意義世界的根源而言，「良知」生天生地，人從生到死整
個生命的呈現皆依賴於「良知」自行自知。就知行工夫類型而言，身
行、學行、德行、政行等人生的各個方面皆是知行工夫的用武之地。
就知行工夫的層次而言，「知行二字即是功夫，但有深淺難易之殊
耳。良知原是精精明明的，如欲孝親，生知安行的只是依此良知，實
落盡孝而已；學知利行者只是時時省覺，務要依此良知盡孝而已；至
於困知勉行者，雖要依此良知去孝，又為私欲所阻，是以不能，必須
加人一己百、人十己千之功，方能依此良知以盡其孝」[195]。「良知」
作為知行工夫的主體，其在每個人的本然面貌都是精精明明的，但人

---

193 王守仁：〈語錄〉，《王陽明全集補編（增補本）》，第464頁。

194 王守仁：〈傳習錄上〉，《王陽明全集》卷一，第3頁。

195 王守仁：〈傳習錄下〉，《王陽明全集》卷三，第126頁。

的氣質有清濁的不同，從而對其形成不同程度的障蔽，由此造成知行工夫的深淺難易：生知安行、學知利行與困知勉行。三個層次之間相去懸絕，不知有多少次第、積累在，每一次躍遷都要付出極大的努力。總之，從知行工夫貫穿在人生的時間、領域及其層次三方面觀之，知行工夫無疑具有無窮性。

（四）知行工夫針對的現實問題

陽明指出：「某今說個知行合一，正是對病的藥。」[196]「對病的藥」表明陽明提倡的知行並進工夫是針對現實問題而來，根據相關文獻，我們認為可將現實問題歸納為「外心求理」、「輕忽念頭」等兩種知行二分問題。[197]對於「外心求理」，陽明說：「心一而已，以其全體惻怛而言謂之仁，以其得宜而言謂之義，以其條理而言謂之理；不可外心以求仁，不可外心以求義，獨可外心以求理乎？外心以求理，此知行之所以二也。」[198]倫常關係之理是「本心」、「良知」所賦，所以「有孝親之心，即有孝親之理」[199]。「賦理」就是「本心」將「理」變為具體的德行，因此，「本心」、「良知」既是「知」的主體，也是「行」的主體，所以「知行合一」。「外心求理」將「本心」這一「知理」、「行理」的根源忽略了，由此造成「知」與「行」的二分。其「知」是外向的知識性求索或口耳講論，導致「沉湎經書」、「言行不一」的問題；其「行」則是不具道德價值的冥妄之行，導致「冥行虛

---

196 王守仁：〈傳習錄上〉，《王陽明全集》卷一，第5頁。

197 李承貴教授細緻討論了「知行二分」的五種表現：「外心求理」、「沉湎經書」、「言行不一」、「輕忽念頭」、「冥行虛知」。筆者深受啟發，但認為「沉湎經書」、「言行不一」、「冥行虛知」可視為「外心求理」所導致的問題。參見李承貴：〈王陽明「知行合一」論五種旨趣〉，《天津社會科學》2021年第1期。

198 王守仁：〈傳習錄中〉，《王陽明全集》卷二，第48頁。

199 王守仁：〈傳習錄中〉，《王陽明全集》卷二，第48頁。

知」的問題。「外心求理」將「理」當作外在事物的客觀屬性,到事物上研究「物理」,於是沉浸在對經書的訓詁、知解之中不能自拔(沉湎經書)。外在事物的客觀屬性沒有「必能行」的必然要求,於是又或停留在口耳講論之中(言行不一)。「外心求理」失去了「知」的範導,所以其「行」是基於非道德意圖的「冥行虛知」,有可能合乎道德規範,但不合乎道德性,比如為了博取名譽而抱住將要跌入水井的孺子,「知行合一」的「行」則是基於惻隱之心攔住孺子。「輕忽念頭」問題指不能實行所發的善念或不能克倒所發的惡念。陽明說:「今人學問,只因知行分作兩件,故有一念發動,雖是不善,然卻未曾行,便不去禁止。我今說個『知行合一』,正要人曉得一念發動處,便即是行了。發動處有不善,就將這不善的念克倒了。」[200]前文已述,陽明主張「知是行之始」,所以念頭之發實際也是行為的發動,也就是這裡的「一念發動處即是行」。如果不禁止惡念,惡行將逐漸明朗且造成不良後果。同樣,善念作為善行的發動,需要被堅持實行直至完成。善念不能篤行,惡念不能克倒都犯了將知行二分的毛病。

我們從知行工夫原則、類型、特點三個方面分別梳理了孟子、王陽明的知行工夫思想,並且根據王陽明的相關文獻,又介紹了他對知行工夫針對的現實問題的看法,下面基於上述內容分析王陽明對孟子知行工夫思想繼承與發展情況。

王陽明繼承了孟子的知行工夫原則、類型、特點等三個方面的思想。在知行工夫原則方面,孟子知行相即不離、相輔相成,「良知」自知自行,知行源於天道之「誠」的觀點為陽明所繼承。如就「良知」自知自行而言。孟子所說的「反身」為「良知」自知,「而誠」為「良知」自行,陽明則說「良知無有不自知者」、「能良知,知良

---

200 王守仁:〈傳習錄下〉,《王陽明全集》卷三,第109-110頁。

能」。又如就對天道之「誠體」的效法而言,「誠體」剛健不已,表現
為四時興替、寒暑往來等自然事象,「至誠則動」。孟子和陽明認為,
「誠」是天之道,「思誠」是人為的修養工夫。「思誠」即效法「誠
體」之「至誠則動」而「真知必行」。在知行工夫類型方面,陽明繼
承了孟子對身行、德行、政行、學行的區分,認為「本心」之「知」
會通過感官、四肢等身體組織,人倫關係、政治事務、講學和讀書為
學的過程被加以實踐。就身行而言,孟子說:「胸中不正,則眸子眊
焉」,陽明則說:「蕩於其心者其視浮」。「本心」的活動能夠從眼睛的
狀態表現出來。就德行而言,「良知」通過父子之親、兄弟之悌、見
孺子入井之惻隱等人倫關係實現出來為兩人共持的觀點。就政行而
言,陽明繼承了孟子以心出政的主張。孟子要求基於「不忍人之心」
而行「不忍人之政」,陽明則提出盡「萬物一體之心」以行「平天下
之政」。就學行而言,陽明繼承了孟子將「良知」踐行到為學與講學
過程的觀點。讀書時,與「良知」不合處應大膽質疑,所以孟子認為
《尚書·武成》只有二、三策可信,陽明則指出即便孔子之言若與
「本心」不符也不可信。講學時,孟子、陽明有教無類,不論對象是
誰,總是反復申說「良知」、「本心」,二人的動機也皆出於「一體同
物」之心。在知行工夫特點方面,知一行多、知行相適、知行無窮的
觀點為陽明所繼承。就知一行多而言,陽明同孟子一樣認為公共主體
「良知」能夠表現在生命的多樣領域、具有豐富的對象。就知行相適
而言,陽明繼承了孟子將知行工夫視為知行互相作用,互相調適過程
的觀點。他們皆主張「行」需在「知」的能力範圍內做到真切篤實,
「知」要在「行」的磨煉下做到明覺精察。就知行無窮而言,陽明繼
承了孟子從知行工夫的時間、範圍、層次來理解無窮性的觀點。在時
間上,知行工夫作為成聖工夫是終身性要求;在範圍上,知一行多表
明知行工夫涵蓋生命的各個方面;在層次上,由「反之」到「性之」

既是人格境界的不同，也是工夫層次、難易的不同。實現「反之」到「性之」的躍遷需要大量的工夫實踐與積累。在論述以上三個方面的問題時，陽明也大量使用孟子提出的概念、命題。如「反身而誠」、「良知」、「良能」、「思誠，人之道」、「反求諸己」、「愛人不親反其仁」、「行之而不著」、「博學而詳說」等等。

王陽明對孟子知行工夫思想的發展表現為豐富式、補白式兩種類型。豐富式發展即對孟子清晰論述的內容進行充實、補充、豐富，使之更加完善。如對知行原則中知行關係的論述。孟子的「反身而誠」、「明善誠身」兩個命題，已經指出知行不可分：明善在誠身中展開即知在行中呈現，誠身在明善指導下展開即行在知中篤實。陽明進一步用若干命題充實知行關係：知為行之主意、開端，行是知之工夫、完成；真知必能行；知行合一並進。陽明既指出知行不可分的密切關係，又點明知行對各自的作用。又如對知行原則之天道根源的完善。孟子認為「良知」自知自行是對天道之「誠」的效法，陽明除天道之「誠」外，還從《周易》「乾坤之道」的角度指出知行之相輔相成如天地之交感化育萬物，知行不可二分如天地之不可分離。再如對知行工夫層次的補充。孟子提出「性者」、「反之」，陽明認為「性者」即「生知安行」，「反之」包括「學知利行」、「困知勉行」，並指出層次之間的躍升需要大量的工夫次第和積累，從而既細化了知行工夫層次，又對學者提出了更為明確的要求和期待。補白式發展即陽明的原創性發現，主要表現在陽明對「知行合一」工夫現實意義的闡釋上。陽明認為知行工夫就是成聖工夫，對「知行合一」工夫的揭示就對「先聖之學」的發明，這明確了「知行合一」工夫的重要地位。「知行合一」作為真正的成聖之學既是對「先聖之學」的發明、承繼，也是現實知行二分問題的「治病之方」。其所對治的知行二分問題主要表現為「外心求理」、「輕忽念頭」兩種。「外心求理」側重認

知心對外物屬性和規律的認知，陽明認為這一進路混淆了「物理」與「性理」，將道德法則降格為理論知識，從而造成「言行不一」、「冥行虛知」的問題。由於世人不瞭解「知行合一」，認為知行是兩件工夫，於是常常疏忽對惡念的監管。陽明認為「知是行之始」，念頭之發是行為的開端，必須對惡念防微杜漸，對善念真切篤行，以防「輕忽念頭」。

　　概言之，陽明的知行工夫思想有著明確的現實問題指向。在陽明看來，當時思想界主流提倡的「格物致知」修養工夫蔽昧了「知行本體」，使人們將知行分作兩件事，離成聖目標愈行愈遠。陽明龍場之悟歸本孟子反求、擴充內在心性一路，其知行工夫的重心在扭轉社會外向支離求索的傾向，回歸擴充、實行「良知」的孟子知行工夫主張。陽明認為知識技能是後天聞見之知，確實需要外向求索。但聞見之知不是作聖之知，作聖之知是天德良知，心性本自具足，只需實行即可。因此，他說：「自孟子道性善，心性之原，世儒往往能言，然其學卒入於支離外索而不自覺者，正以其功之未切耳。」[201]孟子性善論已將作聖的心性之原點出，簡易明白，世儒也能口耳相傳，但因不明天德良知的「知行合一」原則而落入聞見之知的支離外索一路，「言益詳，道益晦；析理益精，學益支離無本。」[202]陽明由思考此現實問題而有龍場之悟，並上契孟子的知行工夫。他發現孟子對知行工夫的闡釋在知行關係、對成聖的重要性等方面的模糊之處，在繼承孟子知行工夫原則、特點、類型等內容的基礎上又對知行的本然關係、知行工夫的重要性等內容作了充實與發展，從而既完善了孟子的知行工夫思想，也為「性善論」從「口耳之學」走向「身心之學」奠定了強有力的理論基礎。

---

201 王守仁：〈答方叔賢〉，《王陽明全集》卷四，第196頁。

202 王守仁：〈別湛甘泉序〉，《王陽明全集》卷七，第257頁。

二　「盡心知性」與「生知安行」

　　王陽明並未像朱子那樣對《孟子》全文作集中、詳細的注釋，而是有重點地對若干章節進行了義理闡釋，如對〈公孫丑上〉「不動心」、「集義」、「知言養氣」等概念、命題的論析。這裡要介紹的是王陽明對孟子「盡心」三節的解釋。之所以對此節內容作出專門考察，是因為與諸家對此部分的解釋不同，王陽明從「知行合一」工夫的角度將「盡心」三節視為知行工夫難易深淺的三個層次，延續了其對知行二分問題的現實批判精神，以及將仁、義、禮、智等道德法則落實到日常生活的實學精神。

　　「盡心」三節之本義。孟子說：「盡其心者，知其性也。知其性，則知天矣。存其心，養其性，所以事天也。夭壽不貳，修身以俟之，所以立命也。」（《孟子・盡心上》）這節內容可分為三部分：第一，盡心、知性、知天；第二，存心、養性、事天；第三，不貳、修身、立命。下面依次分析其含義。何謂「盡」？檢索《孟子》全文可知，「盡」有程度和行動兩層意義。程度義即「極致」、「完全」，如「盡信《書》」、「盡棄其學」；行動義即實行某些原則、道理，如「王公不致敬盡禮」、「舜盡事親之道」，由行動義的兩個例子可知，「盡」的行動義無法獨立使用，而是與「至極」義組合使用。所以，「盡其心」即將「本心」的道德法則在相應的情境中實行到極致。何謂「極致」？通過孟子提出的「放其良心」、「失其本心」、「茅塞子之心」、「欲多存寡」等命題可知，「極致」即「本心」、「良心」無絲毫人欲之雜。因此，盡心、知性、知天的意思為：如果主體能夠純粹、至極地實行「本心」也就可以明覺「善性」，通過道德實踐明覺「善性」也就可以上達天道。存心、養性、事天即仍有私欲摻雜的狀態，需要勤勉存養心性寡去人欲，從事於對天道之上達。不貳、修身、立命即

堅定為聖之志，不因「夭壽窮達智愚賢不肖」[203]等主客觀條件改易其志，努力踐行「良知」、「本心」以修身、立命。由此可知，「盡心」三節隱含了知行工夫的境界和難易的區分，但孟子並未詳細展開，這為後世的各種解讀提供了可觀的操作空間。

王陽明對「盡心」三節的集中闡釋主要被記錄在〈傳習錄〉中，其一為徐愛所錄，另兩處出自陽明與弟子顧東橋和聶文蔚的書信中。有學者指出三則內容的時間分別為：徐愛錄部分由薛侃刊刻於正德十三年（1518）八月，陽明當時四十七歲；〈答顧東橋書〉成於嘉靖四年（1525）九月，陽明五十四歲；〈答聶文蔚二〉成於嘉靖七年（1528）十月，陽明五十七歲。[204]雖然三處詳略有異，但從時間上看，後兩處代表王陽明對「盡心」三節更為成熟的看法。下面綜合三處內容及其他相關資料進行介紹。

「盡心」三節與知行工夫及人格境界的關係。王陽明認為：「夫『盡心、知性、知天』者，生知安行，聖人之事也；『存心、養性、事天』者，學知利行，賢人之事也；『夭壽不貳，修身以俟』者，困知勉行，學者之事也。」[205]盡心、知性、知天是聖人境界才能做到的「生知安行」，存心、養性、事天是賢人境界的「學知利行」，「夭壽不貳，修身以俟」則是學者境界所為的「困知勉行」。《中庸》指出「至誠」才能「盡性」，「知天地之化育」方為「知天」，所以陽明基於《中庸》認為只有聖人才能做到盡心、知性、知天。何謂「生知安行」？陽明主張知行有工夫和本體之分：「所謂『生知安行』，『知行』二字亦是就用功上說；若是知行本體，即是良知良能，雖在困勉

203 焦循：《孟子正義》，北京：中華書局，1987年，第879頁。

204 參見崔海東：〈〈傳習錄〉解《孟子》「盡心」三節辨誤〉，載《王學研究》（第七輯），北京：中社會科學文獻出版社，2018年，第42頁。

205 王守仁：〈傳習錄中〉，《王陽明全集》卷二，第49頁。

之人，亦皆可謂之『生知安行』矣。」[206]「生知安行」側重指稱現實
的知行工夫，若從作為知行本體的「良知」、「良能」看，則聖凡、賢
愚皆可稱為「生知安行」。「生知安行」的現實工夫指個體能純然依循
「良知」而動，沒有私欲障蔽：「這良知人人皆有，聖人只是保全，
無些障蔽，兢兢業業，矜矜翼翼，自然不息，便也是學；只是生的分
數多，所以謂之『生知安行』。」[207]聖人也需「矜矜翼翼」、勤勉謹慎
地做工夫，只是他們已能「自然不息」地做到保全「良知」不為私欲
侵擾。「自然不息」、「保全良知」指聖人工夫「久久成熟後，則不須
著力，不待防檢，而真性自不息矣。」[208]聖人的修養工夫已經成熟至
無須著力、不待防檢、不待提撕的自然之境，所謂「必存之既久，不
待於存而自無不存，然後可以進而言盡。」[209]除了聖人之「學」的工
夫，所謂「生的分數多」指他們的氣質清粹，基本沒有障蔽「良知」
的渣滓，是世所罕見的中人以上之質：「人之氣質清濁粹駁，有中人
以上，中人以下，其於道有生知安行。」[210]

對於存心、養性、事天，陽明說：「存其心者，未能盡其心者
也，故須加存之之功。……『事天』則如子之事父，臣之事君，猶與
天為二也。天之所以命於我者，心也，性也，吾但存之而不敢失，養
之而不敢害，如『父母全而生之，子全而歸之』者也。故曰『此學知
利行，賢人之事也』。」又說：「這良知人人皆有……眾人自孩提之
童，莫不完具此知，只是障蔽多，然本體之知自難泯息，雖問學克治
也只憑他；只是學的分數多，所以謂之『學知利行』。」[211]從根器上

206 王守仁：〈傳習錄中〉，《王陽明全集》卷二，第78頁。
207 王守仁：〈傳習錄下〉，《王陽明全集》卷三，第108頁。
208 王守仁：〈傳習錄下〉，《王陽明全集》卷三，第139頁。
209 王守仁：〈傳習錄中〉，《王陽明全集》卷二，第49頁。
210 王守仁：〈傳習錄上〉，《王陽明全集》卷一，第32頁。
211 王守仁：〈傳習錄下〉，《王陽明全集》卷三，第108頁。

看，「學知利行」的人障蔽較多，氣質較為駁雜；從工夫上說，「學知利行」的人需要勤勉作存心工夫以克治障蔽，但存養工夫仍處於著力、提撕的階段，尚未達到不待存而自存的盡心境地，所以「學的分數多」。「事天」指「學知利行」者由於存養工夫不純熟，無法上達天道，體驗到道德秩序與天道的同一性。而是暫時如子事父、臣事君一般，對「天」命於己的「心」、「性」存養之而不敢喪失、戕害。

對於「困知勉行」者，陽明認為他們的為善之心尚未堅定、專一，會因生命之壽夭、際遇之窮通等因素而變動。換言之，「困知勉行者，蔽錮已深，雖要依此良知去孝，又為私欲所阻，是以不能，必須加人一己百、人十己千之功，方能依此良知盡其孝」[212]。拿孝親一事為例，「困知勉行」者盡孝之心不專一且私欲駁雜、蔽錮深厚，只有堅定為善之心志，狠下人一己百、人十己千之苦工，才能做到循「良知」而動的地步。由於他們在心志與工夫上的雙重缺失，所以對「天命」也毫無感受，必須「修身以俟命」。

由上可知，王陽明從知行工夫之難易、境界以及人的根器等三個方面將「盡心」三節闡釋為知行工夫的三重表現。那麼這三重知行工夫之間的關係是怎樣的呢？陽明認為「蓋盡心、知性、知天者，不必說存心、養性、事天，不必說『夭壽不貳、修身以俟』，而『存心養性』與『修身以俟』之功已在其中矣。『存心、養性、事天』者，雖未到得盡心知天的地位，然已是在那裡做個求到盡心知天的工夫，更不必說『夭壽不貳、修身以俟』，而『夭壽不貳、修身以俟』之功已在其中矣」。[213]三重工夫之間存在由上到下的單向包涵關係，盡心、知性、知天包涵了下面兩重工夫，存心、養性、事天包涵了修身以俟工夫。由於三重工夫的主體在根器、力量上差異懸殊，不會出現躐等

---

212 王守仁：〈傳習錄下〉，《王陽明全集》卷三，第126頁。
213 王守仁：〈傳習錄中〉，《王陽明全集》卷二，第97頁。

的情況：「然而三者人品力量自有階級，不可躐等而能也」[214]。陽明還用行路能力為喻說明三者之間的關係，他指出盡心知天者就像年力壯健之人，能夠自如往來數百千里之間；存心事天者如在庭院中學習走路的孩童；修身以俟者如繼褓之孩，只能勉強扶墻傍壁站起，小步移動。因此，正如起立移步是步趨庭除的開始，步趨庭除是千里奔走的基礎一樣，修身以俟是存心事天的起始，存心事天是盡心知性的根基。所以三重工夫中，前者是後者的根基，後者是前者的質的提升。之所以如此，是因為三重工夫是同一個工夫過程的不同階段之表現。

王陽明結合《中庸》「生知」、「學知」、「困知」的區分對「盡心」三節作了別具一格的闡釋，由此將「盡心」三節與人格境界、知行工夫難易程度聯繫起來。這一闡釋確實獨具匠心，但我們認為王陽明的解釋實是對孟子「盡心」三節思想繼承與發展的結果。

王陽明繼承了孟子「盡心」三節的整個理論框架及工夫進路。理論框架指王陽明作為闡釋者完全延用了孟子「盡心」三節的概念、命題和論述。如對「盡」概念的繼承。「盡」在孟子那裡有「至極」、「行動」二義，陽明所說的「保全良知」、「無些障蔽」明顯是對「至極」義的繼承，「兢兢業業」、「亹亹翼翼」則是對「實行」義的繼承。又如孟子提出盡心、知性則能知天，王陽明也認同這一論斷，並援引《中庸》「知天地之化育」來解釋「知天」的含義。工夫進路指「良知」自知自行的知行工夫以及由人道上達天道的工夫模式。孟子提出的「盡心」、「存心」就是將「本心」、「良心」所知實踐到人倫日用，在日積月累的知行工夫中明覺道德秩序與天道智慧的同一性。陽明也主張知行工夫貫穿「盡心」三節，在工夫純熟之後能夠達致「與天為一」的境地。知行工夫也涉及「心」、「欲」關係，由孟子對「寡

---

214 王守仁：〈傳習錄中〉，《王陽明全集》卷二，第98頁。

欲」與「存心」關係的論述可知,「存心」與「寡欲」是知行工夫一體之兩面,「本心」尚需「存養」即「本心」仍有私欲摻雜,「盡心」則是「本心」、「良知」的純粹狀態。陽明也採取了以私欲的有無來區分「存心」、「盡心」工夫的方式。總之,王陽明忠實繼承了孟子的「盡心」三節理論與工夫。

就陽明對「盡心」三節的發展而言,可將之歸納為明晰式與補白式兩種發展方式。明晰式發展是把「盡心」三節裡隱含的意思明晰地揭櫫出來。如對知行工夫的揭示。「盡心」、「存心」、「修身以俟」都含有擴充「良知」,實行「良知」的意思,但孟子並未用「知行」字眼來闡釋「盡心」三節,王陽明則明確使用「知行」二字,從知行工夫難易深淺的角度區分、解釋「盡心」三節。又如「盡心」三節與欲望的關係。「盡心」、「存心」、「修身以俟」之間存在「本心」現實清明程度的不同,其原因即私欲的多寡不同,但孟子並未明言。陽明則明確指出人之氣質有清濁粹駁的不同,「盡心」三節工夫主體在障蔽「良知」的私欲的多寡上存在明顯差異:「盡心」者無私欲,「存心」者私欲寡,「修身以俟」者私欲重。豐富式發展即對孟子明確論述的「盡心」三節的某些內容進行充實、豐富。再如「盡心」的內涵。孟子對「盡心」的規定是實行「本心」到「至極」的程度,「至極」實際暗含著私欲的寡除淨盡。陽明則明確指出「至極」就是使「良知」、「本心」純乎天理,無絲毫人欲摻雜,就如鍛煉精金時要求成色之精純。同時「盡」也有工夫純熟之後不待著力、不勉而中的自然而然的意味。補白式發展即陽明相對於孟子對「盡心」三節的原創式論述。如將根器、工夫、理想人格冶為一爐來區分「盡心」三節。「盡心」者中上根器,生知安行,為聖人境界;「存心」者中等根器,學知利行,為賢人境界;「修身以俟」者中下根器,困知勉行,為學者境界。這種綜合性考察理路是陽明相對於孟子的原創。又如對三重工

夫關係的解讀。陽明指出「修身以俟」是「存心」的起始工夫,「存心」是「盡心」的起始工夫。從「修身以俟」到「盡心」有著嚴格的工夫次第與積累,不可躐等。反過來看,能「盡心」自然能「存心」、「修身以俟」,能「存心」自然能「修身以俟」。三者之間雖然有著懸絕的差異,但實為同一過程的不同階段。以上觀點為發孟子所未發,是王陽明對「盡心」三節的獨特體悟與闡釋。

　　關於陽明對孟子「盡心」三節的詮釋,學術界有不同看法,有的基本採取全盤否定的態度,有的則持同情之理解的態度。牟宗三先生指出:「盡心知性知天是積極的工夫,存心養性事天是消極的工夫,都是實踐的事,而且沒一人都當如此實踐,聖人亦須如此,此是原則性的話。這尚說不到根器的問題,故不能以生知學知來比配。盡心知性知天與『堯舜性之也』非一義,存心養性事天亦與『湯武反之也』非一義。下聯『立命』更是一普遍原則,更不能以困知來比配。」[215]牟先生對王陽明從根器以及知行工夫的難易來區分「盡心」三節的做法並不認同,他認為「盡心」、「存心」、「立命」都是工夫實踐「原則」,具有超越性與普遍必然性,凡聖皆須如此用功,不存在根器及生知、學知、困知的區分。基於上文對孟子與王陽明「盡心」三節思想的分析,我們認為牟先生將「盡心」三節理解為孟子對工夫普遍原則的揭示並無凡聖之別的看法只是一家之言。孟子對「盡」字的使用確實有「至極」之義,「存心」之「存」則沒有「至極」義,所以「盡心」與「存心」在客觀上的確存在層次上的差異。陽明所說的「生知」、「學知」、「困知」是為這種層次上的差異提供一種工夫次第上的具體說明。陽明已經明確指出「生知」也要做工夫,也有「學」,只是「生知」的分數多;「學知」也有「生知」,只是「學」

---

215 牟宗三:《圓善論》,長春:吉林出版公司,2010年,第99-100頁。

的分數多。陽明並未否定存養工夫的普遍必然性，只是強調隨著存養
工夫的漸進積累主體會呈現不同的人格境界與工夫品質。所以，王陽
明的解讀並非鑿空杜撰、盲目比配，牟先生對陽明的評價似乎過於嚴
苛。唐東輝受到牟宗三先生的影響也主張陽明將《中庸》的「生
知」、「學知」、「困知」與孟子「盡心」三節相比配使「盡心」三節失
去了成德工夫的普遍意義。[216]我們對此也不能苟同。與牟先生否定
「盡心」三節存在凡聖之別不同，崔海東認同凡聖之區分，但他認為
「盡心」屬於庸常境界，「存心」屬於賢人境界，「修身以俟」則是聖
人境界，與陽明主張的「庸→賢→聖」之為學次序剛好相反。他的這
一結論源自他對儒家工夫基本格局的理解：「儒家所謂工夫，是針對
心性情欲做自我調節、控制與優化的理性的道德實踐，它包含三大階
段──下學而上達、上達而存養、存養而踐履。」[217]由此，「盡心」
部分是上達道體，「存心」部分存養天機，「修身以俟」部分是踐履發
用。我們認為這種基於對儒家工夫格局的原則性理解來反觀孟子「盡
心」三節工夫的做法有其智慧與可取之處，但並不完全符合孟子的本
義。將「盡心」部分視為上達道體，屬於「庸常」境界，這似乎於理
不合。孔子說：「不怨天，不尤人，下學而上達。知我者其天乎！」
（《論語‧憲問》）「上達」能夠做到「不怨天，不尤人」，能夠與
「天」相溝通，決非剛開始做工夫的庸常者所能達到的境界。所以，
對崔海東先生的論斷我們也不能贊同。

　　黃俊傑先生對王陽明的詮釋持較為正面或者同情理解的態度。
他認為王陽明解釋清了兩個問題：第一，「盡心」的含義；第二，「盡

216　參見唐東輝：〈對朱子、陽明、牟宗三解「盡心知性」章之批判〉，《孔子研究》
　　　2017年第4期。
217　崔海東：〈《傳習錄》解《孟子》「盡心」三節辨誤〉，載《王學研究》（第七輯），
　　　北京：中社會科學文獻出版社，2018年，第39頁。

心→知性→知天」如何可能。對於第一個問題，黃俊傑先生認為王陽明基於「心即理」說和「成色分量」說「對孟子著名的『盡心』說提出最完整的解釋」[218]。「心也，性也，天也，一也」表示「『心』、『性』、『天』三者有其同質性（homogeneity）」使「盡心→知性→知天」的進路成為可能。不僅如此，黃俊傑先生還指出王陽明的詮釋不是書齋裡的文義知解，而是「常常訴諸他自己在精神上困勉掙扎的心路歷程」[219]，所以陽明展現的是一種「體驗式」的詮釋。我們贊同黃俊傑先生的觀點。王陽明以「純乎天理」、「精金之喻」解釋「盡心」，又明確指出「心」、「性」、「天」的同一關係來為由「盡心」到「知天」的工夫進路奠定本體論基礎，這些全是王陽明對孟子「盡心」思想作出的富有價值與新意的充實與發展。

　　概言之，王陽明對朱子基於知識探求進路的「格物致知」思想闡釋「盡心」三節並不認同，在歸本孟子存養、擴充內在心性工夫進路的基礎上，結合《中庸》的知行層次說與根器、理想人格之三重區分，來重新闡釋「盡心」三節。其詮釋實踐是對朱子「知解式」詮釋的反動，從而形成了自己的「體驗式」詮釋理路，為將孔孟主張的仁、義、禮、智等先驗道德法則落實於現實生活做出了重要的理論貢獻。

---

218 黃俊傑：《中國孟學詮釋史論》，北京：社會科學文獻出版社，2004年，第228頁。
219 黃俊傑：《中國孟學詮釋史論》，北京：社會科學文獻出版社，2004年，第236頁。

第三章
「王道論」研究

　　「內聖外王」是儒家一貫的理想追求，「本心論」、「存養論」雖在提升道德境界、實現理想人格方面具有獨立價值，但其最終的目的是為理想政治打下堅實的內在理性[1]基礎。孟子對理想政治的闡述可稱為「王道論」，包括概念闡釋和具體施政措施兩部分內容，概念闡釋即王霸之辨，具體施政措施即仁政。與之相應，王陽明也對這兩部分內容進行了論析。對於王陽明的具體施政措施部分，本章根據其內容特點以心政[2]稱謂之。所以，本章從王霸之辨、仁政與心政兩個方面考察王陽明對孟子外王思想的繼承與發展。

第一節　王霸之辨

　　王霸之辨是孟子對歷史上兩種治理模式的歸納和總結。「堯舜之道」是孟子理想的治理模式，也是王道的模本。孟子由「堯舜之道」引出王霸之辨，從現實表現和理論闡釋兩方面對之作了具體論述。這一論證思路為王陽明所繼承，王陽明由「三代之治」引出王霸之辨。

1　韋政通先生指出，孔孟主張外在規制的失序源於人類心靈的僵化或仁性的喪失，仁性也就是內在理性。儒家的政治、社會理論和形上學皆建基於這個內在理性。參見韋政通：《中國思想史》（上），長春：吉林出版公司，2009年，第181頁。

2　李承貴教授用「心政」一詞來概括楊簡的治世思想。他指出「心政」即由「本心」出政，「本心」是現實治理措施的根源。這裡借用「心政」概念稱謂王陽明的社會治理思想。參見李承貴：〈楊簡「心政」理念與實踐──楊簡治理思想及其特質〉，《浙江社會科學》2014年第5期。

那麼，從「堯舜之道」到「三代之治」，從孟子的王霸之辨到王陽明的王霸之辨，其間具有怎樣的繼承與發展關係呢？本節擬對這一問題作出探討。

一 「堯舜之道」與「三代之治」

　　儒家自孔子開始就有法古的傳統，孔子說：「周監於二代，郁郁乎文哉！吾從周。」（《論語・八佾》）「從周」就是將周代的禮樂制度視為理想的文制形態加以效法。孔子所主張的效法對象還有堯、舜、禹等先王，如「大哉堯之為君也！巍巍乎！唯天為大，唯堯則之」（《論語・泰伯》），孔子讚美以堯為代表的上古聖王能夠學習天的雄健品德來治理天下。與孔子相似，孟子認為平治天下需要效法堯舜之道，因為堯舜在位時，天下政治清明，百姓安居樂業，這是孟子理想的社會狀態，所以孟子見到時為世子的滕文公時「言必稱堯舜」（《孟子・滕文公上》）。

　　堯舜作為聖人是將君臣、父子、兄弟等人倫關係處理到極致的人，所以「欲為君，盡君道；欲為臣，盡臣道。二者皆法堯舜而已矣。不以舜之所以事堯事君，不敬其君者也；不以堯之所以治民治民，賊其民者也。」（《孟子・離婁上》）孟子主張後世在處理君、臣、民三者的關係時要效法堯舜之所為：臣效法舜之事堯，君效法堯之治民，使得君為堯舜之君，民為堯舜之民，將堯舜之道落實為堯舜之治，使得天下之民皆被「堯舜之澤」。堯舜之道除政治的一面之外，還有倫理之維。孟子說：「堯舜之道，孝弟而已矣。」（《孟子・告子下》）無論統治層還是普通百姓皆身處於父子、兄弟等倫常關係之中。虞舜面對「父頑，母囂，象傲」（《尚書・堯典》）的局面，敬守孝悌之道，與父母、弟弟和諧相處，其事蹟被儒家視為處理家庭關

係的典範。如果普通人能夠效法堯舜篤行孝悌之道,「皆可以為堯舜」
(《孟子・告子下》)。

所以,在孟子的視域中,「堯舜之道」不僅是政治、倫理合一的
治世之方,同時也是理想的社會形態。這是統治層和普通百姓共同努
力的結果。就統治層而言,君臣協力是基本模式,但君臣之中,君占
據更為根本的地位:「君仁,莫不仁;君義,莫不義;君正,莫不
正。一正君而國定矣。」(《孟子・離婁上》)君主是一國之頭腦,他
的行為、思想常對社會的政策、風俗產生巨大影響。孟子認為君主行
仁義,社會就會趨向仁義,君主一身正氣國家則安定有序。所以君主
對於「堯舜之道」的真正落實具有決定性的作用。就普通百姓而言,
「人皆可以為堯舜」側重從倫理的角度來定義,也即在日常生活中做
到尊老愛幼、兄友弟恭、夫婦有別、朋友有信等倫常規範。

總而言之,「堯舜之道」是孟子鍾情的政治、社會理想,這一理
想從政治和倫理的角度為不同身份的人提供了相應的進德修業途徑。
這一理想在政治層面極為重視君主的作用,在倫理層面則對所有人提
出普遍要求。

與孔子、孟子相似,王陽明也提出自己心目中的理想政治、社會
狀態——「三代之治」。他說:「唐、虞以上之治,後世不可復也,略
之可也;三代以下之治,後世不可法也,削之可也;惟三代之治可
行。」[3] 王陽明從現實政治操作的角度提出「三代之治」是惟一可被
後世效法的治理模式,堯舜之前的制度文為以及政府對文制的記載較
為疏略,三代以後墮落的治理模式又不值得後世效法,只有「三代之
治」可行。對於王陽明而言,治世之道有本有末:「顏子具體聖人,
其於為邦的大本大原都已完備。夫子平日知之已深,到此都不必言,

---

3 王守仁:〈傳習錄上〉,《王陽明全集》卷一,第11頁。

只就制度文為上說。……若在他人，須告以『為政在人，取人以身，修身以道，修道以仁』，『達道』、『九經』及『誠身』許多工夫，方始做得。這個方是萬世常行之道。不然，只去行了夏時，乘了殷輅，服了周冕，作了《韶》舞，天下便治得？」[4]王陽明認為孔子因材施教，在教授顏淵為邦之道時側重從制度文為上點撥，因為顏淵「守約」，能夠「克己向裡」，換言之，他對為邦之本──「誠身」、「修道以仁」、「致良知」等已經了然於胸，只不過在為邦之末上有所不及。治世之本是「萬世常行之道」，是制度文為的根本，如果將此根本拋在一邊，只注重照搬夏時、殷輅、周冕等外在形式化的文制，天下大治就淪為空想。拿明堂來說，陽明指出：「堯、舜茅茨土階，明堂之制未必備，而不害其為治；幽、厲之明堂，固猶文、武、成、康之舊，而無救於其亂。」[5]堯舜之時，明堂的建制並未完備，但不妨礙天下得到治理；幽、厲時代雖有文、武、成、康等賢明之君遺留下來的明堂，卻挽救不了天下的混亂。所以，文制雖然重要，卻只是實現「為邦之本」的輔助手段，而非治理邦國的決定性力量。

「三代之治」的傳承與變通。既然「三代之治」分為「大本大原」與制度文為兩個密不可分的部分，那這兩部分是如何形成的呢？陽明說：「風氣益開，文采日勝，至於周末，雖欲變以夏、商之俗，已不可挽，況唐、虞乎？又況羲、黃之世乎？然其治不同，其道則一。孔子於堯、舜則祖述之，於文、武則憲章之。文、武之法，即是堯、舜之道。但因時致治，其設施政令已自不同。即夏、商事業，施之於周已有不合，故周公思兼三王，其有不合，仰而思之，夜以繼日。」[6]隨著生產力的提高，從羲、黃到堯、舜再到夏、商、周，社

4　王守仁：〈傳習錄上〉，《王陽明全集》卷一，第43-44頁。
5　王守仁：〈傳習錄中〉，《王陽明全集》卷二，第59頁。
6　王守仁：〈傳習錄上〉，《王陽明全集》卷一，第11頁。

會的風氣益開，文采日勝，朝廷的設施政令也日益完備，這是賢明之
君帶領百姓因時致治的結果。雖然具體的治理措施與社會風氣有所變
通，但「治道則一」。孔子祖述堯舜，憲章文武的內容就是「治道」，
也即「堯舜之道」。所以，「三代之治」的實現是賢明之君傳承「堯舜
之道」並因時致治的結果。

　　「三代之治」之「大本大原」的具體內容以及歷史的道德決定
論。「三代之治」的「大本大原」就是「堯舜之道」，其具體內容為：
「其教之大端，則堯、舜、禹之相授受，所謂『道心惟微，惟精惟
一，允執厥中』。而其節目則舜之命契，所謂『父子有親，君臣有
義，夫婦有別，長幼有序，朋友有信』五者而已。唐、虞、三代之
世，教者惟以此為教，而學者惟以此為學。」[7]王陽明認為「三代之
治」的「大本大原」就是對「道心」的「精一」工夫，其具體節目就
是孟子提出的「五倫」關係。堯、舜、三代之世，整個社會都將全副
精力用在精純「道心」於「五倫」關係上，於是實現社會的長治久
安。換言之，歷史時代的清明程度與「道心」的精純程度呈正相關關
係，歷史的展開由「道德本心」的發用所決定：「人一日間，古今世
界都經過一番，只是人不見耳。夜氣清明時，無視無聽，無思無作，
淡然平懷，就是羲皇世界。平旦時，神清氣朗，雍雍穆穆，就是堯、
舜世界。日中以前，禮儀交會，氣象秩然，就是三代世界。日中以
後，神氣漸昏，往來雜擾，就是春秋、戰國世界。」[8]「良知」、「本
心」是「三代之治」的「大本大原」，一日之中，「良知」與「感性之
氣」的互動情狀可以模擬由羲、黃到春秋、戰國的時代變遷。夜氣清
明時，耳目等感官開始從閉翕狀態中醒來，「良知」也漸從收斂凝一

7　王守仁：〈傳習錄中〉，《王陽明全集》卷二，第61頁。

8　王守仁：〈傳習錄下〉，《王陽明全集》卷三，第131頁。

狀態中生發妙用,暫時未受感性之氣的擾動,無邪視亂聽,無閑思妄作,羲、黃時代人們的「良知」就是這種狀態。平旦時,神氣清朗,「良知」發用漸多,也無「感性之氣」的干擾,堯、舜時代人們的「良知」類似這種狀態。日中以前,感官已充分與外物接觸,「良知」雖漸與「感性之氣」接觸,但仍能保持主導地位,禮儀交會,氣象井然,就像「三代之治」時人們的「良知」狀態。日中以後,感官已逐漸疲於與外物接觸,「良知」漸受「感性之氣」的蔽障,神氣昏昧,如同春秋、戰國時代人們的「良知」情狀。因此,王陽明對歷史的理解以「良知」的發用狀態為根本判斷標準,治天下只需「致良知」即可:「堯、舜、三王之聖,言而民莫不信者,致其良知而言之也;行而民莫不說者,致其良知而行之也。是以其民熙熙皞皞,殺之不怨,利之不庸,施及蠻貊,而凡有血氣者莫不尊親,為其良知之同也。嗚呼!聖人之治天下,何其簡且易哉!」[9]

　　以上分別論析了孟子和王陽明理想中的歷史時代。可以得知王陽明所強調的「三代之治」實際上是對「堯舜之道」的繼承與發展。繼承主要表現在內容與治理模式上。就內容而言,「三代之治」和「堯舜之道」都以君臣、父子、兄弟、朋友、夫婦等五種人倫關係的落實為內容。就治理模式而言,「三代之治」和「堯舜之道」皆強調君主對於國家治理的決定性作用,同時又重視普通百姓在倫理上的參與度,表現出政治、倫理合一的治理模式。君主的德行影響著政治的清明,百姓行孝悌就是參與政治。發展則主要表現為補白式發展,王陽明用本末解釋「良知」、「本心」與制度文為的關係以及從「良知」清明程度的角度解釋歷史變遷的過程皆發孟子所未發,是王陽明較之孟子的創新性的理論闡述。王陽明的「三代之治」將「堯舜之道」區分

9　王守仁:〈傳習錄中〉,《王陽明全集》卷二,第90頁。

為「大本大原」與「制度文為」兩個層面，並指出前者為「本」，後者是「末」，「大本大原」就是孟子所說的「仁義禮智」、「本心」、「良知」、「四端之心」，「制度文為」即具體的政令、制度、禮儀、風俗等文制。從時間的角度看，「本」是萬世不變的常行之道，「末」是因時損益的方便規定。從目的與手段的角度看，「本」是目的，「末」是手段，「末」服務於「本」。從治理效用的角度看，「本」對天下之治具有決定性的作用，「末」起輔助性作用，「本」決定了治理模式的底色，「末」則具有通用的意味。雖然「本末」在現實中不能分離，但在邏輯上，王陽明無疑更重視「本」。將「重本」的邏輯貫徹到底，就會得出歷史變遷取決於「良知」清明程度的結論。王陽明提出人一日之間「良知」的不同狀態對應著由羲、黃到戰國的不同歷史治理時期。這一觀點在指出社會治亂之根源的同時也為普通人參與歷史提供了理論基礎。雖然王陽明承認君主對於社會治理的決定性作用，但其「重本」思想又包含了平等和自作主宰的傾向。普通人「致良知」同樣可以創造歷史，這無疑提升了普通人在歷史進程中的地位和主體參與度。

理想與不理想，支持與不支持在邏輯上相輔相成，在現實中常常交鋒、對峙。「堯舜之道」是孟子理想和支持的治理模式，但他生活的時代卻是另一番治理景象，孟子將這兩種治理景觀分別稱之為王道和霸道，也即王霸之辨。王陽明對此也有討論。基於這一對概念，孟子和王陽明又對治理模式展開了進一步的探討。

二 「以德行仁」與「端本澄源」

孟子認為社會的治理狀態、人民的生活水平常隨著君主的更替而呈現出不同的樣貌，這些樣貌雖千差萬別但又具有一定的共通性，他

總結並探討了兩種治理模式：王道與霸道。這兩種治理模式也成為後世省察自己時代治理狀況的兩種參照。

王道與霸道的現實治理表現。孟子對兩種治理模式的論述既有鮮活的事例展示也有深層的理論闡釋。就歷史事例而言，「當堯之時，天下猶未平，洪水橫流，泛濫於天下，草木暢茂，禽獸繁殖，五穀不登，禽獸逼人，獸蹄鳥跡之道交於中國。堯獨憂之，舉舜而敷治焉。舜使益掌火，益烈山澤而焚之，禽獸逃匿。禹疏九河……後稷教民稼穡，樹藝五穀……使契為司徒，教以人倫。」（《孟子・滕文公上》）堯的時代，天下尚未太平，水災、猛獸使人們不能正常在地面上生活。堯對此憂心忡忡，於是提拔舜來全面治理。舜安排大禹疏導洪水，委派益用火焚驅猛獸，派遣後稷教百姓種植五穀，任命契教導民眾人倫、禮儀。由此可見，王道是由聖王主導，以「仁愛」之心為內在根源，以百姓的安定、幸福生活為目標的治理實踐。聖王去世之後，其繼任者如果貪圖一己之私欲而將百姓的公利拋諸腦後，往往導向霸道：「堯舜既沒，聖人之道衰，暴君代作，壞宮室以為污池，民無所安息；棄田以為園囿，使民不得衣食。」（《孟子・滕文公下》）在霸道治理模式下，君主為了貪圖享樂，對內壓榨人民，肆意侵占百姓的房屋、田地，改為深池、園林，導致人民居無定所、缺衣少食。國內治理混亂，「臣弒其君者有之，子弒其父者有之」（《孟子・滕文公下》），君臣、父子等五倫秩序已不再穩定，禮壞樂崩。對外放棄常規外交禮儀，窮兵黷武，實施兼併戰爭，「梁惠王以土地之故，糜爛其民而戰之，大敗，將復之，恐不能勝，故驅其所愛子弟以殉之。」（《孟子・盡心下》）由此可見，霸道是由梟雄之君主導，以「私欲」之心為內在根源，以土地、權力、享樂為追求目標的治理實踐。

孟子對王道與霸道的理論闡釋。除了歷史事蹟的揭示，孟子也從理論層面對王道與霸道作了闡釋。「以力假仁者霸，霸必有大國；以

德行仁者王……以力服人者，非心服也，力不贍也；以德服人者，中心悅而誠服也。」（《孟子・公孫丑上》）從治理手段上看，霸道指君主以強大的軍事、經濟、政治等實力要素為支撐，但又假借「仁愛」的名號進行統治，追求以力服人；王道指君主以「仁德」之心來教養人民。從治理結果上看，霸道一定會形成國力較為強大的國家，但民眾對這種治理模式並不發自內心的擁護，他們對規則的遵守只是迫於強權的壓力；王道則會一統天下，因為天下人民發自內心、爭先恐後地歸服，如商湯興仁義之師救民於水火時，「南面而征，北狄怨；東面而征，西夷怨。曰：『奚為後我？』」（《孟子・盡心下》）兩者對比可知，霸道側重強權對民眾的控制，它也會顧及百姓的物質、精神生活，但其動機並非出於「仁愛」之心，而是基於稱霸天下的野心。換言之，霸道打著「仁愛」的旗號追求統一天下，對民眾的關心是手段而非目的。王道的動機是「仁愛」之心，救民於水火，提升百姓生活本身就是目的。

與孟子從實踐與理論兩個層面闡述王道、霸道兩種治理模式類似，王陽明也從實踐與理論兩個層面論述了自己對王霸兩種治理模式的看法。

王道與霸道的現實治理表現。就王道而言，人民物質生活資料豐富，風俗淳樸，社會安定有序。陽明說：「昔王道之大行也，分田制祿，四民皆有定制。壯者修其孝弟忠信；老者衣帛食肉，不負戴於道路，死徙無出鄉；出入相友，疾病相撫持。」[10]王道大行時，農民有田地可耕，各種職業都有穩定的收入來源，所以即便老人也能「衣帛食肉」，安享晚年。除物質生活富足之外，百姓還受到「孝悌忠信」等道德教化，鄰里之間相互扶持幫助。百姓有恆產、恆心，社會安定

---

10 王守仁：〈書林司訓卷〉，《王陽明全集》卷八，第313-314頁。

有序是王道之常，王道也有因時致治之權：「周公制禮作樂以文天下，皆聖人所能為，堯、舜何不盡為之而待於周公？孔子刪述《六經》以詔萬世，亦聖人所能為，周公何不先為之而有待於孔子？是知聖人遇此時，方有此事。」[11]雖然都致力於實現王道政治，但古聖先賢的事業各有側重，周公制禮作樂，孔子則刪述《六經》。換言之，歷代追求王道的主體們雖然不乏共同的治理理想和相對類似的治理實踐，但更應根據時代問題和時代需要做出特殊的努力與探索。霸道有哪些表現呢？王道衰熄而霸道興起時，學術上聖學式微，人們熱衷於外索支離之學：「於是乎有訓詁之學，而傳之以為名；有記誦之學，而言之以為博；有詞章之學，而侈之以為麗。若是者紛紛籍籍，群起角立於天下。」[12]訓詁、記誦、詞章皆是「取譽」、「為人」之學而非「為己」、「身心」之學，以之為人生最高追求，致使「士皆巧文博詞以飾詐，相規以偽，相軋以利，外冠裳而內禽獸。」[13]又有風俗之壞：「王道不明，人偽滋而風俗壞，上下相罔以詐，人無實行，家無信譜，天下無信史。」[14]王道不明，「仁義禮智信」等道德法則也不被社會成員誠心遵守，於是虛偽、狡詐盛行。有人棄孝廢悌，使老幼失養；有人徒飾辯於言詞，而無實行；有人詭心誇詡，杜撰家譜。還有職業觀之亂：「自王道熄而學術乖，人失其心，交騖於利以相驅軼，於是始有歆士而卑農，榮宦遊而恥工賈。」[15]人們趨利而動，熱衷於入仕做官，卑農夫而賤工賈。不僅熱衷入仕，還希圖身兼數職，希求官高祿厚：「其出而仕也，理錢谷者則欲兼夫兵刑，典禮樂者又欲與

---

11 王守仁：〈傳習錄上〉，《王陽明全集》卷一，第14頁。

12 王守仁：〈傳習錄中〉，《王陽明全集》卷二，第63頁。

13 王守仁：〈書林司訓卷〉，《王陽明全集》卷八，第314頁。

14 王守仁：〈竹江劉氏族譜跋〉，《王陽明全集》卷二十四，第1009頁。

15 王守仁：〈節庵方公墓表〉，《王陽明全集》卷二十五，第1037頁。

於銓軸，處郡縣則思藩臬之高，居臺諫則望宰執之要。」[16]由以上可知，王道與霸道的現實表現涉及學術、政治、風俗、倫理、職業觀等多個方面，那麼王陽明是如何從理論上闡釋王道與霸道的呢？

王陽明從「本心」之「誠」上分別王、霸：「無事時固是獨知，有事時亦是獨知。……此獨知處便是誠的萌芽，此處不論善念惡念，更無虛假，一是百是，一錯百錯，正是王霸、義利、誠偽、善惡界頭。於此一立立定，便是端本澄源，便是立誠。」[17]凡聖不分有事無事皆能分辨善惡，這就是「良知」、「本心」的「獨知」能力，「獨知」能力的發用是「誠的萌芽」，也是辨別王霸、義利、誠偽的界頭。能夠「端本澄源」、「立誠」為王道，否則為霸道。霸道不能「立誠」，即是作偽：「霸者之徒，竊取先王之近似者，假之於外，以內濟其私己之欲。」[18]「端本澄源」、「立誠」之論未將陽明心學思想的特色完全表現出來，從「心」、「理」關係的角度界定王道、霸道是更具心學特點的解釋：「諸君要識得我立言宗旨。我如今說個心即理是如何，只為世人分心與理為二，故便有許多病痛。如五伯攘夷狄，尊周室，都是一個私心，便不當理。人卻說他做得當理，只心有未純，往往悅慕其所為，要來外面做得好看，卻與心全不相干。分心與理為二，其流至於伯道之偽而不自知。故我說個心即理，要使知心理是一個，便來心上做工夫，不去襲義於外，便是王道之真。此我立言宗旨。」[19]霸者假借仁義之道，實際目的在於滿足私己之欲，就如五霸尊周攘夷，看似符合君臣之義，實則僭越了臣之本分，意在獲得稱霸天下的權力和利益。其「本心」不純，也不當理，只是「外面做得好看」，具有

---

16 王守仁：〈傳習錄中〉，《王陽明全集》卷二，第63頁。
17 王守仁：〈傳習錄上〉，《王陽明全集》卷一，第39-40頁。
18 王守仁：〈傳習錄中〉，《王陽明全集》卷二，第62頁。
19 王守仁：〈傳習錄下〉，《王陽明全集》卷三，第138頁。

迷惑性。究其實,「霸道」產生的根源在於霸者分「心」、「理」為二,不知「心即理」。王道不同,王者「知心理是一個」,從「心」上做工夫,「由仁義行」而非「襲義於外」。無論「端本澄源」、「立誠」的角度還是「心即理」的角度,王陽明都在強調動機是分判王道、霸道的根本標準,霸道是功利之心:「世儒只講得一個伯者的學問,所以要知得許多陰謀詭計,純是一片功利的心。」[20]霸道基於功利之心,以結果為導向。王道基於「純乎天理」之心,以道德法則本身的落實為導向。總之,王陽明對王霸的態度非常明確:黜霸道之偽,倡王道之真。

相較孟子,王陽明對王霸兩種治理模式的現實表現和判分標準作了更為詳細的論述,其中蘊含了王陽明對孟子王霸思想的繼承與發展。

王道和霸道作為實際的治理實踐具有時代特徵,以歷史為尺度,既能發現相同的部分,也有相異的表現。就王陽明在現實表現層面對王道的繼承而言,制民之產、教以人倫兩個方面是孟、王二人王道治理實踐的共同點。具體地看,制民之產包括富足百姓的衣、食、住、行等物質生活資料,帶領百姓成功應對自然災害,輕徭薄賦等內容;教以人倫包括損益禮樂、美化風俗、落實五倫等內容。就王陽明在現實表現層面對霸道的繼承而言,聖學式微、民產不足、風俗敗壞、五倫失序等由王陽明從孟子那裡移用而來。具體地看,聖學式微指孔子提出的「內聖外王」之道不能被統治層和普通民眾廣泛、忠實地信從與踐行。孟子稱之為「聖人之道衰」(《孟子・滕文公下》),陽明則說「自王道熄而學術乖」[21]。民產不足指由於統治層或橫徵暴斂,或違背農時,或頻起兵事,或救災不力、賑濟不及等原因造成的民眾物質生活資料不足的情況。風俗敗壞、五倫失序指在聖學式微背景下,家庭、社會倫理敗壞的情況,如父子反目、兄弟不相親等混亂現象。王

---

20 王守仁:〈傳習錄上〉,《王陽明全集》卷一,第10頁。

21 王守仁:〈節庵方公墓表〉,《王陽明全集》卷二十五,第1037頁。

陽明對孟子王霸之辨理論層面的繼承主要表現在將動機視為王霸之別的決定性力量。孟子提出王道「以德行仁」，霸道「以力假仁」。換言之，王道之動機出於「良心」、「本心」；霸道之動機出於「求利」之心。王陽明繼承了孟子的這一觀點，他從「誠」、「心即理」兩個角度來區分王霸之別。王道能夠「端本澄源」、「立誠」，霸道不能「端本澄源」、「立誠」，只是「假之於外」、「濟一己之私」。王道依循「心即理」原則，使得「本心」純乎天理，外顯行為之適宜完全源自「本心」之自然發用。霸道分「心」、「理」為二，只求「外面做得好看」、「與心全不相干」，外顯行為之適宜並非出於「本心」，而是基於利益依照規範行事。可以看出，王陽明和孟子都將「良知」、「良心」作為王道的動機，將利益之心歸為霸道的動機。

王陽明對孟子王霸之辨思想的發展可以從明晰式、豐富式兩個角度加以概括。明晰式發展即王陽明將孟子王霸思想中隱含的內容清晰揭示出來。如以真偽判分王霸。孟子認為王道「以德行仁」，霸道「以力假仁」，前者真真切切將「本心」之「仁」擴充為王道政治，後者只是假借「仁義」之名行利己之實。這種分判已經暗含了真偽之別。王陽明則明確地以「王道之真」、「霸道之偽」稱謂之。他認為王道「立誠」、「本於道」，有諸內而發乎外，屬於「真」；霸道「假仁」是以「功利之心行之」[22]，尚未意識到「逐乎外者遺乎內」[23]，屬於「偽」。又如指出王霸之常與變。孟子認為大禹治水，後稷教稼穡，周公驅猛獸都屬於施行王道，三人相同的地方在於皆本於「仁民之心」，不同之處在於三人根據社會、時代需要建立相應的事功。這裡面已經暗含了常與變的辯證關係。王陽明明確指出作為王道之根基的

---

22 王守仁：〈傳習錄上〉，《王陽明全集》卷一，第11頁。
23 錢德洪：〈陽明先生年譜序〉，《王陽明全集》卷三十七，第1499-1500頁。

「良知」「亙萬古，塞宇宙，而無不同」[24]，此為王道之常；大禹、後稷、周公作為王道的施為主體並不相同，其所處的時代也可能不同，他們建立的具體事功也不相同，「遇此時，方有此事」[25]，此為王道之變。豐富式發展即王陽明對孟子王霸思想中已經論述的部分內容作進一步豐富、充實。如充實王道和霸道的現實表現。從施為王霸現實表現的主體來看，孟子講其主體框定在統治層。王陽明則將主體擴大到士農工商各個階層，更寬泛地說，每個人都是施為王霸的主體。從現實表現的內容來看，與孟子框定的主體相應，其內容主要為政治、風俗、教化等領域的宏大議題。與王陽明對主體的拓展相應，其內容已不再局限於上述宏大領域，只要純乎天理之「本心」發用的事為皆屬於王道之現實表現，基於功利之心的事為皆屬於霸道之現實表現。如主體在功利之心催動下從事的訓詁、辭章、杜撰家譜等事為都是霸道行為。換言之，陽明從主體與表現範圍兩方面拓展了王霸的現實表現。又如豐富對王霸動機的論述。孟子提出王道的動機是「不忍人之心」、「良心」，霸道的動機則是「利益之心」。王陽明進一步指出王者遵循「良心」是因為他們能夠「立誠」，知曉「心即理」，霸者「求利」則是因為他們分「心」、「理」為二，把「理」當作實現利益的手段，行為合乎「理」卻不由乎「本心」，只做到「襲義而取」。因此，王陽明用「心即理」說豐富了孟子對王霸動機的論述。

從王陽明對孟子王霸之辨思想的繼承與發展可知，孟、王在總基調上皆揚王抑霸，但由於時代不同，王陽明對王霸之辨又作了切合時代需要的更新與發展。孟子基本認為王道須由統治層主導、推動，王陽明雖然重視統治層的重要作用，但同時也倡導社會成員個體的「自作主宰」。他將王霸之辨的動機論貫徹到底，拓展了王霸主體的社會

---

24 王守仁：〈傳習錄中〉，《王陽明全集》卷二，第83頁。
25 王守仁：〈傳習錄上〉，《王陽明全集》卷一，第14頁。

階層和行為範圍。士、農、工、商，無論哪種職業，也不論哪個階層，只要能夠依乎「良知」而行，就是踐行王道，如果追求功利，就是踐行霸道。所以「巧文博詞以飾詐」是霸道，「修辭立誠」是王道；「理錢谷者求兼兵刑」是霸道，「思不出其位」是王道；「父子兄弟如仇仇」是霸道，「見父知孝，見兄知悌」是王道。總而言之，一天之中，無論主體從事何種事為，依乎「天理」、「心即理」為王道，依乎「功利」、「心理二分」為霸道。這樣，王霸之辨不再從屬於固定的事為領域和社會階層，而成為民眾生活的兩種方式。王陽明將王霸之辨由政治模式轉為生活狀態，從而對每一個社會成員都提出了努力從事「為己之學」，對自己負責的要求。這無疑既為民眾素質的提升也為社會和諧秩序的建立提供了兼具新意與可行性的理論論證。

第二節　仁政與心政

「王道政治」是孟子理想的社會治理模式，對於這一治理模式，孟子還用「仁政」稱謂之。因此，「王道」、「仁政」異名同指。但是兩者也存在些微的區別：「王道」側重治理綱要與理念的闡發，「仁政」則側重闡述具體的治理方法。這些治理方法主要包括社會分工、安民、養民與教民四部分內容。與「仁政」相對應，可將王陽明對具體治理方法的論述稱之為「心政」。其具體內容也可從社會分工、安民、養民、教民四個方面來整理。那麼，王陽明的「心政」對孟子的「仁政」作出了怎樣的繼承與發展呢？本節擬對這一問題展開討論。

一　「發政施仁」與「盡心親民」

在具體討論社會分工、安民、養民、教民的具體內容之前，有必

要對「仁政」與「心政」兩個概念及其關係作一解釋。

「仁政」意指由「仁」出「政」。孟子將「仁」界定為「四端之心」中「惻隱」一端之發用，為內在心性；「政」指外在性的政治措施、政令、事務。「仁政」實即由「仁」出「政」，換言之，「『政治領域』必須接受『道德修為』的主導。」[26]孟子指出這種「主導」具有必然性的原因：第一，從能力與工具相輔相成的角度看。「離婁之明、公輸子之巧，不以規矩，不能成方圓；……堯舜之道，不以仁政，不能平治天下。今有仁心仁聞而民不被其澤、不可法於後世者，不行先王之道也。故曰，徒善不足以為政，徒法不能以自行。」(《孟子‧離婁上》)離婁有極好的視力，公輸班有絕妙的巧思，兩人如果不借助尺子、圓規也畫不出標準的正方形、圓形；與此類似，堯舜之道如不借助仁政，則無法實現平治天下的目標。一國之君雖有仁愛之心和仁慈的美譽，百姓卻享受不到其仁心的恩澤，其治理不能垂範後世的原因也在於不行先王之道。所以，徒有善心無法成就善政，徒有法律成就不了法治。「仁政」就是將善心與先王行之有效的治理措施有機結合的治理方式。「仁」是凡聖同具的先驗道德能力，但這種善的能力需要借助有效的治理措施才能在政治領域真正實現自身價值。第二，從「仁」對治亂的重要作用看。「三代之得天下也以仁，其失天下也以不仁。國之所以廢興存亡者亦然。」(《孟子‧離婁上》)就歷史經驗而言，三代由「仁」出「政」，所以能夠平治天下，當聖王的後代不能依「仁」出「政」時，天下由治轉亂。天下如此，一國之廢興存亡也如此。綜合以上兩點，孟子自信地說：「以不忍人之心，行不忍人之政，治天下可運之掌上。」(《孟子‧公孫丑上》)

與「仁政」不同，王陽明並未提出「心政」概念。但我們認為

26 黃俊傑：《孟子》，北京：生活‧讀書‧新知三聯書店，2013年，第76頁。

「心政」可以很好地概括王陽明的治理思想並與「仁政」相區分。既然「仁政」可以理解為由「仁」出「政」，那麼「心政」即由「心」出「政」。前文已述，「三代之治」是王陽明理想的政治形態，實際上，這一理想的政治形態就是以「心」出「政」的結果：「三代之治本於道，三代之道本於心。」[27]

進而言之，有什麼樣的「心」就出什麼樣的「政」：「以不忍人之心而行不忍人之政……以幽、厲之心而行幽、厲之政。」[28]現實治理當然召喚「不忍人之心」，那麼這種「心」的具體內容是怎樣的呢？陽明說：「聖人之求盡其心也，以天地萬物為一體也。吾之父子親矣，而天下有未親者焉，吾心未盡也。吾之君臣義矣，而天下有未義者焉，吾心未盡也。吾之夫婦別矣，長幼序矣，朋友信矣，而天下有未別、未序、未信者焉，吾心未盡也。吾之一家飽暖逸樂矣，而天下有未飽暖逸樂者焉，其能以親乎？義乎？別、序、信乎？吾心未盡也。故於是有紀綱政事之設焉，有禮樂教化之施焉，凡以裁成輔相、成己成物，而求盡吾心焉耳。心盡而家以齊，國以治，天下以平。故聖人之學不出乎盡心。」[29]所以，以「心」出「政」就是指「盡心」以「平治天下」。該「心」即「天地萬物為一體」之心，又稱「天地萬物一體之仁」[30]。此「心」至大無外，囊括天地萬物。這種囊括不是基於理性認知，而是道德直觀，要求「己立立人，己達達人」。所以，一人做到父子相親、君臣有義、夫婦有別、長幼有序、朋友有信只是將此「心」擴充到一人之身，這並未「盡」其對天地萬物的道德直觀，並未實現其本然面貌。將一身、一家之飽暖逸樂推擴為天下人

27 徐階：〈陽明先生文錄續編序〉，《王陽明全集》卷四十一，第1744頁。

28 王守仁：〈傳習錄中〉，《王陽明全集》卷二，第59頁。

29 王守仁：〈重修山陰縣學記〉，《王陽明全集》卷七，第286-287頁。

30 王守仁：〈傳習錄中〉，《王陽明全集》卷二，第61頁。

之飽暖逸樂才算得上「盡心」。「盡心」並非代替別人踐行「親、義、別、序、信」，而是通過設置、借助紀綱政事、禮樂教化來豁醒天下人之「不忍人之心」，使其各「盡其心」，於是天下人都能做到「親、義、別、序、信」，則自然「家齊」、「國治」、「天下平」。

由「盡心」到「紀綱政事之設」、「禮樂教化之施」具有必然關係。從能力與工具之互動的角度看。「本心」作為先驗道德能力，定然地要求觀照天地萬物。但這種觀照只具有道德意志、動機、精神上的意義，所謂「心有餘而力不足」，將其現實化必然還需要借助一定的方式、手段。「盡心」即將「本心」現實化，「紀綱政事」、「禮樂教化」是「盡心」的工具、手段。一方面，「徒善」不能為政，另一方面，工具、手段往往是中性的。所以兩者誰都不能缺失對方的佐助。同樣的工具在不同心地的人手中極有可能產生性質不同的結果，比如同是狩獵場，文王將之開放給普通百姓捕獸、砍柴，百姓希望文王的園囿大一些才好。齊宣王的狩獵場不僅不向百姓開放，而且規定百姓殺園中麋鹿與殺人同罪，這就像在首都的郊外布置了一個天然的陷阱，百姓皆希望齊宣王的園囿小一些才好。

因此，「心」、「政」二者間的必然關係具有雙重含義：第一，「心」必須通過「政」現實化自身；第二，「政」必須接受「心」的主導。陽明也從明德與親民關係的角度來論證這一問題。王陽明說：「明德者，天命之性，靈昭不昧，而萬理之所從出也。人之於其父也，而莫不知孝焉；……於凡事物之感，莫不有自然之明焉。……德不可以徒明也。人之欲明其孝之德也，則必親於其父，而後孝之德明矣；……君臣也，夫婦也，朋友也，皆然也。故明明德必在於親民，而親民乃所以明其明德也。」[31]「良知」、「本心」可稱之為「明德」，

---

31 王守仁：〈親民堂記〉，《王陽明全集》卷七，第279-280頁。

因為它們具有不容已的自我判斷、發用能力，如見父莫不知孝，遇事莫不有自然之明。「明德」之自然、不容已的能力源自其對天地萬物的道德直觀，所謂「明明德者，立其天地萬物一體之體也。親民者，達其天地萬物一體之用也」[32]。但「德不可徒明」，一定要在它所直觀的天地萬物等對象上「明」。所以，只有孝順父母後，孝之德才明，君臣、夫婦、朋友、兄弟等倫常關係之德也是如此。「明德」在直觀到的人類對象上「發明」自身就是「親民」。因此，「親民」是「明明德」的必然方式。

梳理「仁政」和「心政」的內涵有助於我們對孟子和王陽明的治理理念形成更為清晰的認識，從概念內涵的角度具體分析「心政」對「仁政」的繼承與發展情況則有助於我們理解「仁政」與「心政」的區別和聯繫。

「心政」主要繼承了「仁政」由內在「心性」發出並主導「政治」的觀點。無論「仁」還是「心」皆是對內在「心性」、「良知」、「本心」的簡稱，換言之，王陽明的「心」就是對孟子的「仁」的繼承。「仁政」指由「仁」出「政」，即「政」由「仁」發出並主導，「政」是「仁」實現自身的方式。這一思路為「心政」所繼承。「心政」指由「心」出「政」，即「政」由「心」發出並主導，「政」是「心」實現自身的方式。「仁政」、「心政」所主張的發出並主導具體表現為一種必然性關係。孟子認為「徒善不足為政」，陽明指出「德不可徒明」，也就是說，「仁」和「心」必須借助一定的治理方法才能現實化。為什麼必須由「仁」、「心」發出和主導呢？因為治理手段是中性的，不同的動機成就不同的治理模式。由功利之心發出、主導則為霸道，霸道是孟、王二人共同抵觸的治理模式。要實現王道必須由

---

32 王守仁：〈大學問〉，《王陽明全集》卷二十六，第1067頁。

「仁」、「心」發出和主導治理措施。因此，這種必然性關係包含兩層含義：第一，「仁」、「心」必須借助外在的治理手段實現自身；第二，治理手段必須接受「仁」、「心」的主導才能走向王道政治。

就發展而言，「心政」通過明晰、完善、補白等三種方式發展了「仁政」的相關內容。明晰式發展指「心政」將「仁政」暗含的有關內容明晰化。如「心政」明晰了「政」的必要性。孟子提出的「徒善不足為政」，已經暗含了「政」對「善」的必要性。王陽明則直接點出「明明德必在於親民」。「必在於」將孟子處暗含的思想明晰化。完善式發展指「心政」將「仁政」已經論述的相關內容進一步充實、豐富。如「心政」以「萬物一體之仁」解釋「仁政」之「仁」。「仁」作為道德法則，必以「行」作為自己的實現方式。有「行」就有其對象，即孟子所說的「仁民愛物」。因此，民、物皆屬於「仁」的對象。王陽明將民、物擴展為天地萬物，不僅如此，由於萬物皆在「仁」的感通、潤澤範圍內，所以王陽明又稱萬物具有一體關係，從而將孟子提出的「仁」進一步豐富為「萬物一體之仁」。補白式發展指「心政」對「仁政」相關內容的全新的論述。如「心政」通過更新概念和思維方式來論證「仁政」提出的必然性關係。王陽明引入《大學》的「明明德」、「親民」概念來闡釋內在心性與外在政務的必然聯繫。「明德」即「仁」，因為「仁」作為道德法則在對境現實對象時能夠自覺且自然地發用，所以為「明德」。使自家「仁」的發用能力不為私欲遮蔽，同時引導社會成員整體明覺、踐行「仁」即「明明德」。「明明德」需要在被「仁」感通的對象上「明」即「親民」。由此，王陽明借用「明明德」與「親民」這對概念對孟子由「仁」出「政」的思想進行了全新的闡釋，此為概念上的更新。思維方式上的更新即王陽明以體用思維說明「仁」必然出政。前文已述，王陽明認為「明明德」是「立天地萬物一體之體」，「親民」是「達天地萬物一

體之用」。所以，由「明明德」到「親民」就是立體達用的過程。換言之，「仁」是體，「政」是用，體用一源，相即不離，「仁」必然由「政」而顯。

　　孟子主要用「仁政」說游說各諸侯，希望諸侯國的國君基於人性本具的道德法則治理國家，使政治措施帶有道德的關懷與溫度，由此得到百姓的衷心悅服，從而結束諸侯紛爭、割據的混亂局面，實現天下的安定、統一。王陽明將孟子的「仁政」發展為「心政」，他當然也希望得到皇帝的接納、踐行。但其所處的明朝已經是統一國家，所以「心政」的用意主要在為統治層的治理提供得民心、順民意的治理方法，希望統治層能多為百姓謀幸福、謀實利。皇帝是「心政」說的重要受眾之一，居廟堂之高和處江湖之遠的眾多士人則是「心政」說的主要受眾。王陽明希望他們接受「心政」理念，有權力就心為民所想，利為民所謀；無權力則謹守五倫之教，認真踐行孝親、悌兄、信友等道德原則，在「齊家」的同時為社會整體風俗的淳樸向善貢獻力量，這也算參與了政治。因此，雖然從「仁政」到「心政」，由「心性」出「政」的基本模式沒變，但其目的和受眾有了側重點的不同。與這一轉變相適應，王陽明借用當時士人必讀的《大學》中的概念來闡釋「心政」，既為孟子「仁政」思想增添了時代特色，也使其得到了普及與推廣。

二　「勞心勞力」與「四民異業」

　　以上對「仁政」、「心政」概念及後者對前者的繼承與發展關係作了闡述。下面具體分析「仁政」、「心政」的詳細治理舉措。綜括地看，「仁政」、「心政」主要包含社會分工、安民、養民、教民四個方向的措施。這裡先介紹「仁政」、「心政」的社會分工觀點和要求。

　　孟子對社會分工的論述集中在〈滕文公〉上篇，其內容主要涉及社會分工的必要性和歷史事例兩方面。在其他篇章，孟子指出社會主要由士、農、工、商等階層組成，並重點討論了士在社會分工中所扮演的角色。因此，我們從社會分工的必要性和士的職責兩方面來闡釋孟子的社會分工舉措。

　　社會分工的必要性。孟子認為社會分工是「仁政」必然需要採取的措施，他提出以下幾個方面的理由：第一，每個人的生活資料皆需要多種技藝提供支持，個人無法全部包攬。「且一人之身，而百工之所為備，如必自為而後用之，是率天下而路也。」（《孟子・滕文公上》）一個人的生存需要消耗「百工」提供的產品，如果每個人都親自學習這些技藝，然後製作、使用所需的物品，那麼整個社會都會疲於奔命[33]。

　　第二，每個人的天分、才智有差異，適合從事的事務理應有不同。孟子說：「或勞心，或勞力；勞心者治人，勞力者治於人；治於人者食人，治人者食於人，天下之通義也。」（《孟子・滕文公下》）孟子根據人的天分、才智區分了勞力、勞心兩類大的職業方向。勞心者負責文化、制度、管理、思想等較為高層次的工作，勞力者負責衣、食、住、行等較為低層次的工作，勞力者被勞心者所管理。孟子又將這種區分表述為「有大人之事，有小人之事」（《孟子・滕文公上》），「無君子，莫治野人；無野人，莫養君子」（《孟子・滕文公上》）。勞心者、勞力者，大人、小人，君子、野人，這三對概念都在指明社會總體可分為兩個階層，下層供養上層，上層管理下層。孟子

33　朱子將「率天下而路」的「路」解釋為「謂奔走道路，無時休息也」。（朱熹：《四書章句集注》，北京：中華書局，1983年，第258頁）如果每個人對自己所需的物品都「自為而後用」，那麼人生所有的時間都會消耗在生產生活資料的忙碌中而無時休息，更很難有時間關注精神需要，人類社會只能處在滿足物質需求的低級形態。

認為這樣才能實現社會的和諧有序。

第三，社會分工符合社會發展的方向。孟子的社會分工思想是在與陳相的辯論中提出的。陳相原本師事陳良，學習周公、孔子之道。後來，陳相在滕國見到奉行「神農之言」的許行，於是盡棄周、孔之道轉學農家思想。孟子批評陳相說：「吾聞用夏變夷者，未聞變於夷者也。」（《孟子・滕文公上》）夷代表落後的思想、文化形態，夏代表先進的思想、文化形態。一般而言，落後學習先進，社會分工舉措是符合社會發展方向的先進舉措，理應被學習、推廣。許行凡事親力親為的主張既無法貫徹到底也不符合社會發展方向。陳相棄儒從農是由夏變於夷的倒退舉動。

第四，孟子除在理論上論證社會分工舉措的合理性之外，還通過歷史事例說明分工的有效性。「舜使益掌火，益烈山澤而焚之，禽獸逃匿。禹疏九河，瀹濟漯而注諸海，決汝漢，排淮泗而注之江。」（《孟子・滕文公上》）堯提拔舜來主持天下政務，舜面對洪水肆虐、禽獸逼人的局面，安排伯益用火驅猛獸，任命大禹疏通水道，治理洪水。舜根據伯益和大禹才智的優長所在，任命他們分工協治，使得百姓有了居住、種植的土地和安全的生活環境。這就是分工協作的有效性。總之，孟子從生活資料的複雜性、個體才智的差異性、分工舉措的先進性以及有效性等四個方面論證了社會分工舉措的必然性。

在社會諸多階層中，孟子主要提到士、農、工、商四個階層，但並未平均著墨，士是重點論述對象，其它三個階層只是宏觀涉及。對於士在社會分工中的角色，身為儒士的孟子無疑極有發言權。他對士的論述主要涵蓋「出」與「處」兩個方面，用孟子的千古名言來說即「窮則獨善其身，達則兼善天下」（《孟子・盡心上》），「達」即「出」，指出仕被重用。孟子認為出仕是士的本職工作，就像種田是農夫的本職工作。所以，士渴望且汲汲於出仕是可以理解的，但出仕

必須遵循一定的規則。孟子說:「古之人未嘗不欲仕也,又惡不由其道。」(《孟子‧滕文公下》)「道」指仁義之道。孟子認為賢士皆「以道要君」,所以他斷然否定「伊尹以割烹要湯」的傳言:「伊尹耕於有莘之野,而樂堯舜之道焉。非其義也,非其道也,祿之以天下,弗顧也;……吾聞其以堯舜之道要湯,未聞以割烹也。」(《孟子‧萬章上》)孟子以伊尹為例指出何謂「出仕由道」。伊尹在莘國的郊野務農,以鑽研「堯舜之道」為樂。由於以「堯舜之道」為樂,所以如果出仕不合道義,即便把天下的財富都給他,他也不屑一顧。伊尹在商湯三番五次的誠意聘請下,為使商湯成為堯舜那樣的君主,為使商國民眾享受到「堯舜之道」的恩澤,於是出仕商國輔佐商湯,既非為了求富出仕,也不是通過割烹技藝求仕於商湯。同樣被傳言中傷的還有百里奚。有人說百里奚通過把自己賣給秦國養牲畜者的方式求仕於秦穆公,孟子認為:「自鬻以成其君,鄉黨自好者不為,而謂賢者為之乎?」(《孟子‧萬章上》)百里奚能夠預知虞國之亡可謂智,輔佐秦穆公稱霸天下可謂賢,賢智之士不會做出「自鬻以成君」這種不自重的行為。當然,「出仕以道」並不排斥俸祿,孟子說:「仕非為貧,而有時乎為貧。」(《孟子‧萬章下》)又說:「抱關擊柝者皆有常職以食於上。」(《孟子‧萬章下》)因為貧窮而出仕,可以做小官,拿薄俸。但最高目的仍是「仕以行道」:「立乎人之本朝,而道不行,恥也。」(《孟子‧萬章下》)總之,孟子認為士應潔身自好,「由道出仕」、「仕以行道」。

　　孟子周遊列國的目的在於「得君行道」,他提出的士的職責更多的集中在對君主的勸諫上。首先,勸諫的態度。孟子以「君之師」的身份自居,保持士在權力面前的獨立性。他批評當時君主不能禮賢下士、臣其所受教的不良態度:「好臣其所教,而不好臣其所受教。」(《孟子‧公孫丑下》)君主不能虛懷若谷,傾向任用聽話的人,而不

喜歡用應該求教的人。所以孟子直接拒絕朝見誠心不足、禮數不周的
齊王：「不幸而有疾，不能造朝。」（《孟子‧公孫丑下》）齊王派使者
告訴孟子自己因染有風寒，不能親自到訪，又詢問孟子能否明天到朝
廷相見。孟子也以疾病推辭，拒不到朝。孟子決非故作清高，因為
「天下有達尊三：爵一，齒一，德一。朝廷莫如爵，鄉黨莫如齒，輔
世長民莫如德」（《孟子‧公孫丑下》）。天下有三種公認的尊貴：朝廷
以爵位為貴，鄉黨以年紀為貴，輔世長民以德為貴。所謂「德」既指
道德，也指輔世長民的才智。君主不可徒恃爵位而怠慢齒、德二尊。
單就「德」而言，「今有璞玉於此，雖萬鎰，必使玉人雕琢之。至於
治國家，則曰，『姑舍女所學而從我』，則何以異於教玉人雕琢玉
哉？」（《孟子‧梁惠王下》）術業有專攻，士從小就不間斷地進行道
德修養並鑽研治國安邦之策，君主不知向有「德」的士虛心求教，這
與外行教導玉匠雕玉有何區別？

　　以獨立態度為根基，孟子還強調勸諫君主時要有「以正對」的態
度。齊宣王向孟子詢問卿的職責，孟子告之以卿有貴戚之卿和異姓之
卿，並說貴戚之卿「君有大過則諫，反覆之而不聽，則易位」（《孟
子‧萬章下》）。齊宣王聽後臉色大變，孟子則說：「王勿異也。王問
臣，臣不敢不以正對。」（《孟子‧萬章下》）即使說出的話可能讓君
主詫異、不快，孟子還是選擇「以正對」，以實情告之。除了支持的
態度，孟子也批評了一些態度。比如，「以順為正」。「以順為正者，
妾婦之道也。」（《孟子‧滕文公下》）孟子一貫堅持「德」在「爵」
「財」面前的獨立性，如果士把順從君主的威權、勢位視為正途，而
將道義拋諸腦後，那麼，這樣的士與迎合丈夫的妾婦沒有區別。又
如，氣量狹小。孟子說：「予豈若是小丈夫然哉？諫於其君而不受，
則怒，悻悻然見於其面。」（《孟子‧公孫丑下》）氣量狹小，勸諫不
被接受就生氣且滿臉不悅，被孟子批評為小丈夫行徑。

　　其次，勸諫的內容。第一，堯舜之道。孟子認為對君主最大的恭
敬和盡責就是勸諫他懷仁義、行堯舜之道：「齊人無以仁義與王言者，
豈以仁義為不美也？……我非堯、舜之道，不敢以陳於王前，故齊人
莫如我敬王也。」（《孟子·公孫丑下》）孟子反對以「利」主張以「仁
義」勸諫君王，他認為如果國家自上而下都以「利」為最高追求的
話，很容易出現為「利」不擇手段的局面，「懷利以相接，然而不亡
者，未之有也。」（《孟子·告子下》）如果國君悅仁義，百姓也會懷
仁義以事父、事兄、事君，終將實現「王天下」的目標。所以，勸諫
君主效法堯舜做堯舜那樣的君主，使百姓生活安定幸福，是士的最高
追求。第二，任用賢能。孟子指出國家的治理需要關注仁賢、禮義和
政事三要素：「不信仁賢，則國空虛；無禮義，則上下亂；無政事，則
財用不足。」（《孟子·盡心下》）不選拔、任用仁賢，國家將會空虛。
禮義、政事又由仁賢來實施，所以尹氏說：「三者以仁賢為本。無仁
賢，則禮義政事，處之皆不以其道矣。」[34]因此，任用仁賢對國家治
理至關重要。那麼如何選拔仁賢呢？孟子認為：「國君進賢，如不得
已，將使卑逾尊，疏逾戚，可不慎與？左右皆曰賢，未可也；諸大夫
皆曰賢，未可也；國人皆曰賢，然後察之；見賢焉，然後用之。」（《孟
子·梁惠王下》）選拔賢能關乎國家的前途，也關乎治理隊伍的穩
定、品質，稍有不慎，將會招來矛盾，埋下隱患，所以選拔賢能一定
要慎之又慎。在慎重的基礎上，需要廣泛調查，聽取不同階層人的意
見，在實際考察之後，確實能夠肯定是賢能之人，則任用之。

　　對於士之出仕，孟子主要探討了「由道出仕」、「諫君」兩部分內
容。有人對士在社會分工中的作用表示懷疑，認為士之「不耕而
食」，有「素餐」的嫌疑。孟子說：「君子居是國也，其君用之，則安

34　朱熹：《四書章句集注》，北京：中華書局，1983年，第366頁。

富尊榮；其子弟從之，則孝弟忠信。『不素餐兮』，孰大於是？」（《孟子・盡心上》）孟子指出士君子作為勞心者，既能為君主帶來安定富足、尊貴名譽，也能教化國中子弟興行孝悌忠信，「不素餐」的諸種功勞裡，沒有比這更大的了！從中可以看出孟子對出仕的熱愛以及對士在社會分工體系中作用的自信。但出仕無疑是「求在外者」，如果不能出仕，士該如何自處呢？

這就是孟子所說的「窮則獨善其身」，「獨善其身」即以道義自守，努力通過修養工夫提升道德水平和人格境界。「獨善其身」並不意味著封閉在個體的一己修養之中，其所謂「獨」與其說是人我之分，不如說是領域的轉換，也即由側重政治領域轉為自我修養與講學領域。也就是說，士之「處」主要涉及個人修養與收徒講學兩件事。與個人修養有關的修養論是第二章的內容，這裡重點介紹孟子收徒講學的教育方法。

第一，「來者不拒」與「教亦多術」相結合。孔子打破「學在官府」的局面，首創私人辦學的先例。他主張「有教無類」，對學子不分地域、身份、智愚，「自行束修以上，吾未嘗無誨焉」（《論語・述而》）。為了宣傳自己的學說，也為給王道政治培養後備人才，孟子同樣如此，別人評價他說：「夫子之設科也，往者不追，來者不拒。苟以是心至，斯受之而已矣。」（《孟子・盡心下》）對於前來求學的人，孟子「來者不拒」。來自四面八方，不同階層的學生，其性格、才智、品質必定千差萬別，孔子常因順學生自身的資質進行教學。比如子路和冉有問孔子相同的問題──聽到應該做的事就要立刻去做嗎？孔子對子路說，有父兄在，不需要「聞斯行之」；對冉有則說，「聞斯行之」。公西華感到疑惑，孔子告訴他：「求也退，故進之；由也兼人，故退之。」（《論語・先進》）冉有行事畏縮，所以需要鼓勵他；子路做事太勇猛，所以需要壓制他。孟子在教學時同樣主張教學

方法的多樣性，以適應不同資質的學生。他列舉了一些方法：「有如時雨化之者，有成德者，有達財者，有答問者，有私淑艾者。」（《孟子·盡心上》）有像及時雨那樣提供幫助的，有成就德性的，有培養才能的，有解惑的，有不直接教育而讓學生私淑的。教學方法的多樣甚至包括不教之教：「教亦多術矣，予不屑之教誨也者，是亦教誨之而已矣。」（《孟子·告子下》）老師不屑於親自教誨，讓學生自我反思老師對待自己的態度，也是一種教誨。「來者不拒」反映了孟子教育思想的平等觀，與「來者不拒」相適應，教學必須因順學生個體的獨特性採取適當的方法，才能使不同資質的學生都能獲得進益。

　　第二，「能者從之」與「成章而達」相結合。學生的資質雖千差萬別，有好有壞，「道」卻只有一個。對於這惟一的「道」，孟子尊重其真理性，並不主張「枉道從人」。他說：「大匠不為拙工改廢繩墨，羿不為拙射變其彀率。君子引而不發，躍如也。中道而立，能者從之。」（《孟子·盡心上》）任何技藝都有自己的從業標準，而且這些標準具有相對於人的資質的獨立性。換言之，人只有通過努力達到標準，不可能反過來降低標準迎合人的資質和努力程度。所以，大匠不會為笨拙的學工改變或廢棄使用繩墨，羿不會為拙劣的射手改變拉滿弓的限度。君子教人，也不會降低「道」的標準，只是激勵來學者努力用功，成為有能力的跟隨者。「道」的標準不會降低，人的資質又有差異，為解決這一矛盾，孟子提出「成章而達」的解決辦法。通俗地說，就是允許拉長時間，逐步地提高能力。孟子說：「流水之為物也，不盈科不行；君子之志於道也，不成章不達。」（《孟子·盡心上》）水流動的習慣是逐步注滿每個窪坑地往前流，教學也要引導學生逐步地階段式提升。「能者從之」維護了「道」的尊嚴，「成章而達」尊重了個體的能力，兩者的結合反映了孟子對教學過程之客觀性的遵循。

　　以上介紹了孟子對社會分工措施必然性的論證以及士在社會分工中在「出」與「處」兩種境遇中的不同作用。王陽明所處的明代中期，其政治、經濟、文化等社會生活要素已與孟子所處的戰國中期產生了巨大差異。那麼，王陽明對社會分工措施形成了怎樣的觀點呢？他對士階層的角色又是如何定位的呢？

　　社會分工措施的必要性。王陽明認為社會分工是必要且重要的，理由如下：首先，社會分工是「成德」的有效手段。「成德」即成就德性，從心學的角度說為「復心體之同然」[35]，「心體」指「萬物一體之仁」[36]。換言之，社會分工是落實「萬物一體之仁」的有效方法。陽明說：「天下之人熙熙皞皞，皆相視如一家之親。其才質之下者，則安其農、工、商、賈之分，各勤其業以相生相養……各效其能，若一家之務，或營其衣食，或通其有無，或備其器用……譬之一人之身，目視、耳聽、手持、足行，以濟一身之用。」[37]王陽明認為社會分工不是為了區別人我、各自為利，恰恰相反，士、農、工、商之各勤其業實是為了相生相養。就像一家之務，有人營謀衣食，有人製作器物，有人通其有無。又像目、耳、手、足表面上各為其用，實則同為滿足身體的需求。「一家之務」、「一身之用」皆是用譬喻的方式說明「萬物一體」，社會分工則如家庭成員之間各有其事，又如目、耳、手、足各有其用。「萬物一體之仁」或「心體」是社會分工的動機，社會分工是實現「心體」的手段。當「心體」蔽於物欲而流於功利之心時，社會分工對此也有糾偏作用。「本心」受物欲障蔽時，就會產生強烈的「人我之見」、「利害之私」，於是開始「以崇卑為輕

---

35 王守仁：〈傳習錄中〉，《王陽明全集》卷二，第62頁。
36 王守仁：〈傳習錄中〉，《王陽明全集》卷二，第62頁。
37 王守仁：〈傳習錄中〉，《王陽明全集》卷二，第61-62頁。

重，勞逸為美惡」[38]，「相矜以知，相軋以勢，相爭以利，相高以技能，相取以聲譽。」[39]整個社會彌漫著功利習氣，人們互相攀比權勢、財富、聲譽、知識、技能，重崇輕卑，美逸惡勞，完全拋棄了「一家之親」、「相生相養」等「一體」觀念。王陽明的社會分工措施主張「四民異業而同道……其歸要在於有益於生人之道，則一而已」[40]。無論個體從事何種職業，也不論其職業的社會地位如何，最終目的都是一致的，即「有益於生人之道」，「全萬物一體之仁」。所以，個體需要樹立合理的職業觀，社會分工是為了在職業中成就一己之德性，不能受功利思想的影響捨本逐末，盲目希高慕大、攀比嫉妒，而要勤勤懇懇，「苟當其能，則終身處於煩劇而不以為勞，安於卑瑣而不以為賤」[41]；也要安守本分，「禹、稷昌言於朝，過門而不入，以有大臣之責也，今克剛居顏子陋巷之地，而乃冒任禹、稷之憂，是宗祝而代庖人之割，希不傷手矣」[42]。陽明勸告童克剛放棄上疏八策的念頭，因為八策的內容多為老生之常談，又有與地方利害相關的內容，可以敝帚自珍。況且克剛如顏子一樣無官守無言責，不宜越俎代庖，強行上疏，否則，輕則受到指責非議，重則為累於己。總之，王陽明認為社會分工措施是成就「萬物一體之仁」的手段，其內含的「生人之道」、「安守本職」等職業觀對阻礙聖人之學的社會功利之習也有糾偏作用。

其次，個體的才能有異，所宜從事的職業有不同。陽明說：「而才能之異或有長於禮樂，長於政教，長於水土播植者，則就其成德，

38 王守仁：〈傳習錄中〉，《王陽明全集》卷二，第61頁。

39 王守仁：〈傳習錄中〉，《王陽明全集》卷二，第63頁。

40 王守仁：〈節庵方公墓表〉，《王陽明全集》卷二十五，第1036頁。

41 王守仁：〈傳習錄中〉，《王陽明全集》卷二，第61頁。

42 王守仁：〈復童克剛〉，《王陽明全集》卷二十一，第910頁。

而因使益精其能於學校之中。」[43]又說:「士以修治,農以具養,工以利器,商以通貨,各就其資之所近,力之所及者而業焉,以求盡其心。」[44]陽明指出人之才能有長於禮樂、政教等勞心職業者,也有長於水土播植等勞力職業者,所以個體需要選擇資質、才能擅長,力所能及的方向作為自己的職業,並在工作中「成德」、「盡心」,實踐聖人之學。再次,個體精力有限,只能有所知,做不到遍知一切。陽明說:「羲、和曆數之學,皋、契未必能之也,禹、稷未必能之也;『堯、舜之知而不遍物』,雖堯、舜亦未必能之也。」[45]每個人的日常生活由多種多樣的知識、技能所支撐,個體的精力和時間無法實現遍知一切。拿曆數之學來說,治曆明時雖對農業生產和民眾生活至關重要,但偉大如堯、舜也未必精通,他們只知其所當知,並不妄求遍物而知。最後,社會分工措施具有理想的實效。就一家之務而言,營衣食、備器用、通有無的家務分工為「仰事俯育」目的的實現奠定了良好的基礎。就一場戰役而言,「近者閩、廣之師幸而成功,其方略議於該部,成算出於朝廷;用命存於諸將,勠力因於士卒」[46]。方略、成算、用命、勠力皆依賴不同的主體,閩、廣之師的勝利是團體分工、協力合作的成果。就社會的正常運轉而言,工、商負責利器、通貨,士、農負責修治、具養,四民異業而相生相養。就國家治理而言,「舜敘九官,首稷而次契,垂工益虞,先於夔、龍」[47]。大舜作為垂範後世的賢明之君,為使天下得治而設置九官分掌不同的職務:禹為司空,負責水土;棄任後稷,負責農業;契為司徒,負責教化;皋

---

43 王守仁:〈傳習錄中〉,《王陽明全集》卷二,第61頁。
44 王守仁:〈節庵方公墓表〉,《王陽明全集》卷二十五,第1036頁。
45 王守仁:〈傳習錄中〉,《王陽明全集》卷二,第60頁。
46 王守仁:〈升賞謝恩疏〉,《王陽明全集》卷十,第375頁。
47 王守仁:〈節庵方公墓表〉,《王陽明全集》卷二十五,第1037頁。

陶任士師，掌管刑法；垂任共工，管理百工；益為虞官，管理山林；伯夷任秩宗，負責禮儀；夔任典樂，教育冑子；龍任納言，上傳下達。九官分職，大舜垂裳而治。[48]

概言之，王陽明從社會分工措施對「成德」的作用、個體才能之異、個體精力之限、社會分工的有效性等四個方面論述了社會分工措施的必要性。對於講求實用的儒家學者來說，僅指出某種措施的必要性肯定是不夠的，還需要闡明措施的可操作性。在士、農、工、商四類職業中，作為儒士的王陽明對士階層在社會分工中承擔的角色作了較為詳細的討論。自儒家創始人孔子以來，士的境遇基本就在定格「出」與「處」的輪番交替中。王陽明對士階層之作用的探討也從這兩方面展開。

就士之「出仕」而言，首先，關於出仕的動機。陽明區分了「行道」和「利身」兩種出仕動機，他說：「古之仕者，將以行其道；今之仕者，將以利其身。將以行其道，故能不以險夷得喪動其心，而惟道之行否為休戚。利其身，故懷土偷安，見利而趨，見難而懼。」[49]「仕以行道」者惟以「道之行否」為最高關切，所以險夷得喪不能動其心。他們志在四方，超脫人我之見：「嶺廣雖遠，固其鄉閭；嶺廣之民，皆其子弟；郡邑城郭，皆其父兄宗族之所居；山川道裡，皆其親戚墳墓之所在。」[50]安土重遷被視為人之常情，大部分中國人具有強烈的家鄉情結，不願遠離親人、終老他鄉。從「行道」的動機出

---

48 王陽明所說的「舜敘九官」出自《尚書·堯典》，錢穆先生認為〈堯典〉是戰國時人偽造。理由有二：第一，時間問題。舜、禹、契、棄不是同一時代的人，不可能是同僚關係。第二，行政制度歷史的中斷。夏商周三代至於秦漢時期皆沒有九官分職的行政制度，這與舜時期實行這一制度無法形成連續的歷史敘事。參見錢穆：《中國史學名著》（第3版），北京：生活·讀書·新知三聯書店，2013年，第9頁。

49 王守仁：〈送黃敬夫先生僉憲廣西序〉，《王陽明全集》卷二十九，第1150頁。

50 王守仁：〈送黃敬夫先生僉憲廣西序〉，《王陽明全集》卷二十九，第1151頁。

發，主體能夠擺脫地域、親人、困難、得失、毀譽等因素對自己意願的干擾。因為基於純粹的「良知」，主體能夠將對一家之親愛，推擴為對一方百姓之親愛。作為嶺廣的父母官，嶺廣的民眾就是自己的父兄、子弟；嶺廣的郡邑城郭，則是自己宗族的居所；嶺廣的山川道裡，則是自己親戚的墳墓所在。相反，以「利身」作為出仕動機的人，會把地域、利害、毀譽、難易等因素當作出仕與否的重要考量條件，常有趨利、畏難、懷土偷安等表現。當然，「行道」並不必然與求祿相矛盾。陽明說：「古之有祿仕，未嘗奸其職也，曰牛羊茁壯，會計當也。」[51]陽明拿孔子舉例說明為食俸祿而居官的情況，孔子曾做過管理糧倉的委吏，負責放牧的乘田。只要勤勤懇懇、不玩忽職守，為求俸祿做些小官也是可以的。

其次，出仕的方式。陽明指出在歷史的進展中，出仕的動機經久不變，但出仕的方式已由「載質」變為科舉：「然中世以是取士，士雖有聖賢之學，堯舜其君之志，不以是進，終不大行於天下。蓋士之始相見也必以贄，故舉業者，士君子求見於君之羔雉耳。」[52]舉業就像孟子時代求見諸侯的羔雉，考科舉是出仕的合法途徑。對於如何準備科舉考試，王陽明曾對自己的弟子徐曰仁說：「夫心無二用，一念在得，一念在失，一念在文字，是三用矣，所事寧有成耶？……將進場十日前，便須練習調養。蓋尋常不曾起早得慣，忽然當之，其日必精神恍惚，作文豈有佳思？須每日雞初鳴即起，盥櫛整衣端坐，抖擻精神，勿使昏惰。日日習之，臨期不自覺辛苦矣。……務須絕飲食，薄滋味，則氣自清；寡思慮，屏嗜欲，則精自明；定心氣，少眠睡，則神自澄。君子未有不如此而能致力於學問者，茲特以科場一事而言

---

51 王守仁：〈龍場生問答〉，《王陽明全集》卷二十四，第1004頁。

52 王守仁：〈重看文章軌範序〉，《王陽明全集》卷二十二，第965頁。

之耳。」[53]王陽明認為準備舉業是修習聖人之學的一部分，並不妨礙作聖之功。因為聖人之學就是心學，要求主體時刻保持「本心」得其宜，純乎理而無私欲。準備科舉時，舉子容易被得失之念擾動「本心」，得失之念就是私欲。陽明建議徐愛專心於舉業本身，不動得失之念。除此之外，還要注意提前訓練早起，調節自己的生物鐘。最後，存養精氣神也非常重要。具體方法是飲食清淡以清氣，寡思屏欲以明精，定心少眠以澄神。王陽明指出這些本是致力於學問者通用的方法，現在通過科場一事加以說明。

當儒者懷著「仕以行道」的動機通過科舉出仕之後，其主要面對兩種關係：君與臣；臣與民。處理臣與民的關係包括安民、養民、教民等內容，我們放在後面討論，這裡先闡釋君臣關係的內容。

臣對君的認識和事君之態度。君主作為一國之主，通常情況下，被視為國家治亂興亡之根本。但君主不可能事必躬親，君臣合作才是正途。王陽明認為：「君者，元首也；臣者，耳目手足也。」[54]以人體為喻，君主是頭腦，大臣是耳目手足，耳目手足惟頭腦的指令是聽，故君主是治理階層的指揮棒。君主作為人由生理器官和精神性「本心」構成，這兩類構成成分皆有其功能所在，那麼哪一部分承擔指揮棒功能呢？答案是人君之心：「人君之心，天地民物之主也，禮樂刑政教化之所自出也，非至公無以絕天下之私；非至正無以息天下之邪；非至善無以化天下之惡；而非其心之智焉，則又無以察其公私之異，識其邪正之歸，辯其善惡之分。」[55]人君的爵位決定了其「心」是天地民物的主宰，禮樂刑政教化的源頭。人君之心做到至公能夠絕天下之私，做到至正能夠息天下之邪，做到至善能夠化天下之惡。而

---

53 王守仁：〈示徐曰仁應試〉，《王陽明全集》卷二十四，第1003頁。
54 王守仁：〈乞宥言官去權奸以章聖德疏〉，《王陽明全集》卷九，第323頁。
55 王守仁：〈山東鄉試錄‧論〉，《王陽明全集》卷二十二，第941-942頁。

至公、至正、至善又有賴於人君之心所具有的「智」的先驗德性能
力。總之，對於臣民而言，君主是國家的頭腦，而人君之心又是頭腦
中的頭腦，所以陽明引用孟子的話說：「一正君而國定矣。」[56]君主在
國家的治理中處於主導地位，國家由君臣共同治理。那麼，大臣該以
怎樣的態度輔佐、事奉君主呢？首先，獨立的態度。王陽明認為君主
有其位，士臣有其德，大臣應保有士師的獨立性。他說：「傳道者師
之責，人君苟能以虛受人，無所拂逆，則道得於己，可以為建極之
本，而王者之業，益以昌大矣。考德者師之任，人君果能顧安承教，
無所建拒，則德成於身，足以為立准之地，而王者之基，日以開拓
矣。」[57]士臣擔負向君主傳道、考德的責任，君主應該虛心受教，做
到道得於己、德成於身，則王者之基業將日益廣大。若君主不能虛心
受教，士臣應該「奉身而退，以立其節，雖萬鐘有弗屑也。」[58]士臣
不僅不能枉道從祿，更不能枉道從命：「惟命之從而不以道，是妾婦
之順，非所以為恭也。」[59]惟命是從，與妾婦之順沒有區別，非大臣
事君之正途。其次，感恩圖報與忠於職守的態度。士臣「弘道立
節」，確有其相對於權勢、俸祿的獨立性，但陽明認為士臣的爵賞、
俸祿由人君賜予，受國之恩，在保持獨立性的同時也要感恩圖報、忠
於職守。他說：「夫蒙人一顧之恩，尚必思其所以為酬，受人一言之
知，亦必圖其所以為報，何況君臣大義，天高地厚之恩！」[60]人之常
情，蒙人一顧之恩，一言之知，皆當思酬報，更何況君臣天高地厚之
恩？！所以「人臣之事君也，先其事而後其食」[61]，「於國家之難，凡

---

56 王守仁：〈與許台仲書〉，《王陽明全集》卷二十七，第1113頁。

57 王守仁：〈山東鄉試錄·書〉，《王陽明全集》卷二十二，第932頁。

58 王守仁：〈山東鄉試錄·四書〉，《王陽明全集》卷二十二，第927頁。

59 王守仁：〈龍場生問答〉，《王陽明全集》卷二十四，第1005頁。

60 王守仁：〈乞恩暫容回籍就醫養病疏〉，《王陽明全集》卷十五，第580頁。

61 王守仁：〈辭封爵普恩賞以彰國典疏〉，《王陽明全集》卷十三，第503頁。

其心之可望，力之可為，塗肝腦而膏髓骨，皆其職分所當」[62]為報君國之恩，對於國家之需要，若心、力兩及，即便粉身碎骨、肝腦塗地也是職分之當為。總之，人臣事君應該保持立節獨立和竭忠效命之間的張力。

人臣事君的內容。對君主在國家治理中的作用和事君態度有所瞭解之後，接著就是事君的內容了。首先是薦賢。陽明認為：「然此乃天下治亂盛衰所繫，君子小人進退存亡之機，不可以不慎也。……凡薦賢於朝，與自己用人又自不同。自己用人，權度在我，故雖小人而有才者，亦可以器使。若以賢才薦之於朝，則評品一定，便如白黑，其間捨短錄長之意，若非明言，誰復知之？小人之才，豈無可用？」[63]向朝廷舉薦人才是大臣事君的責任之一。陽明指出薦賢行為牽涉到的責任甚大，既關乎國家的治亂盛衰，又為君子、小人的仕途製造了進退存亡的機會，所以必須慎之又慎。向朝廷薦賢和自己用人又有不同，自己用人，權度在己，能夠靈活取捨、因才器使。朝廷用人，其權度、評品相對機械、固定，一旦評定，便如黑白，難以做到因才器使。所以小人之才在朝廷容易使用不當，造成弊大於利的後果。因此，向朝廷推薦的人其品德、才能都要經得住考驗才行。

其次，以道事君。孔子提出「君君，臣臣」，意謂君主、大臣各有其職責所在。王陽明認為能夠成為大臣的儒士，一定是盡大臣之道的人，所謂盡大臣之道即「引君於道」：「必其於事君也，經德不回，而凡所以啟其君之善心者，一皆仁義之言，守正不撓，而凡所以格其君之非心者，莫非堯、舜之道，不阿意順旨，以承君之欲也；必繩愆糾繆，以引君於道也。」[64]大臣應該「守正不撓」，用仁義之言啟發君

---

62 王守仁：〈再辭封爵普恩賞以彰國典疏〉，《王陽明全集》卷十三，第509頁。

63 王守仁：〈答方叔賢二〉，《王陽明全集》卷二十一，第912-913頁。

64 王守仁：〈山東鄉試錄·四書〉，《王陽明全集》卷二十二，第926頁。

主的善心，用堯舜之道框正君主的不良想法。不阿意順旨，逢迎君主的私欲；必繩愆糾繆，引導君主循道而行。「道」作為形而上的存在是「心」的對象，因此，「引君於道」的本質是使君心向「道」。對於求道的根本方法，孔子主張「為仁由己」，孟子提出「反求諸己」，所以大臣對君心的匡直輔翼只是助緣，君主自養其心才是根本方法。陽明說：「然必人君自養其心，而後能有洞察之明，專一之誠以資夫人，而其所以自養者，固非他人之所能與矣，使其勉強於大庭昭晰之時，有放縱於幽獨得肆之地，則雖有賢人君子，終亦無如之何者，是以人君尤貴於自養也。」[65]從效果上看，君主只有自養其心，才能逐漸擁有洞察之明、專一之誠；從工夫壁壘的角度看，大臣對君心的干預只有在相對公共的空間裡才能實現，如果君主在幽獨得肆之地選擇放縱自己，賢人、君子亦無可奈何。總之，大臣「引君於道」，需要在匡直輔翼的同時，讓君主自養向道之心。

再次，諫君。在一定意義上，君主依靠信息治理國家，他需要及時掌握自己和國家的一些信息，所以廣開言路非常重要。王陽明曾勸諫明武宗嘉納、施行善言，包容、隱覆不善之言以廣開言路：「銑等職居諫司，以言為責；其言而善，自宜嘉納施行；如其未善，亦宜包容隱覆，以開忠讜之路。」[66]大臣還要勸諫君主勵精圖治。明武宗在宦官蠱惑下耽溺逸樂，疏於經筵日講，甚至不上早朝。王陽明上疏勸諫說：「伏願陛下繼自今昧爽以視朝，勵精而圖治。端拱玄默以養天和，正〈關雎〉之風，毓〈麟趾〉之祥。日御經筵，講求治道，務理義之悅心，去遊宴之敗度。」[67]王陽明進諫明武宗昧爽視朝、端拱而治，正夫婦之道，衍皇儲之慶，日御經筵，涵詠義理，講求治道，絕

---

65 王守仁：〈山東鄉試錄・論〉，《王陽明全集》卷二十二，第944頁。

66 王守仁：〈乞宥言官去權奸以章聖德疏〉，《王陽明全集》卷九，第323頁。

67 王守仁：〈自劾不職以明聖治事疏〉，《王陽明全集》卷二十八，第1120頁。

去敗度之遊宴以勵精圖治。這裡需要對端拱而治再作詳細解釋。王陽明指出：「人君端拱清穆，六卿分職，天下乃治。」[68]端拱而治即善於用人，因此，任賢圖治是勵精圖治的題中之意。王陽明指出：「大臣勉賢王之為治，惟在嚴以遠小人，而專於任君子也。……必其於憸人也，去之而勿任；於吉士也，任之而勿疑，然後政無不立矣。蓋所謂憸人者，行偽而堅，而有以飾其詐，言非而辯，而有以亂其真者也……所謂吉士者，守恆常之德，而利害不能怵，抱貞吉之操，而事變不能搖者也。」[69]仁賢圖治需要親賢遠佞，賢者又稱吉士，能夠堅守恆常的美德，不為利害所動、事變所搖；小人又稱憸人，他們品行虛偽而堅定，藉以掩飾其欺詐之心，言語無理卻有辯才，能夠擾亂真相。去憸任賢，政無不立。那麼如何去憸任賢呢？王陽明以對邊官的選拔為例，提出才、心、身三個考察指標：「反覆邊夷之地，非得忠實勇果通達坦易之才，固未易以定其亂。有其才矣，使不諳其土俗而悉其情性，或過剛使氣，率意徑行，則亦未易以得其心。得其心矣，使不耐其水土，而多生疾病，亦不能以久居於其地，以收積累之效，而成可底之績。」[70]吉士、賢人是既有勇果、通達之才，中庸、包涵之心，又有健康、強壯之身的人。應根據職務、地區的不同，對三者有所側重地選拔人才。陽明指出，世間沒有完人，用人當捨短用長。比如吳起是個殺妻的忍人，卻成一代名將；陳平是個受金的貪夫，卻成一代謀臣。「故曰：用人之仁，去其貪；用人之智，去其詐；用人之勇，去其怒。」[71]

對於人才的來源，王陽明認為君主需善於利用大臣的舉薦：「陛

---

68 王守仁：〈傳習錄上〉，《王陽明全集》卷一，第25頁。

69 王守仁：〈山東鄉試錄·書〉，《王陽明全集》卷二十二，第933頁。

70 王守仁：〈邊方缺官薦才贊理疏〉，《王陽明全集》卷十五，第554頁。

71 王守仁：〈陳言邊務疏〉，《王陽明全集》卷九，第318頁。

下何不使在位大臣一時各舉十餘人之可用者，陛下合而考之：若一人舉之而九人不舉，未可也；三人舉之而七人不舉，已在所察矣；五人舉之而五人不舉，其察又宜詳矣；或七人八人舉之而一二人不舉，則其人之可用亦斷在不疑者矣。」[72]一般來說，能夠得到多數人肯定、賞識的人是賢才的概率會更大。所以，同一人被不同大臣舉薦的總次數也可以作為識賢的另一指標。賢才被識別出來並不意味著一定能得到任用，因為有時可能會被時例所拘，王陽明認為，任賢還要打破時例造成的限制：「其豪傑可用之才，乃為時例所拘，棄置而不用。夫所謂時例者，固朝廷為之也，可拘而拘，不可拘而不拘，無不可者。陛下何忍一方之禍患日深月積，乃惜破例，而用一人以救之乎？」[73]時例本是朝廷設置的人才選拔、任用制度，但當其在特殊條件下，實際作用走向自己的反面時，君主應該為民眾的福利暫時破例任用賢才，不能僵化地固守時例，漠視百姓所受禍患日深月積。總之，王陽明從薦賢、諫君、引君向道等方面論述了儒士出仕事君的內容。

毫無疑問，出仕並非儒士惟一的生活狀態，孔子有「用捨行藏」之論，孟子有「獨善兼濟」之說，總而言之，君子應該做到出有所為，處有所樂：「君子之道，出與處而已。其出也有所為，其處也有所樂。」[74]從本質上看，出與處是「本心」素位而行的結果，沒有高低、貴賤之別。仕者以趨時從仕為通達，隱者以忘世自處為高尚，皆是執於一偏之見，不能自由進退，故陽明說：「急於救民者，固聖賢憂世之本心，而安於自守者，又君子持己之常道，是以顏子之不改其樂，而孟子以為同道於禹、稷者，誠以禹、稷、顏子莫非素其位而行耳。後世各徇一偏之見，而仕者以趨時為通達，隱者以忘世為高尚，

---

72 王守仁：〈邊方缺官薦才贊理疏〉，《王陽明全集》卷十五，第555頁。
73 王守仁：〈邊方缺官薦才贊理疏〉，《王陽明全集》卷十五，第555頁。
74 王守仁：〈送毛憲副致仕歸桐江書院序〉，《王陽明全集》卷二十二，第962。

此其所以進不能憂禹、稷之憂，而退不能樂顏子之樂也歟！」[75]出仕則憂禹、稷之憂，自處則樂顏子之樂，進退綽綽然有餘裕。那麼，王陽明主要論述了自處的哪些內容呢？

從上文「退有顏子之樂」可知，自處的一項主要內容就是「樂道」。自處中的「樂道」常常表現為師友之間的講學論道。據鄒守益記載，有人稱讚王陽明在文章、政事、氣節、勳烈等四方面皆有傑出成就，只是在講學上有所欠缺，否則，即可算得上「全人」。王陽明笑著回應說：「某願從事講學一節，盡除卻四者，亦無愧全人。」[76]可見，王陽明把講學看得比文章、政事、勳烈、氣節都要重要。從一五〇五年「門人始進」[77]，至一五二九年去世，王陽明在二十多年的教學過程中積累了豐富的教學經驗。我們通過對其教學方法的考察來探究王陽明在講學上的自處情況。

第一，淘金於沙與隨才成就相結合。王陽明對何謂師友有明確的界定：「夫友也者，以道也、以德也。……今之所謂友，或以藝同，或以事合，徇名逐勢，非吾所謂輔仁之友矣。仁者，心之德，人而不仁，不可以為人。輔仁，求以全心德也，如是而後友。」[78]王陽明所說的師友是輔仁全德之人，不是當時通俗意義上從事相同技藝或事業的人。從事相同技藝或事業的交往主體之間常常徇名逐勢，以功利利益為最高追求，真正的師友團體則以成就聖賢學問和人格為最高追求。世人的價值觀錯亂造成聖學晦暗、師友之道淪沒的局面。將成聖視為人生第一等事的王陽明渴望改變這一狀況，希冀能夠影響更多的人立心向善，繼承、發揚聖人之學。一者，在當時的社會環境下，能

---

75 王守仁：〈山東鄉試錄·四書〉，《王陽明全集》卷二十二，第925頁。

76 鄒守益：〈陽明先生文錄序〉，《王陽明全集》卷四十一，第1739頁。

77 錢德洪：〈年譜一〉，《王陽明全集》卷三十三，第1352頁。

78 王守仁：〈答儲柴墟〉，《王陽明全集》卷二十一，第893-894頁。

夠自覺對聖人之學產生興趣的人比較少；二者，講學團體的規模化既是聖人之學得到推廣的結果，同時又能對聖人之學的推擴產生積極影響。所以，王陽明在講學時延續了孔子開創的有教無類風格，他說：「某愚不自量，痛此學之不講，而竊有志於發明之。自以劣弱，思得天下之豪傑相與扶持砥礪，庶幾其能有成。」[79]但真正有志於聖學的豪傑之士不會憑空出現，需要經過一個篩選的過程，就如淘金於沙：「當此之時，苟有一念相尋於此，真所謂『空谷足音，見似人者喜矣』。況其章縫而來者，寧不忻忻然以接之乎？然要其間，亦豈無濫竽假道之弊！但在我不可以此意逆之，亦將於此以求其真者耳。正如淘金於沙，非不知沙之汰而去者且十九，然亦未能即捨沙而別以淘金為也。孔子云：『與其進也，不與其退也，唯何甚。』孟子云：『君子之設科也，來者不拒，往者不追。苟以是心至，斯受之而已矣。』」[80]來學者的資質、動機各異，其中不乏資質平常甚或動機不純者，王陽明和孔、孟一樣，主張來者不拒、有教無類。他認為應該肯定、鼓勵來學者的向道、進取之心，豪傑之士雖較普通學子優秀，但兩者實際處於共存狀態，就如淘金於沙，捨沙亦無法別為淘金。所以不能只希求得英才而教育之，而應對有向學之心者來者不拒。比如錢德洪曾見王陽明與二三耆宿討論心學，但並未得到認同。錢德洪向同門評價乃師說：「先生誨人，不擇衰朽，仁人憫物之心也。」[81]可見，王陽明希望抓住一切講學、論學的機會傳播心學。

面對資質、動機相異的受眾，王陽明也相應採取了靈活的論學方法。他說：「人要隨才成就，才是其所能為。如夔之樂，稷之種，是他資性合下便如此。成就之者，亦只是要他心體純乎天理。」[82]隨才

---

79 王守仁：〈與鄭啟範侍御〉，《王陽明全集》卷二十一，第911頁。
80 王守仁：〈復唐虞佐〉，《王陽明全集》卷四，第198頁。
81 王守仁：〈傳習錄下〉，《王陽明全集》卷三，第141頁。
82 王守仁：〈傳習錄上〉，《王陽明全集》卷一，第24頁。

成就的「才」指個體所具有的特殊資質、條件，如夔對音樂的天賦，稷對稼穡的興趣等。隨才成就指因順個體所具有的資質、條件啟發其體悟「本心」之善，引導其在具體事為中使得心體純乎天理，從而成就聖賢人格和境界。下面舉兩個事例加以說明。聾啞人楊茂登門向王陽明求教心學，兩人以文字交流。王陽明告訴他成聖與否取決於「本心」是否存乎天理，所以他只要在日常生活中依循「本心」行善去惡即可。口不能言，耳不能聽與成聖不存在必然聯繫，而且不能聽、言，反而省卻了很多無謂的閑是非。王陽明讓楊茂明白終日聽其「本心」，行其「本心」即可成聖，口、耳功能之缺失不會阻礙成聖追求。既告訴了楊茂修養方法，又鼓舞了他的信心。又如王陽明對王汝止、董蘿石問同答異。王汝止和董蘿石在出遊歸來後曾向王陽明詢問過同樣的問題：為什麼感覺滿大街上都是聖人？王陽明對王汝止的回答是：「你看滿街人是聖人，滿街人到看你是聖人在。」[83]對董蘿石的回答是：「此亦常事耳，何足為異？」[84]王陽明如此做的理由在於：「汝止圭角未融，蘿石恍見有悟，故問同答異，皆反其言而進之。」[85]問同答異是王陽明根據王汝止和董蘿石兩人的性格特點及體悟程度採取的靈活辦法，目的在於通過反言進一步激發兩人的進道熱情和信心。

第二，大化無偽與次第積累相結合。隨才成就、因材施教是教學主體對受眾資質的靈活因應，這是否意味著為教學主體的講學、傳道毫無原則、標準呢？答案是否定的。王陽明說：「因人而施，質異也；同歸於善，性同也。夫教，以復其性而已。」[86]每個人本具的善性是相同的，但後天的資質千差萬別。為師者要在因應「質異」的基

---

83 王守仁：〈傳習錄下〉，《王陽明全集》卷三，第132頁。
84 王守仁：〈傳習錄下〉，《王陽明全集》卷三，第132頁。
85 王守仁：〈傳習錄下〉，《王陽明全集》卷三，第132頁。
86 王守仁：〈別王純甫序〉，《王陽明全集》卷七，第259頁。

礎上，啟發弟子復歸本善之性。換言之，隨才成就是方法的多樣，而非原則的混亂。原則是堅持本性之真。人人具有的本性是相同的，後天修養工夫的目的在於去除人欲復歸本善之性，普遍必然的本善之性容不得半點摻假。復性過程的現實化即人格境界的不同，堅持本性之真也就是堅持標準的嚴格性。有弟子向陽明請教「聖人之道，必降而自卑」[87]這種說法是否正確，陽明回答：「不然。如此卻乃偽也。聖人如天，無往而非天，三光之上天也，九地之下亦天也，天何嘗有降而自卑？此所謂『大而化之』也。」[88]陽明用天來比喻聖人境界。天覆萬物，地球無處不在天的覆蓋之下，這是天固有的品質，降而自卑是作偽。聖人也是如此，其境界的形成對心性光明之復歸有固定的要求，那就是純乎天理，他不會枉道從人，降低標準。所以，教學方法的多樣只是為了幫助從學者更好地復歸本性，最終達到心性光明的聖人境界。這一過程有其固有的嚴格標準，「大化無偽」，既不是沒有原則、標準，教學主體也不會做出屈從來學者的資質而降低標準的行為。標準雖不能降低，但過程允許次第積累。王陽明說：「為學須有本原，須從本原上用力，漸漸『盈科而進』。」[89]怎麼「盈科而進」呢？以下論述可視為一例：「教人為學，不可執一偏。初學時心猿意馬，栓縛不定，其所思慮多是人欲一邊，故且教之靜坐、息思慮。久之，俟其心意稍定，只懸空靜守，如槁木死灰，亦無用，須教他省察克治。」[90]個體在修養之初，心猿意馬，閑思雜慮很多，常常控制不住，這時需要通過靜坐的辦法來止息欲念。一段時間後，心意稍定，此時如果繼續採取靜坐方法，就容易陷入懸空守靜的泥潭，也即只能

---

87 王守仁：〈傳習錄上〉，《王陽明全集》卷一，第26頁。

88 王守仁：〈傳習錄上〉，《王陽明全集》卷一，第26頁。

89 王守仁：〈傳習錄上〉，《王陽明全集》卷一，第16頁。

90 王守仁：〈傳習錄上〉，《王陽明全集》卷一，第18頁。

在靜坐時保持心意之定，遇事心意則亂。所以，應該由靜坐為主轉為在事上省察克治為主，做到應事時念慮多在天理一邊，而非人欲一邊。故而陽明感嘆：「日用事為間，體究踐履，實地用功，是多少次第、多少積累在！」[91]總之，陽明教人在嚴守標準的前提下，通過逐步積累的修養工夫實現階段式提升，最終達致心性光明。

需要指出的是，王陽明的講學並不完全發生在「處江湖之遠」時，他說：「讀書講學，此最吾所宿好，今雖干戈擾攘中，四方有來學者，吾亦未嘗拒之。所恨牢落塵網，未能脫身而歸。今幸盜賊稍平，以塞責求退，歸臥林間，攜爾曹朝夕切磋砥礪，吾何樂如之！」[92]換言之，自一五〇五年門人始進以來，無論政務、軍務在身之際還是退處山林之時，王陽明幾乎從未中斷講學活動，不過他真正嚮往的是能夠拋開官責，將全副精力投入講學活動，所以我們將講學劃歸為他對自處活動的認識。

通過上述梳理可知，孟子和王陽明皆對社會分工以及士在社會分工中的角色提出了較為詳盡看法，下面基於上述兩部分內容，具體分析王陽明在社會分工相關思想上對孟子的繼承與發展情況。

就社會分工的必要性而言，王陽明從個體才能之異、精力之限以及社會分工的有效性等三個方面繼承了孟子對社會分工必要性的認識。才能之異即個體對各種技能的天賦有差異，基於這一實情，孟子區分了勞力、勞心，君子、野人，大人、小人等職業大類。王陽明指出更為具體的情形，如有人擅長政教之事，有人擅長水土播植之事。顯然，政教屬於孟子所說的勞心類職業，水土播植則屬於勞力類職業。從事政教的人可被視為君子、大人，從事水土播植的人則可被視為野人、小人。可見，王陽明繼承了孟子將才能之異視為實行社會分

---

91 王守仁：〈傳習錄中〉，《王陽明全集》卷二，第46頁。
92 王守仁：〈贛州書示四侄正思等〉，《王陽明全集》卷二十六，第1088頁。

工必要性條件的觀點。精力之限即個體精力無法支撐生活世界所需物質、能量、信息等內容的直接生產。孟子指出一個人的生活需要消耗「百工」所生產的產品，如果這些所需品全部由自己直接生產，那一定會陷於疲於奔命的狀態，也即個體精力有限，做不到全部生活資料由自己生產。王陽明認為羲和負責的歷數之學禹、稷未必擅長，堯、舜也未必精通。換言之，禹、稷、堯、舜只是曆法的使用者，而非研究者。他們將精力用在了最該用的地方，從而成為某個領域的傑出人物，但做不到遍知一切。孟子以生活資料的生產舉例，王陽明用生活知識的研究舉例，共同指向個體精力的限度問題。個體精力的有限是社會分工必須施行的又一重要原因。社會分工的有效性即社會分工帶來的實際效果。孟子和王陽明皆舉了「舜敘九官」的例子。舜任命益、禹等人分別負責不同的事務，使得天下逐漸安定。無疑，王陽明繼承了孟子用實際效果論證社會分工必要性的觀點。

　　就士在社會分工中的角色而言，王陽明繼承了孟子對士之「出」與「處」的很多觀點。第一，出仕的動機和方式。孟子認為士之出仕動機在於行道而非求富。比如伊尹出仕是為了發揚堯舜之道，輔佐商湯成為堯舜那樣的賢明之君，從而使百姓身被堯舜之道的福澤。俸祿並非伊尹出仕的動機，所以他能夠做到「祿之以天下」而不屑一顧。既然對出仕抱有如此高的期待，伊尹又怎會不以恰當的方式出仕呢？因此孟子嚴厲批評了伊尹「以割烹要湯」的傳言，他認為以不合理的方式求仕就像戀人違反禮法逾牆私會一樣為人所不恥。王陽明則明確區分了出仕的兩種動機：行道和利身。行道即孟子所說的仕以行道，利身即孟子批評的仕以求利。他盛讚孟子對伊尹「以割烹要湯」妄說的辯駁：「嘗觀伊尹耕於有莘之野，而樂堯舜之道，固將終其身於畎畝，雖祿之以天下，有弗顧者，其後感成湯三聘之勤，而始幡然以起，是誠甚不易矣。而戰國之士，猶以為割烹要湯，向非孟氏之辯，

則千載之下，孰從而知其說之妄乎？」[93]這說明，王陽明完全贊同並繼承了孟子仕以行道的主張。在此前提下，兩人對「有時為貧」而出仕抱持寬容態度，他們都舉孔子曾做乘田、委吏的例子加以說明。所以，俸祿與利身之動機不同，也與行道的動機不相衝突。對於出仕的方式，王陽明認為舉業等同於孟子時代士求見諸侯的「羔雉」，科舉與「羔雉」一樣，是交際於君之禮。不工科舉以求得君主的任用，胸中雖有聖賢之學、堯舜乃君之志，最終也無法得到落實。所以，王陽明也繼承了孟子「由道出仕」的觀點。

第二，對君主的認識和事君之態度。孟子認為國君是國家治亂興衰的根源，對國家的發展、治理起著根本性的作用，也即「一正君而國定」。王陽明用人體的各個部分做比喻，認為君主相當於身體的頭腦，大臣相當於身體的耳目手足。換言之，國君在國家的治理中居於支配、根本地位。王陽明也多次引用「一正君而國定」來論述君主的重要性。由此可見，在對君主重要性的認識上，王陽明無疑繼承了孟子的觀點。在事君的態度方面，孟子提出士需保持自己的獨立性。士有其「德」，君主有其「爵」，士應以「德」輔佐君主治理國家，而不能拜倒於「爵」喪失「德」的尊嚴，所以孟子批評「以順為正」的事君態度，將惟命是從稱之為妾婦之道。除獨立態度，還有忠於職守的態度。孟子為盡「言責」而向齊宣王論述貴戚之卿和異姓之卿的不同責任，即便內容引起齊宣王的驚異、憤怒也堅持「以正對」。王陽明繼承了孟子提出的獨立和盡職態度。他認為士臣負有向君主傳道、考德的責任，如果君主拒之不理，士臣可以全節而退，不可枉道從祿，更不能枉道從命，因為惟命是從是妾婦之道。士臣必須保持自身德性人格在權勢與俸祿面前的獨立性。有獨立態度是為了更好地盡職盡

93 王守仁：〈山東鄉試錄・策五道〉，《王陽明全集》卷二十二，第952頁。

責，而非尸位素餐，所以陽明強調士臣應該「先事後食」。因此，陽明能夠不畏風險上疏武宗為言官戴銑等人辯解，即使後來被廷杖四十，貶為貴州龍場驛驛丞也無怨無悔。

第三，事君的內容。孟子主要提及向君主宣傳堯舜仁義之道以及任用賢能兩方面內容。他認為讓君主瞭解並實行堯舜之道代表著士臣對君主最大的敬意。對於任用賢能，孟子分別論述了賢能在國家治理中的重要性和選賢方法。他指出不任用賢能，國家的人才會大量流失，國家會逐漸「空虛」。人失政衰，國家的禮義和政事也會陷入混亂，所以國君必須親賢任能。選拔賢能的方法就是充分利用各階層的意見。左右、諸大夫、國人三個階層都評價某人賢能，再經過親自考察之後，即可放心任用。陽明也主張士臣須「引君於道」，用仁義之言啟發君主的善心，用堯舜之道匡正君主的非心。陽明也重視賢才對於國家發展的重要作用，認為人才的任用與否關係著天下的治亂盛衰，君主做到去憸任賢，則政無不立。對於選拔賢才，王陽明提出充分利用大臣舉薦的方法。他舉例說，十位大臣各舉薦十人，出現次數最多的人在多數情況下為賢才無疑。所以，在「引君於道」、重視任用賢能以及通過意見交集選拔人才的方法等事君內容上，王陽明繼承了孟子的觀點。

就士之自處而言，孟子來者不拒和教亦多術相結合，能者從之和成章而達相結合的講學方法為王陽明所繼承。來者不拒即廣泛地收徒講學，王陽明則提出淘金於沙的說法。淘金於沙和來者不拒皆主張只要來人本著向學之心，就接受此人從學。既然來學者的資質、身份、個性等自身條件各不相同，孟子提出因應來學者個體條件講學的方法，即教亦多術。與此相應，王陽明提出隨才成就的方法。教亦多術、隨才成就皆主張針對不同人的不同情況，採取相應的、靈活的教學方法。教學方法的多樣，並不意味著教學標準的混亂，孟子和王陽

明皆主張聖人之道有其固有的不可變更的標準，來學者只有通過不斷地努力企及這一標準，而不能妄想降低標準。降低標準是作偽行為，與聖道之真的要求相矛盾。這就是孟子和王陽明分別主張的能者從之與大化無偽的內涵。標準雖不可作偽降低，過程卻允許階段式升進，就像流水盈科而進一樣，故而孟子主張成章而達，王陽明提出次第積累。除了講學方法的繼承，孟子對講學的態度也為王陽明所繼承。孟子提出君子有三樂，得天下英才而教育之是講學之樂，換言之，孟子認為講學是人生的一件樂事。王陽明將讀書講學視為人生最大的愛好，他幻想致仕後歸臥山林，朝夕與弟子砥礪切磋，並慨嘆「吾何樂如之！」[94]可見，王陽明與孟子一樣發自內心地以講學為人生樂事。

王陽明不僅在社會分工的必要性、士之出仕與自處的諸多方面繼承了孟子的思想，同時也對上述諸方面的有關內容作出了發展。

首先，明晰式發展，即將孟子社會分工思想裡暗含的相關內容明確揭示出來。第一，王陽明明確指出社會分工為「成德」提供了堅實的物質條件。根據孟子的社會分工和恆產、恆心關係理論，對於身處分工的各行業的人來說，「一人之身，百工之所為備」，如果大家各自從事自己擅長的職業，互通有無，社會的生產效率將會得到極大提升，人們基本的物質生活資料能以極高的效率生產出來，就不會為了生活物資疲於奔命。久之，人們會有恆產，這為人們有恆心奠定了堅實的物質基礎。這些內容暗含在孟子的社會分工和恆產、恆心理論中。王陽明則明確論述了社會分工的上述意義。他指出各社會成員按其資分安心從事於農、工、商、賈等行業，就像家庭成員共同經營家庭事務，或謀衣食、或備器用，大家「各勤其業以相生相養」，為仰事俯育提供良好的物質基礎。所以，王陽明將社會分工為「成德」提供有利物質條件的意義明確揭示了出來。第二，明晰了「出」、「處」

---

94 王守仁：〈贛州書示四姪正思等〉，《王陽明全集》卷二十六，第1088頁。

轉換的淡然態度。孟子認為大禹治理洪水、後稷教民稼穡雖然出仕，卻與自處於陋巷的顏回「同道」。大禹、後稷憂民之心與顏回的樂道之心同樣值得稱讚。這表明孟子對待「出」、「處」轉換的態度是淡然的，所以他說「窮善兼濟」。但孟子並未明確論述這一態度。王陽明認為禹、稷急於救民出於聖賢憂世之本心，顏子安於自守，則遵循了君子持己之常道。兩種狀態皆因「本心」能夠素位而行而不受私欲干擾。後世的儒士常常陷於一偏之見，仕者熱衷趨時，隱者偏於忘世，各以一偏之見為高尚，不能淡然處之於進退之間。王陽明通過正反兩方面的論述，明晰了儒士對待「出」、「處」的合理態度。

其次，豐富式發展，即對孟子已明確論述到的社會分工的相關思想內容作進一步充實、豐富。第一，豐富「一正君而國定」的原因。孟子對國君在國家治理中的重要作用曾用「一正君而國定」加以概括，並解釋其原因為，國君行仁義，天下就會興起仁義之風。王陽明則對這一問題的原因作了進一步的論述。他認為人君的「本心」是天地民物之主宰，禮樂、刑政、教化等社會治理措施皆從此出。所謂「正君」即正人君之心，使人君的「本心」時時發露，以其至公、至正、至善、至智等先天德性內容和禮樂刑政等後天治理措施對治天下的私邪，所以「一正君而國定」。王陽明將君主的「本心」上升為現實國家的主宰，從心學的角度論證了君主在國家治理中的重要性。第二，豐富了社會分工舉措與「成德」的關係。在孟子看來，社會分工是君主實行仁政的具體措施之一，所以社會分工在本質上是落實君主「本心」之善的具體方式。王陽明進一步指出「萬物一體之仁」是社會分工的動力來源及歸宿，社會分工是實現「萬物一體之仁」的有效手段；「萬物一體之仁」是所有人的「本心」，所以社會分工不僅是君主「成德」的有效手段，同時也是其他社會成員「成德」的有效手段。如何在分工中「成德」呢？王陽明指出「成德」不是懸空講論，

而要在具體的事情中進行，比如讀書人在讀書過程中「成德」，就是
指去除讀書時生起的欲速、顯耀等不良意念。司法部門的人在工作中
「成德」即就著簿書訟獄省察克治私心私欲，比如，審問時不可因犯
人答語無邏輯而生起怒心，也不可因犯人應對流暢生起喜心，更不可
因自己事務繁冗，苟且、草率了事。如果大家都能在自己的職業中各
成其德、各養其心，就不會生起希高慕外的功利、霸道之心，就不會
互相攀比、好逸惡勞、重崇輕卑、以利相爭、以勢相軋，就不會有人
己之分、物我之間。質言之，基於「萬物一體之仁」的社會分工是社
會全體成員「成德」的有效方式，同時能夠破除社會的功利之習，使
社會風氣轉向淳樸、敦厚。由此，王陽明豐富了對社會分工與「成
德」關係的論證。第三，充實了對行道與利身兩種出仕動機差別的論
述。孟子區分了出仕的兩種動機，即行道與求利。對於兩者的差別，
孟子指出前者不素餐、先事後食、以合理方式求仕，後者可以被「貨
取」、以不合理方式求仕等內容。王陽明進一步指出行道者惟以道之
是否得行為休戚，故而能夠不受地域、親人關係、得失、毀譽等外在
因素的牽絆，利身者則見利而趨、見難而懼、懷土偷安，惟以一己之
利害為休戚。即便利身者也通過合法途徑求仕，但其利身的動機決定
了他的目的在於通過合法途徑求媚於君、要利於君，所以他們沒有真
正事君的恭敬之心，更沒有行道的真誠之心。質言之，王陽明從
「心」之誠偽及「本心」是否受外界利害條件牽絆等方面進一步論述
了行道與利身的差別。第四，充實了對事君內容的論述。孟子認為儒
士必須以堯舜之道事君，並談到舉賢任能的重要性和方法。王陽明則
對事君內容進一步作了補充。在引君於道方面，王陽明認為大臣的匡
直輔翼，就如孟子提出的「一齊眾楚」情況，只是外緣。引君向道的
關鍵在於讓君主自養其心，因為人人都有幽獨得肆之地，那是只有靠
自己而別人難以與力的地方。在納諫方面，王陽明指出君主應該廣開

言路。在人才任用方面，王陽明提出才、身、心三個考察指標，也即才能、健康、情志。除了考察指標，王陽明還指出人才任用應該捨短用長，並且在特殊情況下能夠不拘時例破格選拔、任用所需的人才。

通過以上考察可知，王陽明對孟子社會分工思想繼承與發展最大的特點在於他使社會分工有了鮮明的心學色彩，這主要表現在王陽明把「萬物一體之仁」闡釋為社會分工的出發點和歸宿。基於此，社會分工既不能被簡單地理解為冷冰冰的外在政治舉措，也不能被草率地視為助長功利習氣的原因。既然社會分工的出發點和歸宿是「萬物一體之仁」，那麼，社會分工實質上是實現「萬物一體之仁」的手段，而不僅僅是一種政治治理措施。所有人的職業都是存養自家「本心」的工具，由此王陽明揭示出「成德」是社會分工最優先、最根本的意義與價值，政治、經濟等方面則是次一級的意義和價值。當人們對社會分工的本、末價值認識不清的時候，社會分工就異化為人們分判崇卑、逸勞的工具，造成社會功利之習盛行。所以，功利之習泛濫的根源不在社會分工，而在人們的「本心」被私欲遮蔽，由追求「成德」、「王道」之心變為追求「霸道」、「功利」之心。因此，王陽明對孟子社會分工思想的繼承與發展，無疑為對治當時社會的功利之習，幫助人們形成合理的職業觀和修養觀提供了一副良方。這對當今社會治理和人們心態的調整也具有重要的借鑑和啟發意義。

三 「與民偕樂」與「從民所好」

孟子提出君子之「仁」貫穿物、民、親三個層次——愛物、仁民、親親，所以「仁政」可以理解為仁民之政。那麼，為什麼要仁民？以及怎樣仁民呢？下面從安民、養民、教民三個方面加以論述。

民眾在「仁政」中的位置及統治層的待民之道。「仁政」的最終

目標是「王天下」，孟子說的「天下」既指空間意義上的版圖、疆域，更指精神意義上的人心、民心。桀、紂失去民眾的支持而導致政權覆滅，失去民眾的實質就是失去民心。所以，民心的向背是能否實現「仁政」的關鍵。孟子甚至認為與封疆之界、山谷之險、兵革之利等外界條件相比，民眾的衷心支持才是君主戰無不勝，國家長治久安的無上法寶。民心之向背為什麼會有這樣的力量？因為民眾的行動受其心意的指導，而其心意則根據自己的利益是否得到滿足選擇支持統治層與否。當民眾的利益得到統治層的重視與滿足時，他們的心意和行動自覺地支持統治層，願意受統治層驅使。反之，他們會在心裡和行動上抵觸統治層的驅使。從具體事例來看，鄒國與魯國曾發生爭鬥，鄒國官員喪生者三十三人，但鄒國百姓卻見死不救、袖手旁觀。鄒穆公對此很氣憤。孟子告訴鄒穆公百姓這樣做的原因：饑荒年頭，百姓流離失所，老弱被棄屍荒野。鄒國雖然「倉廩實，府庫充」，但相關官員卻不向鄒穆公上報百姓遭受的災情，他們怠慢瀆職，視民命如草芥。所以當他們在與別國的戰鬥中喪命時，百姓也採取冷眼旁觀的態度，百姓是以其人之道，還治其人之身。由此可知，對待百姓應該「所欲與之聚之，所惡勿施」（《孟子・離婁上》），簡而言之即「與民偕樂」。

　　既然要通過「與民偕樂」的方式「得民心」，那麼民眾有哪些方面的欲求呢？孟子認為天下人的耳於聲、口於味、目於色、心於義理皆有共同的喜好，換言之，民眾主要有物質和精神兩個方面的需求。對於這兩類需求，孟子提出安民、養民、教民等三種措施來加以滿足。

　　安民即統治層謹防以政殺人，並在災難來臨時為民眾提供救護。孟子批評了很多以政殺人的現象，比如君主發動不義戰爭：「梁惠王以土地之故，糜爛其民而戰之。」（《孟子・盡心下》）梁惠王把土地看得比民眾的生命更重要，以民眾的生命為代價發動戰爭。又如推卸

責任。統治層厚斂於民以養狗彘，餓莩遍野卻不開倉賑濟，反而將責任歸咎於年成不好，這種「罪歲」行為也是以政殺人。再如「殃民」、「罔民」。「殃民」即沒有訓練民眾就將之派到戰場拼命。「罔民」即對溫飽問題沒有解決的民眾提出高於其生活水準的法律、道德要求，一旦他們違反了要求就施以處罰。統治層不反思自己的命令、要求是否合理，只是一味要求民眾服從，這也是以政殺人。以政殺人可以視為人為的問題，有時自然界也會給民眾出難題，那就是自然災害。在自然災害面前，統治層要選拔有才幹的賢能，組織、帶領民眾有章法地應對，著名的事例是「禹抑洪水而天下平」（《孟子‧滕文公下》）。同時，統治層需要合理調度、分配公共資源幫助民眾順利儘快度過災情，比如凶年及時發放賑濟糧等。

養民即統治層通過合理政策「制民之產」，使民眾過上富足的生活。孟子認為「制民之產」是「仁政」的根基，它包括生產和取用兩個方面的要求。就生產而言，孟子提出要使民眾過上「有菽粟如水火」（《孟子‧盡心上》）的日子。首先正經界，讓民眾分得足夠的田地。其次，「五畝之宅，樹之以桑，五十者可以衣帛矣；雞豚狗彘之畜，無失其時，七十者可以食肉矣；百畝之田，勿奪其時，八口之家可以無饑矣。」（《孟子‧梁惠王上》）「從西周到春秋戰國時期，紡織原料主要為葛、麻、桑蠶與動物毛」[95]，普通人的主要衣料是麻、葛，如果五畝的住宅周圍種上桑樹，五十歲的老者也可以穿上較為珍貴的絲織衣物了。如果每家都有能力畜養一些雞狗與豬，七十歲的老人也可有肉吃了。如果施政者不妨害農時役使民眾，百畝之田收穫的糧食足以養活八口之家。再次，對自然資源的擭取需遵循可持續原則。「數罟不入洿池，魚鱉不可勝食也；斧斤以時入山林，材木不可

---

95 蔡鋒：《中國手工業經濟通史‧先秦秦漢卷》，福州：福建人民出版社，2005年，第297頁。

勝用也。」(《孟子‧梁惠王上》)在池沼裡不用細密的漁網,會有吃不盡的魚鱉;按照樹木生長的時節伐木,會有用不完的材木。「仁政」主張社會分工,各行各業相生相養,民眾一家之生產不能全歸自家支配,需要向國家上交部分資源,以維持國家的正常運轉,這就是國家的取用。就取用而言,「有布縷之徵,粟米之徵,力役之徵。君子用其一,緩其二。用其二而民有殍,用其三而父子離」(《孟子‧盡心下》)。三種方式用一緩二,民眾可以承受;同時用兩種,就有民眾食不果腹;三種齊用,大量民眾會家破人亡。孟子還提到夏貢、商助、周徹三種取用方式。「『徹』是通的意思,即通過對不同情況的通盤計算而實行十分抽一的稅率;『助』是借助的意思,即借助農民的勞力來耕種公有土地,也就是實行勞役地租;『貢』是比較若干年的收成從而得出一個定數,無論豐年災年都按這個定數徵收」[96]。貢法是比較僵化的取用方式,因為豐年收成好,多取不為過,卻還是按定數徵取;凶年收成差,收穫的糧食不僅不足一家之用,百姓還需要借貸補足定數。所以貢法不能根據每年的實際收成合理取用,更無法起到調節作用,以防止豐年糧食浪費現象的出現和凶年糧食減產帶給百姓衝擊。孟子贊成助法,即勞役地租,百姓共同完成公田的勞作後,再去經營自己的田地。這樣公私兼顧,取用合理。孟子主張物品和力役之徵需要在民眾生活和國家用度之間取得平衡,公不能害私,私得以養公。只要民眾生產有道,國家取用有度,民眾就能過上富足的生活,即所謂「養生喪死無憾,王道之始也」(《孟子‧梁惠王上》)。

　　教民即教化民眾知曉、踐履人倫常則。物質資料的富足只是「王道之始」,人的「本心」同好理義,所以,只有在「制民之產」的基礎上再對民眾「教以人倫」才是完備的「王道」。用孟子的話,即

96　楊澤波:《孟子評傳》,南京:南京大學出版社,1998年,第170頁。

「人之有道也，飽食、暖衣、逸居而無教，則近於禽獸」（《孟子・滕文公上》）。換言之，教化民眾既是復歸「本心」、「良知」的必然要求，也是天下得治的必要環節。既然教民如此重要，那麼如何對民眾施以教化又教導民眾哪些內容呢？孟子指出對民眾施以教化要有固定的場所和機構，夏商周三代都設立了這樣的機構：「設為庠序學校以教之。庠者，養也；校者，教也；序者，射也。夏曰校，殷曰序，周曰庠；學則三代共之，皆所以明人倫也。」（《孟子・滕文公上》）回顧歷史，庠、序、學、校都是教導百姓知行人倫常則的專業機構，今後教化民眾也要建設這樣的機構。五倫關係則是教化的主要內容：「父子有親，君臣有義，夫婦有別，長幼有序，朋友有信。」（《孟子・滕文公上》）由此可知，「儒家的個人是關係性的而非原子化的，其個人價值是以相互責任來規定的」[97]，孟子抓住個人在日常生活中所處的五種基本關係，分別為之規定了相應的相處原則，個體的道德價值就在五種關係原則的落實中得到實現。

概言之，孟子認為民心向背是「仁政」能否建立的決定性力量，得民心者得天下。得民心的原則即「與民偕樂」，其具體方法包括安民、養民、教民三個方面。安民、養民保證民眾擁有安定、富足的生活，教民則使民眾由自然人走向人文人，從而與禽獸拉開距離。孟子的這些思想在王陽明的心學思想中是否得到了繼承與發展呢？下面先論析王陽明的民眾治理思想，在充分掌握相關論據的基礎上再對這一問題作出解答。

王陽明「心政」對民眾角色的認知及其待民之道。王陽明的「心政」主張「明明德必在於親民」[98]，「『親民』便是兼教養意」[99]，這

97　秦子忠：〈多元現代性與儒家自由主義〉，《蘭州學刊》2022年第8期。

98　王守仁：〈親民堂記〉，《王陽明全集》卷七，第280頁。

99　王守仁：〈傳習錄上〉，《王陽明全集》卷一，第2頁。

其中已經透露出王陽明對民眾治理的重視，為什麼民眾值得被施政階層重視呢？王陽明指出：「民者邦之本，邦本一搖，雖有粟，吾得而食諸？」[100]民眾是國家安定、發展的根基，他們承擔著國家正常運行所需物質財富的生產工作。當民眾被施政者惹惱時，他們會奮起抗爭，拒絕向統治層提供物質財富，國家治理將陷入「雖有粟，不得而食」的狼狽境地。從君民關係的角度也可看出民眾的重要性，王陽明說：「孰知心之存亡，有繫於身，而君之存亡，有繫於民乎？為人君者，但知下之必從夫上，而不知上之存亡有繫於下，則將恣己徇欲，惟意所為，而亦何所忌憚乎？故夫子於下文必繼之曰：『君以民存，亦以民亡。』噫，可懼乎！」[101]如果用身體為喻，君為心，民為身，心為身之主，君為民之主。但同時也要看到，正如心之存亡依賴於身，君之存亡，亦有繫於民。君主如果恣循私欲，肆意妄為，無疑會使政權葬送在自己手裡，因為民眾可以擁護君主也可以推翻君主。總而言之，民眾是國家、政權安定、發展的基石，「民者邦之本也，本固則邦寧。」[102]

那麼，如何「固本」呢？或者正確的待民原則是什麼呢？如前文所述，君主、民眾皆有欲望，但君主不能肆意擴張自己的欲望，從而妨害民眾正常欲望的滿足。王陽明認為為政者可以以自身的情況為參照來摸索親民之政：「懲己之忿，而因以得民之所惡也；窒己之欲，而因以得民之所好也；捨己之利，而因以得民之所趨也；惕己之易，而因以得民之所忽也；去己之蠱，而因以得民之所患也；明己之性，而因以得民之所同也。」[103]「懲忿窒欲」出自〈損〉卦的〈大象

---

100 王守仁：〈乞寬免稅糧急救民困以弭災變疏〉，《王陽明全集》卷十三，第475頁。

101 王守仁：〈山東鄉試錄·禮記〉，《王陽明全集》卷二十二，第941頁。

102 王守仁：〈計處地方疏〉，《王陽明全集》卷十三，第476頁。

103 王守仁：〈書朱子禮卷〉，《王陽明全集》卷八，第312-313頁。

傳〉，意為懲止忿怒，窒塞貪欲。為政者能夠懲止自己的忿怒，就會知道民眾厭惡什麼；能夠窒塞私欲，就會知道民眾喜好什麼；能夠捨棄私利，就會知道民眾熱衷什麼；能夠警惕輕慢，就會知道民眾忽視什麼；能夠去除蠹弊，就會知道民眾擔心什麼；能夠光明本性，就會知道民眾先天擁有什麼。以上種種皆要求為政者從自己的情狀出發，而以對民眾的關懷為落腳點。王陽明引用《大學》來總結之：「民之所好好之，民之所惡惡之，此之謂民之父母。」[104]也就是說，「心政」的待民之道是順乎民情，從民所好。這在王陽明實際的政治治理實踐中也可得到證明。比如對於少數民族地區行政機構是否需要改土歸流，王陽明不是一味主張用夏變夷，而是在尊重少數民族情俗的基礎上進行決策：「蓋亦因其廣谷大川風土之異氣，人生其間，剛柔緩急之異稟，服食器用，好惡習尚之異類，是以順其情不違其俗，循其故不異其宜，要在使人各得其所。」[105]少數民族有著特殊的民族性格，服飾器用和生活習慣，只要他們在土官的治理下能夠安居樂業，就不必強制改土官為流官。王陽明對從民所好重視與實踐由此可見一斑。實際上，與孟子的民眾治理思想相類似，王陽明也從安民、養民、教民三個方面詳細論述了從民所好的具體措施。

安民即施政者既要謹防政治舉措給百姓帶來傷害，又要讓政治措施為民眾的安定生活保駕護航。王陽明指出官員失職常給民眾生活帶來危害，比如官員之間互相推諉、牽制：「蓋增一縣，即增一縣之事，官吏供給，學校倉庫，圄獄差徭，一應煩費，未易悉舉；且又有彼此推避之奸，互相牽制之患，計其為利，不償所害。」[106]增設縣制需要考慮配備行政人員，建設學校、倉庫、監獄等諸多問題，但官員

---

104 王守仁：〈傳習錄上〉，《王陽明全集》卷一，第2頁。

105 王守仁：〈處置平復地方以圖久安疏〉，《王陽明全集》卷十四，第533頁。

106 王守仁：〈批江西布政司設縣呈〉，《王陽明全集》卷十七，第672頁。

之間存在推避責任、互相牽制等不良內耗行為，既延誤事項進程，又給民眾生活帶來不便。又如僵化執政：「遇凶荒水旱，民餓殍相枕藉，苟上無賑貸之令，雖良有司亦坐守鍵閉，不敢發升合以拯其下。」[107]貯藏穀類者為倉，貯藏米類者為廩。倉廩的一項重要功能是「為賑災救荒及平易物價等提供方便」[108]。雖然倉廩有此功能，但相關官員面對餓殍遍野的局面時，仍然教條、僵化地等待上級的賑貸命令，不敢開倉放糧，將上級命令看得比民眾性命還要重要，違背了建設倉廩的初衷，既使倉廩淪為擺設，又戕害了民眾的生命，這種失職造成的後果極其惡劣。再如軍隊縱恣驕驁，禍害百姓：「蓋福建之軍，縱恣驕驁已非一日，既無漕運之勞，又無征戍之役，飽食安坐，徭賦不及，居則朘民之膏血以供其糧，有事返藉民之子弟而為之鬥。有司豢養若驕子，百姓疾畏如虎狼。稍不如意，呼啾群聚而起，焚掠居民，綁笞官吏；氣焰所加，帖然惟其所欲而後已。」[109]福建之軍在有司的縱容下，氣焰囂張、桀驁不馴，不受漕運、征戍、徭賦的煩擾，無事則飽食素餐，有事則驅使民眾的子弟效勞。綁笞官吏、焚掠居民，百姓敢怒不敢言，畏之如虎狼。這哪裡是民眾的守護者？分明是民眾的仇寇。又再如官員假公濟私：「照得聖駕南征，所有供應軍馬糧草並合用器皿等項，已該江西布、按二司分派各府、州、縣支給在庫官錢，均派經過府、縣應用。近訪得各該官吏，多有不遵法度，或將官庫錢糧，通同侵欺入已，乘機科派民間出辦；或取金銀器皿銀兩，或要牛馬猪羊等物，輒差多人下鄉，狐假虎威，擾害殆遍。」[110]

---

107 王守仁：〈新建預備倉記〉，《王陽明全集》卷二十三，第978頁。

108 張強：《中國運河與漕運研究‧先秦兩漢卷》，西安：世界圖書出版，2021年，第168頁。

109 王守仁：〈上晉溪司馬〉，《王陽明全集》卷二十一，第900頁。

110 王守仁：〈行江西按察司查禁因公科索民財〉，《王陽明全集》卷三十一，第1260頁。

明武宗帶兵南下所需的物資由江西布政司層層分派給下轄的府、州、縣，其中有些官吏借著此次緣由假公濟私，不僅私吞官庫錢糧，而且趁機科派民間，或者索要金銀器皿，或者搶奪牛馬豬羊，擾害、欺壓眾多無辜民眾。由此可見，官員之失職、虐政不僅給民眾正常生活帶來不便，更甚者會對民眾的生命、財產安全造成危害。當民眾不能安居樂業時，何談天下得治？故而王陽明總結道：「大抵天下之不治，皆由有司之失職；而有司之失職，非獨小官下吏偷惰苟安僥倖度日，亦由上司之人，不遵國憲，不恤民事，不以地方為念，不以職業經心，既無身率之教，又無警戒之行，是以蕩弛日甚。」[111]

　　王陽明對官員失職的警惕與批評是從反面說明行政不當對民眾安定生活的侵擾，但他當然更希望合理行政為安民提供正面價值，這從救災、平定盜亂、建設縣治、慎起兵事等方面可以得到證明。在救災方面，王陽明論及災害的預防、勘察和賑濟。自然災害如水災、旱災對糧食生產具有強有力的不良影響，提前主動採取預防措施以緩衝或減少災害來臨時造成的損害顯得極其必要，所謂「未患而預防，先事之知」[112]是也。王陽明提到的預防措施有修建預備倉、疏浚河道等。王陽明親自批復過預備倉的建設，如「近據崇仁縣知縣祝鶩申，要將預備倉穀，凶荒之時則倍數借給，以濟貧民；收成之日則減半還官，以實儲蓄；頗有官民兩便，已經本院批準照議施行」[113]；也為別人修建預備倉寫過記，如「行一事而四善備焉，是而可以無紀也乎？某雖不文也，願以執筆而從事。」[114]預備倉能夠調節糧價，儲存、賑濟糧食，王陽明非常贊同未雨綢繆修建預備倉。河流能為人類提供交通、

111 王守仁：〈禁革輕委職官〉，《王陽明全集》卷十八，第698頁。
112 王守仁：〈新建預備倉記〉，《王陽明全集》卷二十三，第979頁。
113 王守仁：〈批吉安府救荒申〉，《王陽明全集》卷十七，第662頁。
114 王守仁：〈新建預備倉記〉，《王陽明全集》卷二十三，第979頁。

灌溉、水產等多種價值，但當河道被人類建築物違規占用時，其功能
也會大打折扣。王陽明的得意弟子南大吉在紹興府任知府時，看到豪
商、勢家侵占河道建造房屋，致使水道淤隘，於是頂著壓力與怨謗疏
浚河道，「既而舟楫通利，行旅歡呼絡繹。是秋大旱，江河龜坼，越
之人收穫輸載如常。明年大水，民居免於墊溺。遠近稱忭」[115]。南大
吉疏浚水道，使其蓄洩、交通功能恢復如常，不僅為行旅之人的通行
提供便利，也使當地民眾不再遭受旱澇之患的侵擾，贏得大家的交口
稱讚。王陽明對弟子此舉也很滿意，並為南大吉寫下〈浚河記〉記載
這件事。災害發生之前需採取預防措施，災害發生後則要及時踏勘和
處治。比如王陽明在〈旱災疏〉中說：「據吉安等一十三府所屬廬陵
等縣各申稱本年自三月至於秋七月不雨，禾苗未及生發，盡行枯死。
夏稅秋糧，無從辦納，人民愁嘆，將及流離。理合申乞轉達、寬免等
因到臣。節差官吏、老人踏勘。委自三月以來，雨澤不降，禾苗枯
死。」[116]踏勘的目的在於到一線瞭解災情，防止被不實信息干擾判
斷。踏勘除可以瞭解災情，還可以瞭解由災情生發的其他事情，如
「前已遣老人遍行街巷，其益修火備，察奸民之因火為盜者」[117]，有
奸民趁著火災偷盜東西，這種情況只有實地察訪才能瞭解清楚。在嚴
格意義上，踏勘實際屬於處治災情的前期步驟，當然也有借踏勘之名
行賑濟之實的情況，如「分督該府縣官於預備倉內米穀，用船裝運，
親至被水鄉村，不必揚言賑饑，專以踏勘水災為事，其間驗有貧難下
戶，就便量給升鬥，暫救目前之急。」[118]水災地區居民稠雜，在頑梗
之民很多的情況下，如果揚言賑饑，頑梗之民可能會蜂擁而上並引起

---

115 王守仁：〈浚河記〉，《王陽明全集》卷二十三，第997頁。

116 王守仁：〈旱災疏〉，《王陽明全集》卷十二，第452頁。

117 王守仁：〈告諭廬陵父老子弟〉，《王陽明全集》卷二十八，第1133頁。

118 王守仁：〈賑恤水災牌〉，《王陽明全集》卷十七，第684頁。

紛爭，難以控制，於是王陽明讓人借踏勘之名只對貧難下戶賑濟米穀，暫救目前之急。救災當然要為民眾提供糧食等生活必需品，除此之外，也要消除引起災害的因素，比如盧陵遭遇火災，陽明實地考察後認為當地架屋太高，房屋太密，衢道太狹，無火巷相隔等是造成火災的重要因素，於是與民約定：「凡南北夾道居者，各退地三尺為街；東西相連接者，每間讓地二寸為巷。又間出銀一錢，助邊巷者為牆，以斷風火。沿街之屋，高不過一丈五六，廂樓不過二丈一二。違者各有罰。」[119]陽明要求民眾拆除相關房屋，讓出一定的空間作街、巷，巷裡壘砌防火牆，還對沿街之屋的高度作了限定，由此消除造成大火蔓延的因素。綜而觀之，王陽明非常重視對災害的處治工作，既有常規方法，又有機變策略，由預防到踏勘再到救治，竭心盡力安定民眾生活、生命。

除了處治災害，王陽明另一項安民實踐是平治寇亂。平治寇亂是一項綜合工程，包括正當性論證、抉擇剿撫、善後處理等內容。對於平亂的正當性，王陽明說：「譬如一父母同生十子，八人為善，二人背逆，要害八人；父母之心須除去二人，然後八人得以安生。」[120]從本然狀態看，民眾皆為朝廷赤子，但部分民眾從惡，對其他民眾的生活與社會安定產生不良影響，此時必須將之除去。就如一對夫婦生十個孩子，父母之本心對十個孩子皆疼愛有加。但其中兩人從惡，為害剩下的八人，父母為了從善的八人，必須除去為惡的兩人。如果從惡的兩人棄惡從善，父母和剩下的八人將待之如初。所以，平亂具有毋庸置疑的正當性。雖然平亂具有正當性，但平亂的措施又有剿與撫的不同。王陽明認為真正的從惡之人並不多，大多數人要麼一時本心被欲望蒙蔽，要麼被外在政治、生活處境所迫而無奈跟隨怙惡不悛之人

---

119 王守仁：〈告諭盧陵父老子弟〉，《王陽明全集》卷二十八，第1134頁。
120 王守仁：〈告諭浰頭巢賊〉，《王陽明全集》卷十六，第623頁。

為亂。所以，王陽明主張平亂時不能徒恃兵力，玉石不分，應該根據實際情況慎起兵事、剿撫並用，他說：「但誅其罪大惡極者一處兩處，其餘且可悉行寬撫，容令改惡從善，務在去暴除殘，懲一戒百，不必廣捕多殺，致令玉石無分，驚疑遠邇，後難行事。」[121]為了區分作亂之人和良善之家，防止軍事行動中玉石無辨，王陽明頒行了《十家牌法》。要求每家都將家人及寄住者訊息寫清楚貼於家門口，每十家為一牌，十家每天輪流出一家檢查十家的人員情況，如隱匿奸偽，則十家連罪，從而斷絕良民村寨與奸偽私通的行為。不僅如此，為防止士兵因貪功而濫殺無辜，王陽明總在軍事行動前申明軍紀，對侵擾良民村分者處以斬首之刑：「今茲之舉，惟以定亂安民為事，不以多獲首級為功。各官務要仰體朝廷憂憫困窮之心，俯念地方久罹荼毒之苦，仍要禁約軍兵人等，所過良民村分，毋得侵擾一草一木，有犯令者，當依軍法斬首示眾。」[122]平定一方之後，還要謹防寇亂捲土重來，為保地方長治久安，建設縣治是王陽明常用的方法，用他的話即：「建立縣治，固係禦盜安民之長策。」[123]王陽明指出，建設縣治要注意充分瞭解民意、選址得當、以佚道使民、合理安排工程進度等問題。王陽明也非常重視縣志對於縣治的重要意義，他說：「所以宜其民，因其俗，以興滯補弊者，必於志焉是賴。」[124]縣志記載了一縣的土田、物產、風俗等內容，是主政者在治理過程中順應當地民情和習慣，興滯補弊的必要依據。總之，王陽明並不依賴殺戮平治寇亂，而是主張靈活運用征剿、勸善、綏撫等多種手段，最大限度保證罪大惡極者被懲處，容令其餘隨從之人改惡從善。平亂之後，為保證當地

---

121 王守仁：〈議處江古諸處瑤賊〉，《王陽明全集》卷十八，第695頁。

122 王守仁：〈八寨斷藤峽捷音疏〉，《王陽明全集》卷十五，第560頁。

123 王守仁：〈添設清平縣治疏〉，《王陽明全集》卷九，第355頁。

124 王守仁：〈高平縣志序〉，《王陽明全集》卷二十九，第1157頁。

真正由亂興治，王陽明又提出建設縣治、重視編修與利用縣志等方法。從王陽明的治理實踐來看，以上主張與方法確實達到了定亂安民的效果。

安民旨在使民眾擁有安定的生活環境，但這對於民眾的幸福生活來說當然是不夠的。民眾有著基本的物質生活資料需求，所以還需要制民之產以養民。王陽明認為王道大行的一項重要內容是民有恆產：「昔王道之大行也，分田制祿，四民皆有定制。壯者修其孝悌忠信，老者衣帛食肉，不負戴於道路……烏有耄耋之年而猶走衣食於道路者乎！周衰而王跡熄，民始有無恆產者。」[125]周朝處於興盛階段時王道大行，士農工商皆有定制，人民有恆產，能夠保證老年人安享晚年，衣帛食肉。周朝衰落後王道熄跡，人民開始出現無恆產者。無論王陽明對歷史的敘述是否符合事實，它都揭示出王陽明對養民之政、制民之產的重視。首先，重視農業生產。為防錯過農時，王陽明撥款給歸附的新民買糧種、農具和耕牛：「及照見今農時已逼，新民人等牛具田種，尚未能備，今特發去商稅銀一百兩，就仰本官置買耕牛農器，分給各民，督令上緊趁時布種。」[126]盧陵地區人民好訴訟，甚至不惜因訴訟而延遲春耕，王陽明認為春時不可失，健訟之風不可長，於是下令嚴格減少辦理訴訟的數量，簡化訴訟流程。他說：「吾所以不放告者，非獨為吾病不任事。以今農月，爾民方宜力田，苟春時一失，則終歲無望，放告爾民，將牽連而出，荒爾田畝，棄爾室家，老幼失養，貧病莫全，稱貸營求，奔馳供送，愈長刁風，為害滋甚。」[127]王陽明指出因訴訟而錯過春耕會引發一系列不利的連鎖反應，如收成無望，家庭失和，老幼失養，借糧舉債等等，如果這種行為在當地再

---

125 王守仁：〈書林司訓卷〉，《王陽明全集》卷八，第313-314頁。

126 王守仁：〈牌行招撫官〉，《王陽明全集》卷十六，第620-621頁。

127 王守仁：〈告諭盧陵父老子弟〉，《王陽明全集》卷二十八，第1131頁。

形成風氣，那麼為害更深，所以王陽明勸告廬陵民眾分清輕重，勿失農時。

其次，重視民眾便利獲得生活物資。王陽明平靖思恩之後，發現原思恩府城建址險僻，並未發揮府城應有的交通、經濟、文化、政治等功能，於是上疏要求改築於荒田：「蓋思恩舊治皆在萬山之中，水道不通，故各夷所須魚鹽諸貨類，皆遠出展轉糴買，往反旬月，十不致一，常多匱絕。舊府既地險氣惡，又無所資食，故各夷終歲不一至府治，情益疏離，易生嫌隙。今府治既通江水，商貨自集，諸夷所須，皆仰給於府，朝夕絡繹，自然日加親附歸向。」[128]思恩舊治地險氣惡，水道不同，交通不便，物產不豐，對於魚、鹽等生活物資，民眾需要出遠門輾轉購買，常常供應不上。荒田所處之地四野開闊，多膏腴之田，且被河流環繞，水道通暢，利於商貨集聚，能夠便利地為百姓提供各種生活物資。除改建官府機構，王陽明也曾為方便民眾而上疏修改法令。根據當時的鹽法，朝廷規定吉州、臨江、袁州三府使用淮鹽，但這一規定實際於官於民都不方便：「為照袁、吉等地方，溪流湍悍，灘石峻險。淮鹽逆水而上，動經旬月之久；廣鹽順流而下，不過信宿之程。故民苦淮鹽之難，而惟以廣鹽為便。自頃奉例停止，官府但有禁革之名，其實私鹽無日不行。何者？因地勢之便，從民心之欲，非但不能禁之於私，每遇水發，商舟動以百數，公然蔽河而下，如發機之弩。官府邏卒寡不敵眾，袖手岸傍，立視其過，孰得而沮遏之！」[129]就水上運輸的便利情況而言，淮鹽逆水而上，需要一月之久；廣鹽順流而下，只需兩三天。官府還要派巡邏兵查禁商人走私廣鹽，但走私者眾多，官兵人手不足，禁革之舉有名無實。所以，袁、吉、臨三府使用淮鹽既失地勢之便，又違民心之欲，還給當地官

---

128 王守仁：〈處置八寨斷藤峽以圖永安疏〉，《王陽明全集》卷十五，第570-571頁。
129 王守仁：〈再請疏通鹽法疏〉，《王陽明全集》卷十一，第430頁。

府增添了不必要的麻煩。於是，王陽明上疏朝廷，請求疏通鹽法，使袁、吉、臨三府地區也能使用廣鹽。

再次，合理、靈活徵收賦稅。養民不僅包括制民之產，還包括向民眾徵收賦稅。由於各地發展程度和現實遭遇不同，王陽明主張政府應該靈活根據實際情況合理徵收賦稅。比如王陽明主政的盧陵縣突遭旱災、疾疫雙重打擊，糧食減產，眾多民眾染疫去世，民眾自發湧入縣門呼求寬免賦稅，王陽明一方面害怕激起民變，另一方面也不忍科斂於民，於是答應蠲免賦稅。又如分批徵繳：「或先徵新糧，將舊糧減半帶徵；或盡其力量可及，分作幾限，令民依期逐漸辦納；但可通融調攝，皆須悉心議處，務使窮民不致重傷，而國用終亦無損。」[130] 新糧、舊糧分開徵收，或者根據農民的實際收成情況令其分期置辦，從而保證民有其產，國有其用。再如用一緩二：「其一應科派物料等項，當茲兵亂之餘，加以水災，民不聊生，豈堪追并，仰布政司酌量緩急，分別重輕，略定徵收先後之次，備行各屬，以漸而行，庶幾用一緩二之意，少免醫瘡剜肉之苦。」[131] 用一緩二出自《孟子·盡心下》，朱熹解釋說：「徵賦之法，歲有常數，然布縷取之於夏，粟米取之於秋，力役取之於冬，當各以其時；若并取之，則民力有所不堪矣。」[132] 也就是說，不同的取用方式有其恰當的時機，用一緩二既是對時機的遵循也是對民力的保護。所以陽明要求布政司分別輕重緩急，確定先後順序，避免同時追徵多項賦稅。

概言之，王陽明從制民之產與取民有度兩方面論述了養民之政。對於制民之產，他重視「王道」理想，主張四民皆有定制，社會弱勢群體能夠得到生活保障；他重視農業生產，為防止錯過農時而給新歸

---

130 王守仁：〈南昌府追徵錢糧呈〉，《王陽明全集》卷十七，第660頁。

131 王守仁：〈批吉安府救荒申〉，《王陽明全集》卷十七，第662-663頁。

132 朱熹：《四書章句集注》，北京：中華書局，1983年，第371頁。

附的民眾分發糧種和農具，也曾通過減少受理訴訟案件數量的方式讓
有健訟習慣的民眾抓住重點，耕種農田。他重視民眾生活物資的便利
獲取，為此曾實地考察，改築府治；也曾懇切上疏疏通鹽法，希望朝
廷擴大廣鹽的銷售範圍以方便袁州等府的民眾。對於取民有度，他主
張合理、靈活針對地方情況徵收賦稅。為此他曾冒著被罷職追責的風
險蠲免民眾的賦稅，並提出寬允民眾分期置辦以及用一緩二等辦法保
持民生與國用之間的平衡。王陽明的養民實踐大多發生在他平亂的軍
旅生涯期間，當地民眾常在動亂和災害的夾縫中求生存，以上養民政
策是王陽明竭盡心力關心民生疾苦的智慧結晶，為眾多百姓的生計提
供了一定的政策和物質保障。

　　由上可知，安民與養民更多關注的是民眾生活的物質方面，但民
眾無疑還有精神方面的需求。這涉及到對民眾的教化問題。王陽明從
教化的必要性、教化的可能性、教化類型以及教化內容和開展方式等
方面闡述了他對教化的看法。

　　教化的必要性。教化的主要目的是讓每個人體認到固有的德性，
並在德性的指導下開展日常生活。從個人角度來說，如果認識不到體
認和實踐德性是人生的最高目標，而將功名利祿作為最高追求，並且
不擇手段攫取它們的話，這樣的人與其說是人，不如說是禽獸：「士
皆巧文博詞以飾詐，相規以偽，相軋以利，外冠裳而內禽獸。」[133]憑
巧飾詐偽處事待人，為了利害互相傾軋，這樣的人是穿著衣服的禽
獸。所以，教化是使每個人成為人的必要手段。從社會風俗的角度
看，「天下之患，莫大於風俗之頹靡而不覺。……甲兵雖強，土地雖
廣，財賦雖盛，邊境雖寧，而天下之治，終不可為，則風俗之頹靡，
實有以致之。古之善治天下者，未嘗不以風俗為首務」[134]。風俗之美

---

133 王守仁：〈書林司訓卷〉，《王陽明全集》卷八，第314頁。
134 王守仁：〈山東鄉試錄‧策五道〉，《王陽明全集》卷二十二，第954頁。

惡關乎天下之治亂，風俗頹靡，即便國家擁有強大的軍事力量，遼闊的疆土，富足的財力，安寧的邊境，終究無法實現天下的長治久安。所以，古代善於治理天下的君主，沒有不把成風化俗作為首務的。而教化正是成風化俗的必要手段。因此，教化對於個人成長和社會治理皆具有不可或缺的重要價值。

教化的可能性。社會由個人組成，每個社會成員的素養決定了整個社會的文明程度，因此，教化對個人和社會所具有的重要作用，歸根到底以個人能夠被教化為前提，也即教化的可能性問題。王陽明認為民眾皆有接受教化的質性：「夷之民方若未琢之璞，未繩之木，雖粗礪頑梗，而椎斧尚有施也，安可以陋之？……今夷之俗，崇巫而事鬼，瀆禮而任情，不中不節，卒未免於陋之名，則亦不講於是耳。然此無損於其質也。誠有君子而居焉，其化之也蓋易。」[135]王陽明以貴陽地區的少數民族為例說明民眾普遍具有美好的本質，他們就像未雕琢的玉石，未受繩墨測量的木材，只是未經加工，而非不能被加工。少數民族雖然在文制上與中原地區有較大差異，被中原視為鄙陋，但那是他們沒有受到教化熏陶的緣故，無損於他們所具有的美質。至於這種美質的具體內容，王陽明說：「大抵風土習尚雖或有異，而天理民彝則無不同，若使為縣官者果能殫其心力，悉其聰明，致其惻怛愛民之誠，盡其撫輯教養之道，雖在蠻貊，無不可化。」[136]美質即天理民彝，也就是「良知」、「良心」、「本心」，王陽明主張「心即理」，「本心」具足萬理。教化的作用和目的在於喚醒民眾的「良知」、「本心」，使其「良知」自覺發用，按照人倫常則為人處事。縣官在施教過程中只要真正做到殫精竭慮、以身作則，蠻貊之民也可被成功教化。總之，民眾普遍具有的「良知」、「本心」是教化能夠被廣泛實施的基礎。

---

135 王守仁：〈何陋軒記〉，《王陽明全集》卷二十三，第982頁。
136 王守仁：〈牌行崇義縣查行十家牌法〉，《王陽明全集》卷十七，第682頁。

　　教化的內容、類型和開展方式。既然無不可被教化之民，且教化對個人與社會而言皆必不可少，那麼教化的內容是什麼呢？王陽明指出：「古之教者，教以人倫。」[137]人倫也就是孟子所說的五倫關係：「道心也者，率性之謂也……以言其倫則為父子之親，君臣之義，夫婦之別，長幼之序，朋友之信。」[138]五倫關係是道心的自然發用在倫常關係上的表現，這是人際交往關係的原則性綱領。除此之外，王陽明還提出不少更為詳細的人倫、禮制要求。如婚喪之禮要節儉：「吾民居喪不得用鼓樂，為佛事，竭資分帛，費財於無用之地……嫁娶之家，豐儉稱資，不得計論聘財妝奩，不得大會賓客，酒食連朝。」[139]王陽明告諭百姓喪事從簡，不需要花錢請僧人念佛、誦經；喜事也要從簡，不能攀比聘禮、嫁妝、酒席排場等事項。又如待人、求利過程中注意忍讓：「今人不忍一言之忿，或爭銖兩之利，遂相構訟。夫我欲求勝於彼，則彼亦欲求勝於我；仇仇相報，遂至破家蕩產，禍貽子孫。」由於一言之忿或銖兩小利而起官司，互相求勝於對方，結果種下仇恨的種子，冤冤相報，甚至到了傾家蕩產、遺禍子孫的程度，皆因雙方不能做到含忍退讓的緣故。再如〈南贛鄉約〉對彰善、糾過儀式的規定。王陽明陳述了告諭牌、香案的擺放方向，眾人的站位，約長、約史、約正的說辭，被彰善、糾過者的說辭，揖拜要求。簡言之，鄉約的會期、會費、組織結構以及具體流程皆被詳細說明，這無疑為鄉村如何美化風俗提供了一份極具指導意義的方案。總之，王陽明對於教化內容既給出了綱領性的指導原則，也論述了詳細的具體措施，使得施教者和受教者雙方皆有明確的規範可循。

　　教化內容根據對象的不同而有所不同，這樣就形成了教化的不同

---

137 王守仁：〈傳習錄中〉，《王陽明全集》卷二，第99頁。

138 王守仁：〈萬松書院記〉，《王陽明全集》卷七，第282頁。

139 王守仁：〈告諭〉，《王陽明全集》卷十六，第627-628頁。

類型，大致可分為對學子的教化和對社會大眾的教化兩類。對學子的教化可分為小學和大學兩個層次。小學即童蒙教育，王陽明說：「今教童子，惟當以孝、弟、忠、信、禮、義、廉、恥為專務。其栽培涵養之方，則宜誘之歌詩以發其志意，導之習禮以肅其威儀，諷之讀書以開其知覺。」[140]王陽明反對把詞章記誦作為訓蒙的要務，而是主張以理解並踐行儒家傳統的孝、悌、忠、信等道德原理作為訓蒙的首要目的，並配合歌詩、習禮、讀書三個項目。大學即明德親民之道，王陽明對古本《大學》的闡釋和推廣，收徒講授知行合一、心即理、致良知等思想無疑都在施教大學之道。與學子相對純粹的身份不同，社會大眾包含各行各業的民眾，對他們的教化主要表現為對社會風俗的引導和美化。

與教化內容、對象的區分相適應，開展教化的形式也有不同，有學校、書院、告諭、鄉約等。王陽明重視學校的建設，他認為學校在移風易俗、用夏變夷、科舉選拔等事項中是不可或缺的一環，這從〈添設清平縣治疏〉、〈處置平復地方以圖久安疏〉等奏疏的相關內容中可以得見。王陽明指出書院是學校的輔翼：「名區勝地，往往復有書院之設，何哉？所以匡翼夫學校之不逮也。」[141]「他先後興辦主持龍岡、貴陽、濂溪、白鹿洞、稽山、南寧、敷文」[142]等書院，也曾為萬松、東林、紫陽等諸多書院寫過記，由此可見王陽明也很重視書院對教化所發揮的作用。學校、書院是配備有教師、學者的專業機構，告諭、鄉約則是對風俗規定、倫理規範的直接宣示，需要更多地依賴民眾的自覺理解和執行。

---

140 王守仁：〈傳習錄中〉，《王陽明全集》卷二，第99頁。

141 王守仁：〈萬松書院記〉，《王陽明全集》卷七，第282頁。

142 汪學群：《吾心自有光明月：王陽明思想原論》，北京：中國社會科學出版社，2017年，第580頁。

　　通過對安民、養民、教民內容的梳理，我們對孟子和王陽明的民眾治理思想形成了較為完整的認識，下面基於上述討論，對王陽明在民眾治理思想上對孟子的繼承與發展情況展開分析。

　　王陽明在民眾對於國家治理的重要性和待民之道，安民、養民、教民的含義和具體方法等方面繼承了孟子的民眾治理思想。就民眾對國家治理的重要性和待民之道而言，孟子指出「得民心者得天下」，民眾是國家和政權的根基。「出乎爾者，反乎爾者也」（《孟子‧梁惠王下》），統治層關心民眾，就會得到民眾支持；統治層漠視民生疾苦，民眾也會冷淡對待統治層的政令和困難。因此，統治層只有「與民偕樂」，重視並滿足民眾的物質和精神需求，才能實現天下的長治久安。王陽明也認同民眾在國家治理中的根基作用，指出民是邦之本，本固則邦寧。君主必須認識到「君以民存，亦以民亡」。對於固本的原則，也即待民之道，王陽明和孟子一樣主張統治層需要充分尊重民眾的喜惡並與之同步。至於如何做到與民眾同好惡，王陽明和孟子皆提出反觀自身，推之於人的方法。比如孟子鼓勵齊宣王將「好貨」、「好色」之心「與百姓同之」，因為民眾也有物質、婚姻需求；王陽明則指出為政者如能克制自己的欲望，就會知道民眾喜好什麼，如能捨棄自己的私利，就會知道民眾追求什麼。其用意也是讓為政者由己及人，好民之好，惡民之惡。因此，王陽明在民眾對於國家治理的重要性和待民之道方面繼承了孟子的觀點。就安民的含義和具體措施而言，王陽明和孟子皆主張安民指施政者通過政治舉措為民眾的安定生活保駕護航，主要包括謹防不力施政、錯誤施政，堅實正向施政兩方面內容。對於謹防不力、錯誤施政，孟子和王陽明都批評了以政殺人的現象。比如孟子批評梁惠王途有餓殍而不知賑濟卻推卸責任的「罪歲」行為，王陽明也指斥了官員之間互相推諉、假公濟私、盤剝百姓以及荒年等待賑貸命令才放糧的各種失職行為。對於正向施政以

安定百姓生活，孟子和王陽明皆以對抗和救治災害為例論述了為政者對於安定百姓生活的重要作用。所以，王陽明繼承了孟子的安民主張。就養民的含義和具體措施而言，王陽明和孟子皆主張養民指使民眾過上富足的生活，主要包括制民之產和取民有度兩方面內容。對於制民之產，兩者皆重視民眾衣、食等生活資料的富足，提出「正經界」、「勿奪農時」等農業發展措施，要求民眾適量餵養家禽，反對無序地攫取自然資源。對於取民有度，兩者皆主張合理、靈活徵收賦稅，用一緩二，保證民有餘產，國有其用。所以，王陽明繼承了孟子制民之產和取民有度的養民主張。就教民的具體內容而言，兩者皆認為教化指喚醒民眾的良知，使民眾遵循倫理規範開展日常生活。在教化的必要性上，兩人都指出教化是使人成為人的必要環節，也是社會安定、天下得治的必要手段；在教化的可能性上，兩人認為不論何地何時的民眾皆具有接受教化的美質，也即先天的「良心」、「本心」；對於教化內容和機構，兩人都以五倫關係作為教化的主體內容，以庠、序、學、校作為實施教化的機構。所以，王陽明在教化的必要性、可能性、內容和機構上繼承了孟子的教化思想。概言之，王陽明和孟子認為民眾是家國之本，必須重視對民眾的治理，安民、養民、教民則是使民眾幸福、國家安定的主要治理方略。

對比王陽明和孟子的治民思想，可知王陽明在繼承孟子治民思想的同時也對之作出了發展，主要表現為豐富和補白兩種發展方式。豐富式指王陽明將安民、養民、教民中孟子已經論述到的相關內容進一步豐富、充實。對於安民中的救災，孟子提到發放賑濟糧等措施，王陽明則從預防、踏勘、救治等三個方面更為詳細地論述了如何救災，預防措施包括疏浚河道、建設預備倉等，踏勘既可瞭解災情的真實情況，也可瞭解由災害引發的次生問題。救治則除了開倉放糧之外，還要及時消除促成災情的因素。對於養民中的農業生產，孟子提出「勿

奪農時」，王陽明則以「勿奪農時」為原則，通過撥款買糧種、農具分發給歸附的民眾，針對盧陵民眾健訟的作風下令減少辦理訴訟數量，簡化訴訟流程等方法保證農民不失農時進行耕種。對於孟子提出的使民「有菽粟如水火」的目標，王陽明從使民眾便利獲得生活物資的角度加以落實，其具體施政措施是將府城由危險、貧瘠的山區改築到交通便利、地勢平坦、土壤肥沃的地區，以及上疏朝廷疏通鹽法，讓比淮鹽運輸更加便利的廣鹽銷售到更廣泛的區域。對於靈活徵收賦稅，除孟子提出的用一緩二之外，王陽明又根據所治理地區的實際情況採取了蠲免賦稅、分批徵繳等方法。就教民的教化內容而言，在孟子主張的五倫關係的基礎上，王陽明進一步提供了一些更為細緻的要求，如婚喪之禮要節儉、待人求利要忍讓，〈南贛鄉約〉則對村民如何自覺組織糾過、彰善會議給出了詳細的流程、言辭、禮儀指導。對於教化開展的方式，在孟子論述的學校機構教化的之外，王陽明又提供了書院、告諭、鄉約等形式。

補白式發展指王陽明相較孟子對民眾治理思想的全新論述。如平定寇亂以安民。孟子對安民的論述主要涉及批評以政殺人、救治災情兩方面內容，王陽明則根據自己的軍事實踐闡述了平定寇亂的安民事項。他論證了平亂的正當性，即平定寇亂是為了確保大多數良善之民的安定生活。既然平定寇亂的目的在於定亂安民，那麼其手段給民眾帶來的後遺症越小越好，所以王陽明認為應該剿撫並用，不能一味嗜殺，依賴兵事。在軍事行動中還要最大程度地區分良善之民和寇亂，謹防玉石不分、濫殺無辜，為此王陽明施行了《十家牌法》。一方得以平定後，為了該地的長治久安，王陽明又提出建設縣治，重視編修和利用縣志的辦法。換言之，王陽明對平定寇亂形成了一套系統的處置辦法，這是他針對自己所遭遇的時代問題，對安民實踐作出的新的發展。又如重視童蒙教化。《孟子》一書並未論述對童子的教化問

題，王陽明則對此非常重視。他認為孩童樂於嬉遊而忌憚拘束，所以對他們應以引導為主。他提出歌詩、習禮、讀書三項栽培涵養之方，來順道孩童的志意，調理孩童的性情，鍛煉孩童的筋骨，以成蒙以養正之功。對孩童的教化是教民鏈條上的重要一環，王陽明對孩童教化的重視和觀點無疑為孟子的教民觀作出了新的拓展。

　　概言之，民眾治理問題是「仁政」和「心政」共同的關注重點，王陽明的「心政」基本沿襲了孟子「仁政」的安民、養民、教民策略，或者說孟子的民眾治理思想為王陽明的「心政」奠定了民眾治理的整體格局和架構，孟子對安民、養民、教民的具體論述常常成為王陽明民眾治理實踐的指導原則。因此，王陽明對孟子民眾治理思想的繼承和發展以王陽明自己的從政和軍旅實踐為基礎。諸多的繼承和發展內容完全是王陽明在新的時代問題和時代條件下，對孟子安民、養民、教民策略的真切落實的結果，比如疏通鹽法、改築府治、興辦書院、蠲免賦稅、編修縣志、重視訓蒙、頒行〈南贛鄉約〉、〈十家牌法〉等等，這些政務實踐無疑是對孟子安民、養民、教民思想的具體落實。孟子為畢戰論述井田之法時說：「此其大略也；若夫潤澤之，則在君與子矣。」（《孟子・滕文公上》）王陽明對孟子治民思想的繼承和發展，可謂「潤澤之」的典範。

結 語

　　王陽明對孟子「內聖外王」思想的繼承可分為實踐式與理論式兩大類型。實踐式繼承即將孟子的思想付諸自己的為人、為學、為政等生活實踐。理論式繼承即對孟子思想的理論化闡釋與沿用。就實踐式繼承而言，孟子的思想可謂王陽明的人生指南。第一，對為人之道的實踐式繼承：如善於自反。「往往見世俗朋友易生嫌隙，以為彼蓋苟合於外，而非有性分之契，是以如此，私竊嘆憫。自謂吾黨數人，縱使散處敵國仇家，當亦斷不至是。不謂今日亦有此等議論，此亦惟宜自反自責而已。孟子云：『愛人不親反其仁，行有不得者，皆反求諸己。』自非履涉親切，應未識斯言味永而意肯也。」[1]王陽明的弟子王純甫逐漸與乃師的思想分道揚鑣，並在背後對王陽明作了一些不中聽的評價。這些評論傳到陽明這裡後，他認為是浮薄之徒挑撥離間，王純甫未必說過那些話。王陽明指出真正的師友相處與世俗朋友交際不同，後者沒有共同的志向追求，只是貌合神離、苟合於外，所以易生嫌隙。師友之間基於共同的志向、學問、事業追求，貌合神契，即使互相身處敵國，也不會昧心攻訐、互生嫌隙。現在出現了這樣的議論，只宜自反自責，不可怨責於人。這正是對孟子「愛人不親反其仁」的實踐式繼承。又如禮義為福。王陽明在龍場期間，思州太守派人折辱陽明，該人卻遭到了當地少數民族群眾的毆打。思州太守將此事上告到都察院，都察院左副都禦史毛伯溫寫信給王陽明，以禍福利

---

[1]　王守仁：〈與黃宗賢五〉，《王陽明全集》卷四，第171頁。

害曉諭之，勸王陽明向思州太守謝罪。王陽明回信說：「君子以忠信為利，禮義為福。苟忠信禮義之不存，雖祿之萬鐘，爵以侯王之貴，君子猶謂之禍與害；如其忠信禮義之所在，雖剖心碎首，君子利而行之，自以為福也，況於流離竄逐之微乎？」[2] 王陽明認為君子只會根據忠信禮義判斷何為禍福利害，而非權勢財名，所以他既不應當也不會向思州太守道歉。這是王陽明對孟子以忠信禮義作為交際原則思想的實踐式繼承。

第二，對為學之道的實踐式繼承。如對求放心、必有事焉的實踐。根據董澐記載：「嘉靖乙酉八月二十三日，從先師往天柱峰，轉至朱華麓。麓有深隩，水木縈紆，石徑盤曲，更深邃處，寂無喧囂，人跡罕到。中有一人家，樓閣森聳，花竹清麗，其家曾央儈者出賣於先師，以其地遙，未即成券。是日睹之甚悅，既而幡然省曰：『我愛而彼亦愛之，有貪心而無恕心矣。』於是再四自克，屢起屢滅，行過朱華嶺四五里餘，始得淨盡，歸以語之門人。余時在座，不覺惕然。」[3] 這段內容形象、真切地記載了王陽明在貪心生起時怎樣求放心讓恕心戰勝貪心的過程。此事件本身也傳達出王陽明對孟子必有事焉修養工夫的真實踐行，他沒有放過這次機會，一路上愛求之心多次起滅，他沒有放棄，直至將之寡除淨盡為止。

第三，對為政之道的實踐式繼承。如用一緩二。孟子認為布縷、力役、粟米三者不能同時徵用，應該用其一緩其二。王陽明在批復吉安府的救荒申時要求布政司將粟米、科派物料等項賦稅排定徵收的先後次序，漸次徵收，實是對用一緩二策略的執行。又如批評以政殺人。孟子認為途有餓殍卻不開倉賑濟是以政殺人。王陽明也遭遇了這

2　王守仁：〈答毛憲副〉，《王陽明全集》卷二十一，第883頁。

3　董澐：〈語錄〉，《王陽明全集補編（增補本）》，第466頁。

種執政現象，餓殍遍野，有司卻僵化地等待上級的賑貸之令，命令不到，不敢發放一粒糧食救濟民眾，這使得民眾將倉廩視如仇寇的堡壘。王陽明認為這種行為既違背了建設倉廩的初衷，也損害了民眾對官府的信任。可見，王陽明將孟子的思想廣泛運用、實踐到自己的個人和為官生活，孟子的思想儼然成了王陽明的人生指南。

就理論式繼承而言，王陽明在心性論、修養論、外王論、表述方式等方面直接沿用了孟子的很多觀點。第一，對心性論的理論式繼承。如對理義悅心說的繼承。孟子採用類比論證的方式指出，正如目、耳、口有共同的欲望一樣，人心也有共同的喜好，即理義。王陽明對此完全贊同，他說：「人心本自說理義，如目本說色，耳本說聲。」[4]又如對良知內在、不慮特性的繼承。孟子認為良知即不慮而知，孩童不加思慮就知愛親、敬長。王陽明則說：「見父自然知孝，見兄自然知弟，見孺子入井自然知惻隱，此便是良知，不假外求。」[5]

第二，對修養論的理論式繼承。如對求放心說的繼承。孟子認為修養工夫可用求放心來加以概括。王陽明也說：「君子之學，惟求得其心。雖至於位天地，育萬物，未有出於吾心之外也。孟氏所謂『學問之道無他，求其放心而已矣』者，一言以蔽之。」[6]又如對自得說的繼承。孟子認為君子應在「道」上深度耕犁，以求自得於心。黃勉之為自己的書房取名「自得齋」，王陽明為之作〈自得齋說〉。其對自得的解釋未出孟子自得說之藩籬：「道」即對良知的實踐，因良知人人本自具足，所以自得具有兩層含義——不假外求，深造於道。自得只有自得於道，在其他外在技藝上有所得不可稱之為自得。王陽明認為自己的理解完全忠實於孟子的思想，故說：「予不能有出於孟氏之言

4　王守仁：〈傳習錄上〉，《王陽明全集》卷一，第36頁。

5　王守仁：〈傳習錄上〉，《王陽明全集》卷一，第7頁。

6　王守仁：〈紫陽書院集序〉，《王陽明全集》卷七，第267頁。

也，為之書孟氏之言。」[7]

第三，對外王思想的理論式繼承。如王陽明用孟子的「親親仁民」解釋《大學》的「親民」：「『親民』猶孟子『親親仁民』之謂，親之即仁之也。」[8]又如對王道論的繼承。王陽明說：「昔王道之大行也，分田制祿，四民皆有定制。壯者修其孝弟忠信；老者衣帛食肉，不負戴於道路。」[9]不難看出，以上對王道政治景觀的敘述，是王陽明對孟子王道論原話的重新組合。

第四，對表述方式的理論式繼承，也即對孟子表達方式的模仿。如對句式的模仿。孟子說：「鄰國之民不加少，寡人之民不加多，何也？」（《孟子·梁惠王上》）陽明則模仿為：「然中原之民至今不加多，而嶺廣之民至今不加少，何哉？」[10]又如對類比論證的模仿。孟子以水性就下類比論證人性向善：「人性之善也，猶水之就下也。人無有不善，水無有不下。今夫水，搏而躍之，可使過顙；激而行之，可使在山。是豈水之性哉？其勢則然也。」（《孟子·告子上》）王陽明則模仿為：「今夫水之生也潤以下，木之生也植以上，性也。而莫知其然之妙，水與木不與焉，則天也。激之而使行於山巔之上，而反培其末，是豈水與木之性哉？其奔決而僕夭，固非其天矣。」[11]水流潤下，樹枝上長是水與木的天性，但通過外力作用可使水上行於山巔，使樹枝下埋生根於泥土，這當然不是木與水的天性。人們對於君臣、父子、夫婦、朋友、兄弟等關係皆有倫理規則要求，如水之潤下、木之植上，皆是天性使然。可見，王陽明不僅繼承了孟子思想的理論內容，甚至繼承了理論的表達形式。

---

7 王守仁：〈自得齋說〉，《王陽明全集》卷七，第296頁。

8 王守仁：〈傳習錄上〉，《王陽明全集》卷一，第2頁。

9 王守仁：〈書林司訓卷〉，《王陽明全集》卷八，第313-314頁。

10 王守仁：〈送黃敬夫先生僉憲廣西序〉，《王陽明全集》卷二十九，第1151頁。

11 王守仁：〈性天卷詩序〉，《王陽明全集》卷二十九，第1153頁。

　　除繼承之外，王陽明如何發展孟子的思想是本論文的另一重要考察對象。我們認為王陽明對孟子思想的發展主要表現為明晰式、豐富式和補白式等三種發展方式。明晰式發展即將孟子思想中暗含的內容清晰地分析、表述出來。豐富式發展即將孟子思想中已經論述到的相關內容進一步豐富、充實。補白式發展即王陽明對孟子相關思想的全新表述。三種發展方式的內容涉及心性論、修養論和外王論三個方面，換言之，王陽明對孟子的整個思想體系皆有所發展。就發展的新意程度而言，前兩種發展方式更多地表現為對孟子原有思想的闡釋，新意較少，但它顯示出王陽明對孟子思想的深刻理解和精湛的理論分析能力；第三種發展方式則更多地表現為王陽明自己的理論創造，帶有明顯的「心學」建構意味，使王陽明對孟子的思想由照著講過渡為接著講。

　　綜合王陽明對孟子思想的繼承與發展情況，可以看出王陽明的繼承與發展實踐具有系統性、實用性、批判性、工具性等四個特點。系統性指王陽明繼承與發展了孟子的整個思想體系。孟子的思想體系由心性論、修養論和外王論三部分組成，王陽明的繼承與發展實踐貫穿這三部分內容，所以表現出全面與系統的特點。實用性指王陽明對孟子思想的繼承與發展實踐不是為理論而理論，而是為了解決現實問題。王陽明認為其所身處的社會功利之習盛行，師友之道廢弛，人們的道德生命暗而不彰，職業觀混亂，心靈難以安頓。上述問題形成的原因在於「學術不明」，即人們誤解了孔孟之學的真精神，轉而向外求索，丟棄了內在本具的生命智慧，所以必須回歸孔孟之學的真精神以解決上述問題。因此，王陽明對孟子思想的繼承、消化、吸收與發展是為了解決現實問題、安頓精神世界，表現出鮮明的實用性。批判性指王陽明在繼承與發展孟子思想的過程中始終保持自己的獨立思考，面對新的時代問題和條件對孟子思想作出新的完善與發展。比如

王陽明認為孟子的「集義」說並未將工夫頭腦揭示出來，所以他發展出「致良知」說。又如王陽明認為孟子雖然主張社會分工，但他並未真切意識到社會分工要以人的「良知」為動力源泉，所以在孟子那裡，社會分工主要表現為君主治理社會的手段。王陽明指出，從君主的角度看，社會分工是其良知在政治領域的外顯，社會分工實現了社會成員之間的相生相養；從個人角度看，社會分工可轉化為個人職業與良知的關係問題，也就是說，職業是個體將良知貫徹到日常生活的契機。良知對職業的範導，為當時社會普遍存在的重崇輕卑、美逸惡勞的職業觀提供了一劑糾偏良方。王陽明對孟子思想繼承與發展實踐的系統性、實用性、批判性決定了其又表現出工具性的特點，也即對孟子思想的繼承與發展具有手段意義，從對孟子思想的繼承與發展中汲取智慧和力量以安頓個體生命，實現社會的長治久安才是最終的目的和歸宿。

　　雖然對孟子思想的繼承與發展並非王陽明的最終目的，而是實現最終目的的手段，但這並不影響王陽明的繼承與發展實踐使孟子思想獲得了新的生命和價值。這對我們如何對待歷史上的思想遺產或可提供以下兩點啟發：第一，現實問題是打開思想遺產並使思想遺產獲得新生命力的契機。思想遺產不是博物館裡沒有生命力的陳列物，其中蘊含著超時空的生命智慧。只有帶著自己和時代的真實問題理解思想遺產，才能真正發現其中的價值所在。第二，批判精神是使思想遺產獲得新生命的關鍵。思想遺產是思想家對其時代問題提供的解決方案，並不完全適用於新的時代問題和時代條件，只有借助批判精神才能剔除思想遺產中不適用當下問題的內容並根據新的問題和條件作出合理的繼承與發展，為之賦予新的意義和價值。

後記

　　王陽明是中國歷史上少有的集立德、立功、立言於一體的儒家學者，這不禁讓人產生讀其書且知其人的想法。從日常讀書的角度來說，上述想法可以通過讀一讀《王陽明全集》和相關史書而實現。但如果站在學術研究的角度上，則還要考慮選題新意和學術價值等問題。

　　我的碩士論文寫的是《論語》中「仁」、「禮」、「學」三個概念對人的塑造作用，簡言之，以孔子的相關思想為研究對象。將自身和王陽明相比，我的頭腦中產生一個疑問：同樣是學習孔子，為什麼王陽明能夠做到立德、立功、立言三不朽呢？於是我想也許可以將王陽明對孔子思想的繼承與發展作為研究選題，這樣既能夠讀王陽明的書，瞭解其為人，也能夠知曉王陽明如何理解《論語》，如何將孔子的思想轉化為自己的生活智慧。我的導師李承貴先生知道我的想法後告訴我：「不論從《王陽明全集》涉及孔、孟材料的多少，還是從王陽明與孔、孟思想之間的關聯程度來看，孟子與王陽明的聯繫無疑更為密切。」於是我決定從王陽明祖述孟子的角度研究王陽明的內聖外王思想。

　　回首自博士入學以來走過的日子，我首先要感謝我的導師李承貴先生在研究選題、論文寫作、為人處世等方面對我的指導和關心。李老師在入學之初就告訴我們：「博士階段與碩士階段存在質的差異，讀博將要面對的是一場全面的提升之旅，在這個過程中，有些學生會有質的蛻變，有的則和沒讀一樣毫無進步，希望你們勤奮努力，對得起這幾年的寶貴時光！」剛開始對李老師的話沒有感覺，後來的經歷

使我逐漸感受到這些話的分量。所謂全面的提升是指學術能力、為人處世能力、抗壓能力等多種能力的提升。比如，當周邊同學成功發表論文，順利畢業走上工作崗位時，如何調整自己的心態，掌控好自己的節奏就是一個不小的考驗。感謝李老師在這個過程中對我的鼓勵，讓我有希望和信心讀下去。其次，我要感謝白欲曉、頓新國、張曉東老師熱情地為我寫專家推薦信；感謝邵佳德、郭明姬、代玉民、劉瑤、欒雙雙等老師的幫助；感謝賴永海老師、洪修平老師、徐小躍老師的課堂講授讓我對佛學和《老子》有了更深入的認識。再次，感謝馬士彪、楊小福、姚勇、鐘純、王璐等師兄和師姐，雷媛媛、陳春芳、魏德賽、劉淘寧、劉萬鵬、李俊宇等同學的幫助。繼次，在本書出版過程中，感謝劉芝慶先生的推薦，感謝張晏瑞總編的統籌，感謝林以邠編輯的高效工作。最後，感謝大伯和四叔對我學業、生活的關心與幫助，感謝我的父母一直以來對我學業的支持，對我成長的無私付出！

二〇二四年二月

參考文獻

（一）古籍類

王先謙：《荀子集解》，北京：中華書局，2016年。

王守仁：《王陽明全集（新編本）》，杭州：浙江古籍出版社，2018年。

王守仁：《王陽明全集》，上海：上海古籍出版社，2013年。

王守仁：《王陽明全集補編（增補本）》，上海：上海古籍出版社，2021年。

朱　熹：《四書章句集注》，北京：中華書局，2015年。

張　載：《張載集》，北京：中華書局，2014年。

陳　澧：《東塾讀書記》，上海：上海古籍出版社，2012年。

陸九淵：《陸九淵集》，北京：中華書局，1980年。

焦　循：《孟子正義》，北京：中華書局，2017年。

程　顥、程頤：《二程集》，北京：中華書局，2004年。

黃宗羲：《明儒學案》（修訂本），北京：中華書局，2008年。

劉寶楠：《論語正義》，北京：中華書局，2015年。

黎靖德：《朱子語類》，北京：中華書局，2015年。

戴　震：《孟子字義疏證》，北京：中華書局，1982年。

（二）專著類

方　勇、高正偉：《孟子鑑賞辭典》，上海：上海辭書出版社，2012年。

王　博：《中國儒學史・先秦卷》，北京：北京大學出版社，2011年。

王中江、李巍：《選擇理性、責任倫理和實踐──孟學與中國和東亞傳統》，濟南：齊魯書社，2019年。

王其俊：《中國孟學史》，濟南：山東教育出版社，2012年。

王陽明：《王陽明詩文選》，華建新注評，鄭州：中州古籍出版社，2020年。

王陽明：《傳習錄》，于自力等注譯，鄭州：中州古籍出版社，2021年。

王陽明：《傳習錄》，閻韜注評，南京：江蘇古籍出版社，2002年。

王曉昕：《傳習錄譯注》，北京：中華書局，2021年。

左東嶺：《王學與中晚明士人心態》，北京：人民文學出版社，2000年。

任文利：《心學的形上問題探本》，鄭州：中州古籍出版社，2005年。

朱　承：《治心與治世──王陽明哲學的政治向度》，上海：上海人民出版社，2008年。

朱　承：《信念與教化：陽明後學的政治哲學》，上海：上海人民出版社，2018年。

牟宗三：《中國哲學十九講》，長春：吉林出版公司，2010年。

牟宗三：《心體與性體》，上海：上海古籍出版社，1999年。

牟宗三：《宋明儒學的問題與發展》，上海：華東師範大學出版社，2004年。

牟宗三：《從陸象山到劉蕺山》，上海：上海古籍出版社，2001年。

牟宗三：《圓善論》，長春：吉林出版公司，2010年。

牟宗三：《道德的理想主義》，長春：吉林出版公司，2010年。

何曉明：《亞聖思辨錄──《孟子》與中國文化》，開封：河南大學出版社，1997年。

余文武：《王陽明教育思想研究》，成都：西南交通大學出版社，2008年。

余英時：《士與中國文化》，上海：上海人民出版社，2003年。

吳光主編：《陽明學研究》，上海：上海古籍出版社，2000年。

呂妙芬：《陽明學士人社群：歷史、思想與實踐》，北京：新星出版社，2006年。

呂思勉：《理學綱要》，北京：東方出版社，1996年。

李　凱：《孟子詮釋思想研究》，北京：人民出版社，2015年。

李承貴：《20世紀中國人文社會科學方法問題》，長沙：湖南教育出版社，2000。

李承貴：《中西文化之會通》，南昌：江西人民出版社，1997年。

李承貴：《中國哲學與儒學》，南京：鳳凰出版社，2011年。

李承貴：《生生的傳統——20世紀中國傳統哲學認知範式研究》，北京：中國社會科學出版社，2018年。

李承貴：《德性源流：中國傳統道德轉型研究》，南昌：江西教育出版社，2004。

李承貴：《儒學的形態與開展》，北京：社會科學文獻出版社，2017年。

李明輝：《孟子重探》，臺北：聯經出版事業公司，2001年。

李澤厚：《中國古代思想史論》，北京：生活・讀書・新知三聯書店，2016年。

李澤厚：《哲學綱要》，北京：中華書局，2015年。

束景南：《王陽明年譜長編》，上海：上海古籍出版社，2017年。

束景南：《陽明大傳：「心」的救贖之路》，上海：復旦大學出版社，2020年。

汪學群：《吾心自有光明月：王陽明思想原論》，北京：中國社會科學出版社，2017年。

沈善洪、王鳳賢：《王陽明哲學研究》，杭州：浙江人民出版社，1981
　　年。

孟子研究院、孟子學會：《孟子研究‧第二輯》，濟南：齊魯書社，
　　2019年。

侯外盧、丘漢生、張豈之主編：《宋明理學史》，北京：人民出版社，
　　1987年。

胡永中：《致良知論──王陽明去惡思想研究》，成都：巴蜀書社，
　　2007年。

韋政通：《中國思想史》，長春：吉林出版公司，2009年。

孫德高：《王陽明事功與心學研究》，成都：西南交通大學出版社，
　　2008年。

容肇祖：《明代思想史》，濟南：齊魯書社，1992年。

徐洪興：《《孟子》精讀》，上海：復旦大學出版社，2010年。

徐洪興：《孟子直解》，上海：復旦大學出版社，2004年。

徐梵澄：《陸王學述》，武漢：崇文書局，2017年。

徐復觀：《中國人性論史》，上海：上海三聯書店，2001年。

馬重奇，巫少鵬，葉全君：《孟子開講》，上海：華東師範大學出版
　　社，2011年。

崔大華：《儒學引論》，北京：人民出版社，2001年。

張立文主編：《道》，北京：中國人民大學出版社，1989年。

張奇偉：《亞聖精蘊：孟子哲學真諦》，北京：人民出版社，1997年。

張茂澤，鄭熊著：《孔孟學述》，西安：三秦出版社，2003年版。

張祥浩：《王守仁評傳》，南京：南京大學出版社，1997年。

張衛紅：《由凡至聖：陽明心學工夫散論》，北京：生活‧讀書‧新知
　　三聯書店，2016年。

張學智：《中國儒學史‧明代卷》，北京：北京大學出版社，2011年。

張學智：《明代哲學史》，北京：北京大學出版社，2000年。

梁　濤：《儒家道統說新探》，上海：華東師範大學出版社，2013年。

梁啟超等：《王陽明傳》，北京：新世界出版社，2016年。

陳　升：《《孟子》講義》，北京：人民出版社，2012年。

陳　來：《有無之境——王陽明哲學的精神》，北京：生活・讀書・新知三聯書店，2014年。

陳　來：《宋明理學》，上海：華東師範大學出版社，2003年。

陳大齊：《孟子待解錄》，上海：華東師範大學出版社，2012年。

陳生璽：《張居正講評《孟子》皇家讀本》（修訂本），上海：上海辭書出版社，2013年。

陳立勝：《入聖之機：王陽明致良知工夫論研究》，北京：生活・讀書・新知三聯書店，2019年。

陳立勝：《王陽明「萬物一體論」——從「身—體」的立場看》，上海：華東師範大學出版社，2007年。

陳　來：《古代宗教與倫理：儒家思想的根源》，北京：北京大學出版社，2017年。

陳清春：《七情之理：王陽明道德哲學的現象學詮釋》，北京：人民出版社，2016年。

陳媛媛：《儒學道德淪：王陽明心學之道德主體性研究》，北京：人民日報出版社，2016年。

陳榮捷：《王陽明與禪》，臺灣：臺灣學生書局，1984年。

陸永勝：《王陽明美學思想研究》，北京：社會科學文獻出版社，2016年。

傅佩榮：《傅佩榮細說孟子》，上海：上海三聯書店，2009年。

傅佩榮：《傅佩榮講孟子》，北京：北京聯合出版公司，2018年。

馮友蘭：《中國哲學史》，上海：華東師範大學出版社，2000年。

馮達文：《宋明新儒學略論》，廣州：廣東人民出版社，1997年。

黃俊傑：《中國孟學詮釋史》，北京：社會科學文獻出版社，2004年。

黃俊傑：《孟子》，北京：生活・讀書・新知三聯書店，2013年。

黃懷信：《大學中庸講義》，北京：清華大學出版社，2013年。

楊正顯：《覺世之道：王陽明良知說的形成》，北京：北京師範大學出版社，2015年。

楊伯峻：《孟子導讀》，北京：中國國際廣播出版社，2008年。

楊海文：《浩然正氣——孟子》，南昌：江西教育出版社，2007年。

楊國榮：《心學之思——王陽明哲學的闡釋》，北京：中國人民大學出版社，2009年。

楊國榮：《王學通論：從王陽明到熊十力》，上海：華東師範大學出版社，2009年。

楊國榮：《孟子的哲學思想》，上海：華東師範大學出版社，2009年。

楊儒賓：《儒家身體觀》，臺北：中央研究院文哲研究所籌備處，1996年。

楊儒賓編：《中國古代思想中的氣論及身體觀》，臺灣：臺灣巨流圖書公司，1993年。

楊澤波：《孟子性善論研究》，上海：上海人民出版社，2016年。

楊澤波：《孟子評傳》，南京：南京大學出版社，1998年。

楊澤波：《孟子與中國文化》（修訂版），上海：上海人民出版社，2017年。

葛兆光：《中國思想史》，上海：復旦大學出版社，2013年。

董　平：《王陽明的生活世界——通往聖人之路》（修訂版），北京：商務印書館，2018年。

董洪利：《孟子研究》，南京：江蘇古籍出版社，1997年。

蒙培元：《孟子》，北京：北京大學出版社，2019年。

蒙培元：《理學的演變》，福州：福建人民出版社，1984年。

劉宗賢：《陸王心學研究》，濟南：山東人民出版社，1997年。

劉培桂：《孟子與孟子故里》，北京：中國文史出版社，2001年。

劉瑾輝：《孟學研究——探《孟子》 述孟學》，北京：中國書籍出版社，2018年。

稽文甫：《晚明思想史論》，開封：河南大學出版社，2008年。

蔡方鹿：《宋明理學心性論》，成都：巴蜀書社，1997年。

賴永海：《中國佛性論》，南京：江蘇人民出版社，2010年。

賴永海：《中國佛教文化論》，北京：東方出版社，2014年。

賴永海：《佛法真義》，北京：商務印書館，2019年。

賴永海：《佛學與儒學》，北京：中國人民大學出版社，2017年。

錢　明：《王陽明及其學派論考》，北京：人民出版社，2009年。

錢　明：《陽明學的形成與發展》，南京：江蘇古籍出版社，2002年。

錢　穆：《中國史學名著》（第3版），北京：生活・讀書・新知三聯書店，2013年。

錢　穆：《中國歷代政治得失》，北京：九州出版社，2015年。

錢　穆：《四書釋義》，北京：九州出版社，2010年。

鮑世斌：《明代王學研究》，成都：巴蜀書社，2004年。

謝無量：《陽明學派》，北京：新世界出版社，2017年。

（三）譯著類

〔古希臘〕柏拉圖：《理想國》，北京：華夏出版社，2016年。

〔日〕岡田武彥：《王陽明與明末儒學》，上海：上海古籍出版社，2000年。

〔日〕忽滑谷快天：《王陽明與禪學》，長春：時代文藝出版社，2018年。

〔日〕高瀨武次郎：《知行合一：王陽明詳傳》，北京：北京時代華文
　　　書局，2013年。
〔美〕江文思、安樂哲：《孟子心性之學》，北京：社會科學文獻出版
　　　社，2005年。
〔美〕杜維明：《仁與修身：儒家思想論集》，北京：生活‧讀書‧新
　　　知三聯書店，2013年版。
〔美〕杜維明：《青年王陽明（1472-1509）：行動中的儒家思想》，北
　　　京：生活‧讀書‧新知三聯書店，2017年。
〔美〕梯　利：《西方哲學史》，北京：商務印書館，2015年。
〔瑞士〕耿　寧：《人生第一等事：王陽明及其後學論「致良知」》，
　　　北京：商務印書館，2014年。
〔德〕康　德：《道德形而上學奠基》，北京：人民出版社，2013年。

（四）論文類

毛朝輝：〈《孟子》《大學》與陽明心學的經學奠基──基於發生學視
　　　角的分析〉，《中州學刊》2022年第10期。
王　強：〈王陽明的儒家經典詮釋方法論探析〉，《西安電子科技大學
　　　學報（社會科學版）》2006年第6期。
王曉昕：〈「天人合一」的三個向度──兼論王陽明的最高理想〉，《貴
　　　州文史叢刊》2017年第1期。
王曉昕：〈由孟子的「知」到王陽明的「知行合一」〉，《貴陽師專學報
　　　（社會科學版）》1997年第2期。
白　奚：〈「萬物一體之仁」：王陽明的仁學思想及其生態學意義〉，
　　　《孔子研究》2017年第1期。
任文利：〈王陽明與孟子學〉，《2013‧國際經學與文學學術研討會論
　　　文集》。

何　靜：〈學宗孔孟的陽明心學〉，《齊魯學刊》2010年第6期。

何益鑫：〈從「萬物皆備於我」到「反身而誠」——以孟子「誠」的思想為線索〉，《哲學研究》2020年第2期。

吳　震：〈心學道統論——以「顏子沒而聖學亡」為中心〉，《浙江大學學報（人文社會科學版）》2017年第3期。

吳　震：〈陽明學「一體之仁」思想的當代意義〉，《貴陽學院學報（社會科學版）》2017年第2期。

吳　震：〈論王陽明「一體之仁」的仁學思想〉，《哲學研究》2017年第1期。

吳興懷：〈論王陽明延承孟子「良知」之說〉，《山東省農業管理幹部學院學報》2012年第6期。

李承貴：〈「心即理」的構造與運行〉，《學術界》2020年第8期。

李承貴：〈「良知」的淪陷及其省思——知識化解釋的向度〉，《貴陽學院學報（社會科學版）》2016年第6期。

李承貴：〈「誠意」——欣賞與問道陽明心學的津梁〉，《浙江社會科學》2016年第6期。

李承貴：〈王陽明「良知說」的四個積極面相〉，《道德與文明》2017年第3期。

李承貴：〈王陽明「萬物一體」義理構造及其意蘊〉，《江淮論壇》2018年第2期。

李承貴：〈王陽明心學思想的基本構架〉，《王學研究》2013年第2期。

李承貴：〈王陽明佛教觀述論〉，《王學研究》2015年第2期。

李承貴：〈王陽明學術精神與當今陽明學研究〉，《學術界》2019年第4期。

李承貴：〈展示陽明心學生命的三種視域〉，《貴陽學院學報（社會科學版）》2017年第2期。

李承貴：〈陽明心學的「心態」向度〉,《河北學刊》2018年第6期。

李承貴：〈陽明心學的精神〉,《哲學動態》2017年第4期。

李承貴：〈楊簡「心政」理念與實踐──楊簡治理思想及其特質〉,
　　　　《浙江社會科學》2014年第5期。

李承貴：〈論王陽明心學格局的形成〉,《河北學刊》2020年第6期。

李昳聰：〈王陽明對孟子「性本善」觀念的繼承與發展〉,《嘉應學院
　　　　學報》2009年第1期。

肖阿如：〈論王陽明「心體論」對孟子「本心」思想的發展〉,《貴陽
　　　　學院學報（社會科學版）》2015年第2期。

夏增民：〈「仁民而愛物」：孟子對「物我關係」的探討──兼論環保
　　　　主義者對孟子思想的誤讀〉,《華中科技大學學報（社會科學
　　　　版）》2004年第3期。

秦　蓁：〈生態共同體：王陽明「天地萬物一體」再詮釋〉,《哈爾濱
　　　　工業大學學報（社會科學版）》2018年第6期。

馬曉英：〈王陽明的《大學》詮釋及其思想建構〉,《中國哲學》2014
　　　　年第11期。

崔玉霞：〈論王陽明對孟子良知思想的延承〉,《人間》2016年第2期。

崔海東：〈《傳習錄》解《孟子》「盡心」三節辨誤〉,《王學研究》
　　　　2017年第2期。

康　宇：〈論儒家「以心釋經」方法的確立與變遷──以孟子、象
　　　　山、陽明之學為中心〉,《華僑大學學報》2016年第4期。

張海燕：〈中國古代的天人觀念與生態倫理──兼論王陽明「天地一
　　　　體之仁」〉,《國際社會科學雜誌（中文版）》2020年第2期。

張斯瑉：〈良知貫通於自然──論王陽明「良知」說的自然維度和生
　　　　態價值〉,《福建論壇（人文社會科學版）》2018年第9期。

張學智：〈從人生境界到生態意識──王陽明「良知上自然的條理」
　　　　論析〉,《天津社會科學》2004年第6期。

郭美華：〈致良知與性善——陽明《傳習錄》對孟子道德哲學的深化〉，《江南大學學報（人文社會科學版）》2015年第5期。

陳　來：〈王陽明「拔本塞源」的思想〉，《貴州文史叢刊》2017年第1期。

陳　來：〈王陽明的萬物一體思想〉，《中共寧波市委黨校學報》2019年第2期。

陳靜美：〈孟子、王陽明與牟宗三之「良知」說〉，《鵝湖月刊》2011年第427期。

黃玉順：〈儒家心學的奠基問題〉，《湖南社會科學》2004年第1期。

黃俊傑：〈王陽明思想中的孟子學〉，《中國文化研究所》1997年第6期。

廉格俊、石敦國：〈論王陽明對孟子心學的繼承和發展〉，《福建論壇》2007年第10期。

楊　凡、黃煉：〈「良知」的性義：善性、知性及自性——從孟子到王陽明〉，《溫州大學學報（社會科學版）》2017年第2期。

楊海文：〈孟子心性論的邏輯架構〉，《南昌大學學報（人文社會版）》2002年第3期。

楊國榮：〈心性之辨：從孟子到王陽明——兼論王陽明重建心體的理論意蘊〉，《國際儒學研究》（第二輯），1996年。

楊澤波：〈孟子天人合一思想中值得注意的兩個問題〉，《浙江社會科學》2001年第4期。

楊澤波：〈儒家天人合一思想的道德底蘊——以孟子為中心〉，《天津社會科學》2006年第2期。

葉樹勳：〈道德自我與行動意志——孟子哲學中「萬物皆備于我」的義旨新探〉，《哲學研究》2020年第10期。

董　平：〈主體性的自我澄明：論王陽明「致良知」說〉，《中國哲學史》2020年第1期。

廖曉煒：〈良知與良能——從孟子到王陽明〉，《人文論叢》2014年第1
　　　　輯。

劉　峰、王軍：〈生態文明維度下孟子天人關係思想新論〉，《南京航
　　　　空航天大學學報（社會科學版）》2020年第4期。

蔡家和：〈「一體之仁」與人類和平：從孔孟到陽明〉，《孔子研究》
　　　　2019年第6期。

蔡新法：〈王陽明與孟子的心本體論比較〉，《紹興文理學院學報（社
　　　　會科學版）》2005年第6期。

謝　華：〈心學的形而上學改造的困境：以牟宗三對陽明學與孟子學
　　　　關係之論述為例〉，《理論界》2009年第7期。

龔曉康：〈「惡」之緣起、明覺與去除——以王陽明「四句教」為中心
　　　　的考察〉，《哲學研究》2019年第7期。

哲學研究叢書・學術思想叢刊 0701029

祖述孟子——王陽明「內聖外王」思想研究

作　　者	張天治
責任編輯	林以邠
特約校對	吳昕曈

發 行 人　林慶彰

總 經 理　梁錦興

總 編 輯　張晏瑞

編 輯 所　萬卷樓圖書股份有限公司

　　　　　臺北市羅斯福路二段 41 號 6 樓之 3

　　　　　電話 (02)23216565

　　　　　傳真 (02)23218698

發　　行　萬卷樓圖書股份有限公司

　　　　　臺北市羅斯福路二段 41 號 6 樓之 3

　　　　　電話 (02)23216565

　　　　　傳真 (02)23218698

　　　　　電郵 SERVICE@WANJUAN.COM.TW

香港經銷　香港聯合書刊物流有限公司

　　　　　電話 (852)21502100

　　　　　傳真 (852)23560735

ISBN 978-626-386-044-5

2024 年 2 月初版一刷

定價：新臺幣 460 元

如何購買本書：

1. 轉帳購書，請透過以下帳戶

　　合作金庫銀行 古亭分行

　　戶名：萬卷樓圖書股份有限公司

　　帳號：0877717092596

2. 網路購書，請透過萬卷樓網站

　　網址 WWW.WANJUAN.COM.TW

大量購書，請直接聯繫我們，將有專人為

您服務。客服：(02)23216565 分機 610

如有缺頁、破損或裝訂錯誤，請寄回更換

國家圖書館出版品預行編目資料

祖述孟子：王陽明「內聖外王」思想研究/張

天治著.-- 初版.-- 臺北市：萬卷樓圖書股份有

限公司, 2024.02

　　面；　公分.-- (哲學研究叢書. 學術思想叢

刊；701029)

ISBN 978-626-386-044-5(平裝)

1.CST: (明)王守仁 2.CST: 孔孟思想 3.CST: 學術

思想 4.CST: 陽明學

126.4　　　　　　　　　　　　　113002407